"十三五"和"十四五"
交通建设发展与投资需求

罗仁坚　宿凤鸣　等　著

内 容 提 要

本书根据交通基础设施在国民经济和城镇化发展中的基础性、先导性作用，结合现实发展基础、未来需求、经济实力、国家战略，对下一阶段建设发展速度和投资规模如何合理把握进行了较系统的分析研究。内容包括改革开放以来交通基础设施投融资政策和模式的演变、投资规模和资金结构，持续较快发展和适度超前建设的必要性，"十三五"、"十四五"投资规模和设施总量水平测算，交通产品属性和增加政府提供的可能性及方式，债务规模与偿债压力，相关政策取向调整与措施等。全书观点性、资料性、实践性、针对性强。

本书适合于交通运输行业管理部门、科研单位的工作者以及大学院校教师、学生使用。

图书在版编目(CIP)数据

"十三五"和"十四五"交通建设发展与投资需求／罗仁坚等著. —北京：人民交通出版社，2013.6
ISBN 978-7-114-10556-2

Ⅰ.①十⋯ Ⅱ.①罗⋯ Ⅲ.①交通运输建设－经济发展－研究－中国 ②交通运输经济－投资－研究－中国
Ⅳ.①F512.3

中国版本图书馆 CIP 数据核字(2013)第 075778 号

书　　名：	"十三五"和"十四五"交通建设发展与投资需求
著 作 者：	罗仁坚　宿凤鸣
责任编辑：	郭红蕊　赵瑞琴
出版发行：	人民交通出版社
地　　址：	(100011)北京市朝阳区安定门外外馆斜街3号
网　　址：	http://www.ccpress.com.cn
销售电话：	(010)59757973
总 经 销：	人民交通出版社发行部
经　　销：	各地新华书店
印　　刷：	北京市密东印刷有限公司
开　　本：	720×960　1/16
印　　张：	21
字　　数：	295 千字
版　　次：	2013 年 6 月第 1 版
印　　次：	2013 年 6 月第 1 次印刷
书　　号：	ISBN 978-7-114-10556-2
定　　价：	58.00 元

(有印刷、装订质量问题的图书由本社负责调换)

编写组成员名单

顾问指导： 郭小碚

总编写人： 罗仁坚　宿凤鸣

编写组成员： 陆成云　樊一江　刘明君

　　　　　　　罗诗屹　柴　岩

前　言

　　交通是现代经济社会发展的基础和支撑，是生产力和竞争力的重要组成要素，是空间布局和国土开发的先导条件，需要适度超前发展；但是，交通基础设施又是投资大、占用资源多的经济部门，不能无限制发展，必须与经济社会发展相协调。

　　到"十二五"末，我国高速铁路、高速公路里程居世界第一，铁路、公路总里程居世界前列，交通发展水平将总体适应国民经济发展和人们出行的要求，并局部达到适度超前。交通短时期内形成的突变以及产生较大规模的银行债务，一部分人认为发展太超前了，而发展派和地方政府认为仅是刚刚从被动发展转为主动，网络还很不完善，要做到引领城镇化发展和产业布局还需要继续较大规模建设。由此提出了我国交通基础设施网络规模和布局到底还差多少，适度超前发展的度如何把握，是继续利用现有的发展势头尽快建成布局和结构完善的网络，还是放慢速度在相对较长的时期内逐渐达到完善等发展问题。

　　本书在深入分析总结我国交通基础设施投融资模式的演变和目前的总投资规模、筹资能力的基础上，对"十二五"规划实施后达到的水平、未来经济社会和城镇化发展对交通基础设施建设的需求、完善交通网络的下一阶段主要建设任务等进行研究判断，提出应以什么样的战略视角和原则把握下一阶段的交通基础设施建设发展速度，并以"十二五"预计完成的投资规模为基础，对"十三五"、"十四五"的不同投资规模和增速进行测算。然后，根据各类交通基础设施建设的结构比例要求和单位造价，测算在相应投资规模方案下的可建设数量规模和所能达到的总体发展水平，评价所选择的投资规模方案的可行性和合理性。同时，根据交通基础设施已达到的总体适应经济社会发展要求的发展水平和建设和谐社会的发展要求，以新时期的发展视角对交通基础设施的属性、政府提供交通公共品和准公共品的范畴和责任进行分析论述，借鉴国外交通基础设施发展模式和经验，结合当前我国交通建设资金和债务方面面临的问题，对新形势下减少债务压力和降低交通收费、减轻使用者负担的主要措施提出相应的措施建议。

  本书是在国家发展和改革委员会宏观经济研究院重点课题"未来10~15年交通建设投资研究"成果基础上，加以补充整理编写形成。编写组由罗仁坚和宿凤鸣为总编写人，参加研究和编写的主要人员有陆成云、樊一江、刘明君、罗诗屹、柴岩。他们以认真、敬业的精神，在吸收相关研究成果的基础上，尽自己的专业知识和经验，力求对研究主题进行相对系统性、逻辑性、有深度的分析研究，提出有基础依据支撑、符合实际发展趋势的投资发展需求判断和相关措施建议，为行业发展和主管部门决策提供有价值的研究参考。郭小碚所长在本项目研究和书籍出版过程中给予了很大支持和指导，在此表示衷心感谢。受时间、知识、接触层面以及资料可得性等所限，书中肯定存在诸多不足或某些争议性观点，敬请各位读者批评指正。

罗仁坚
2012年12月

目录

第一章　交通基础设施投融资政策与模式的变革演进 …………… 1
　第一节　铁路建设投融资模式的演进 ………………………… 2
　第二节　公路建设投融资模式的演进 ………………………… 8
　第三节　港口建设投融资模式的演进 ………………………… 16
　第四节　机场建设投融资模式的演进 ………………………… 21
　第五节　管道建设投融资模式 ………………………………… 31

第二章　交通基础设施建设资金来源与结构 …………………… 34
　第一节　交通运输业固定资产和基本建设总投资 …………… 35
　第二节　各种运输方式建设基金 ……………………………… 46
　第三节　各种运输方式建设资金来源结构 …………………… 51
　第四节　各种运输方式的债务规模与偿债能力 ……………… 58

第三章　交通运输与经济社会发展的关系 ……………………… 65
　第一节　交通运输与经济社会发展的相互促进关系 ………… 65
　第二节　交通运输在促进城镇化发展中的作用 ……………… 70
　第三节　交通运输对国土开发和生产力布局的作用 ………… 73
　第四节　交通运输在区域一体化发展中的作用 ……………… 85
　第五节　交通运输在提升国家竞争力方面的作用 …………… 91

第四章 "十二五"末的交通基础设施发展水平 ········ 96
第一节 交通基础设施现状水平 ········ 96
第二节 "十二五"交通基础设施发展规划目标及建设重点 ········ 105
第三节 "十二五"发展的影响因素及目标的实现程度 ········ 115

第五章 "十三五"和"十四五"持续较快建设的必要性 ········ 122
第一节 适应未来运输需求较大幅度增长的发展要求 ········ 123
第二节 增强覆盖和完善交通网络布局的发展要求 ········ 132
第三节 支撑城市群和区域一体化发展对交通先导性的要求 ········ 137
第四节 结构优化和多样化需求对持续较快发展的要求 ········ 142
第五节 适度超前和降低建造成本对持续较快发展的要求 ········ 149

第六章 "十三五"和"十四五"发展速度与建设投资 ········ 153
第一节 交通基础设施发展(速度)模式与影响因素 ········ 154
第二节 "十三五"、"十四五"建设发展(速度)模式选择 ········ 161
第三节 "十三五"、"十四五"建设投资规模和总体发展水平 ········ 165

第七章 交通基础设施的属性与产品供给 ········ 177
第一节 产品属性基本理论 ········ 177
第二节 交通运输产品的属性 ········ 193
第三节 交通运输产品供给主体发展方向 ········ 209

第八章 国外主要发达国家交通基础设施的建设投资模式 ········ 215
第一节 主要发达国家铁路建设投资的模式与资金来源 ········ 215
第二节 主要发达国家公路建设投资的模式与资金来源 ········ 225
第三节 主要发达国家港口建设投资的模式与资金来源 ········ 235
第四节 主要发达国家机场建设投资的模式与资金来源 ········ 242

第九章　交通基础设施建设的政策取向与面临的资金问题 …………… 257
第一节　政策回归民生与政府性资金不足的矛盾 ……………… 258
第二节　收费公路政策调整对公路建设资金筹措的影响 ……… 264
第三节　清理整顿和规范地方融资平台对交通建设资金的影响 …… 271
第四节　铁路高额债务和支线机场亏损对进一步融资的影响 …… 276

第十章　贯彻政策取向、加大政府投资的措施 ………………………… 280
第一节　解决铁路高额债务和提高铁路筹融资能力的相关措施 …… 280
第二节　加大政府对交通基础设施投资的主要措施 ……………… 290

附录（调研报告）　西部地区贵州省交通建设需求与资金筹措模式 …… 307

参考文献 ……………………………………………………………………… 320

第一章

交通基础设施投融资政策与模式的变革演进

内容提要：改革开放以来，在投资政策与投融资体制改革的支持下，我国交通基础设施建设逐渐拓宽资金来源渠道，加快了发展步伐，支持和保障了国民经济持续快速发展。当前各种运输方式基本都形成了以政府为主导、投资主体多元化、融资渠道多样化的投融资模式，但是对社会资本的开放和吸引程度存在着很大不同。了解以往的发展过程和现状情况，是研究下一阶段的发展速度和改革重点的重要前提。

我国交通基础设施的投资建设模式，在计划经济时期，都是按计划安排，由政府进行投资建设。铁路、机场、主要港口、管道由国家投资建设；公路由地方政府负责投资建设，国家仅对国边防公路有少量投资安排，地方政府由于缺少资金来源，主要靠民工投工投劳、民办公助的方式实施建设。交通运输的总投资额很小，占 GDP 的比重在 1.2% ~ 2.4% 之间波动。改革开放后，随着经济体制改革的逐步深入，交通运输领域加大了管理体制改革的力度，逐步放开运输市场，推进政企分开，不断深化交通基础设施建设的投融资体制改革，形成了以中央政府和地方政府为主导、吸引社会各种资本和外资进入、发行股票的投资主体多元化，大量利用银行贷款（包括国际金融组织以及国外政府贷款）、发行债券等多种融资渠道的投融资模式。大量交通基础设施以准公共产品供给和经营的方式,充分发挥市场机制的作用,逐步加快了建设发展,有效缓解政府建设资金严重不足、交通供给严重短缺制约国民经济发展的矛盾。

由于我国现实的交通基础设施网络总量规模和布局距离成熟稳定的形态还有较大差距,仍有较大的发展空间,尚处于快速的建设发展期。对于各地来说,交通基础设施的加快建设发展,可以加快改善地区交通条件、创造更好的投资环境,从而提升经济发展能力和获得发展的比较优势。交通项目工程是行业主管部门和地方政府最快、最直观的政绩反映,并对拉动地区GDP产生较大贡献。在这样的大背景和驱动力下,各个时期的交通基础设施建设总量规模、发展速度以及建设标准,主要是取决于所能筹集到的建设资金,而不是按预先规划的规模和速度发展。这也是我们中长期规划被大幅提前完成或没几年就要求修编调整的原因。当然,经济增长和交通运输需求增长超预期也是重要原因,体制上各种运输方式由不同部门分散管理、宏观协调不力也是其中的原因之一。

政府的政策取向将决定今后的交通投资模式,不同的交通投资模式将决定和影响主要的资金来源渠道,资金渠道将决定和影响交通筹资规模,筹资规模将决定和影响交通基础设施的建设规模和发展速度。因此,对我国交通投融资模式及相关政策的演进过程与现状进行梳理和总结,有助于更好地分析和把握下一阶段的发展趋势,以及提出符合实际的改革建议。

第一节 铁路建设投融资模式的演进

(一) 20 世纪 90 年代前

20世纪90年代之前,我国铁路有国家政府投资建设的国家铁路、部分省(自治区)投资建设的地方铁路以及企业投资修建的服务企业内部运输的铁路专用线。计划经济时期,国家铁路由铁道部按照国家计划安排和预算内拨款进行投资建设,铁道部向国家上缴利润。1980年后,国家开始施行基本建设投资由拨款改为贷款，并对企业上缴利润实行"利改税"改革，企业可以用留存利润安排相应的生产性投资。铁路运输部门在上交55%的所得税后，余下的利润上缴国家部分采用递增包干的办法，每年递增2%，一定三年不变；铁路运输企业余下的利润根据铁道部核定的留利水平，一部分留在企业，一部分上缴铁道部，用于铁路的技术改造和建设投资。1984年12月，国家计委、财政部、建设银行联合发布《国家预算内基本建设投资全部由拨款改为贷款的暂行规定》，从1985年起全面推行基本建设"拨改贷"制度。为了更好发挥有关方面积极性以提高铁路的投资能力，"七五"期间，国务院批准铁道部实行了"投入产出、以路建路"的经济承包责任制（简称"大包干"），铁路部门创造的经济效益与铁路的技术改造、基本建设挂钩。后因社会物价高涨、铁路运价不涨，铁道部留存的收益和投资建设能力并未实现之前的预想。1980年后，国家铁路系统利用了多笔国际金融组织和国外政府的优惠贷款，投入一批项目的技术改造和引进技术设备中。这一时期，部分省（自治区、直辖市）政府为了发展地方经济，解决铁路严重发展不足问题，开始与铁道部合资组建公司共同修建和运营管理一些地方亟须的线路。总之，这一时期铁路投资建设受国家严格的管制，主体单一，地方政府和企业也极度缺少资金，而且缺少盈利模式，不可能较大规模地投资于铁路。国家铁路的建设资金主要来源于中央政府财政资金（包括征集的能源交通重点建设基金）和铁路运输企业的自我积累资金，以及少量的银行贷款和国际金融组织、国外政府的优惠贷款。

地方铁路是由地方政府和企业投资建设和运营管理的路网支线铁路，主要是为地方经济服务，一般线路技术等级低、运量小。1984年，国家计委、国家经委、铁道部和财政部联合颁布了《关于发展地方铁路的几项政策建议》，对地方铁路的地位、作用及有关政策做了规定，中央向地方有限度地放权。铁道部对地方铁路的投资很少，1991—2000年铁道部用于地方铁路建设的投资约6.35亿元，仅占铁路基本建设投资额的0.2%。至2010年年底，地方铁路里程为4362.3公里。

（二）20世纪90年代

突破铁道部独家建设铁路的重大标志是1992年国务院批转了《国家计委、

铁道部关于发展中央和地方合资建设铁路意见的通知》(国发〔1992〕44号),对充分发挥中央和地方两个积极性,拓宽铁路建设资金渠道,加快铁路建设发展,起到了重要作用。尽管由于铁路的系统性改革不到位,合资铁路与国铁之间的网络化经营、调度公平等问题没有很好地解决,合资铁路公司大部分经营亏损,严重地影响了地方政府的积极性,但是,进入21世纪后,这一模式成为了铁道部主推的建路模式,并成了铁道部与各省(自治区、直辖市)签署协议合资建设铁路的基本模式。在铁路建设资金方面,1991年3月,国务院批准设立铁路建设基金,对国家铁路运输的货物进行征收,用于铁路建设,使铁道部有了一条稳定的建设资金来源渠道,并可用其作为担保进行发债和向银行贷款。同时相继批准福建、四川、山东、安徽等省征收铁路建设附加费(2002年全部停止),用于支持省内出资投资建设铁路。

1993年2月,广州铁路局改制为广州铁路(集团)公司,进行公司制试点。1996年5月,广深铁路股份有限公司发行的H股和在美国存托股份(ADS)分别在中国香港联交所和美国纽交所正式挂牌交易,该公司成为我国第一家在境外资本市场进行融资的铁路企业。

(三)21世纪以来至今

1. 法律法规和有关政策

铁路投融资最大的变化在2004年以后。2004年7月国务院发布了《关于投资体制改革的决定》,要求:"在国家宏观调控下充分发挥市场配置资源的基础性作用,确立企业在投资活动中的主体地位,规范政府投资行为,保护投资者的合法权益,营造有利于各类投资主体公平、有序竞争的市场环境,促进生产要素的合理流动和有效配置";"放宽社会资本的投资领域,允许社会资本进入法律法规未禁入的基础设施、公用事业及其他行业和领域。逐步理顺公共产品价格,通过注入资本金、贷款贴息、税收优惠等措施,鼓励和引导社会资本以独资、合资、合作、联营、项目融资等方式,参与经营性的公益事业、基础设施项目建设。"2004年修订后的《外商投资产业指导目录》中,铁路建设、经营被列入鼓励发展类项目。2004年1月,国务院批准通过了《中长期铁路网规划》;铁道部提出"政府主导、多元化投资、市场化运作"，构建多元投资主体，拓宽多种筹资渠道的铁路投融资改革。2004年10月，中国铁路建设投资公司成立，代表铁道部履行铁路大中型建设项目出资人代表职能，这是改革铁路建设投资体制，构建铁路市场化融资平台的重大举措，是推进合资铁路建设、快速发展客运专线的重要基础。此后，铁道部与31个省（自治区、直辖市）签订合资建设铁路的部省协议。

2005年2月，国务院发布了《关于鼓励支持和引导个体私营等非公有制经济发展的若干意见》，规定："允许非公有资本进入垄断行业和领域。加快垄断行业改革，在电力、电信、铁路、民航、石油等行业和领域，准予引入市场竞争机制。对其中的自然垄断业务，积极推进投资主体多元化，非公有资本可以参股等方式进入。"2005年7月，铁道部出台了《关于鼓励支持和引导非公有制经济参与铁路建设经营的实施意见》，为非公有资本进入铁路提供有力的政策法规支持和保障。2006年，铁道部研究制定了《"十一五"铁路投融资体制改革推进方案》，提出"构建建设投资主体多元化、资金来源多渠道、融资方式多样化、项目建设市场化的铁路投融资体制新局面"。2006年8月，大秦铁路公司成功在A股市场发行股票上市，同年12月广深铁路公司首发A股成功，募集资金253亿元。

2012年5月，铁道部贯彻落实国务院于2010年颁发的《国务院关于鼓励和引导民间投资健康发展的若干意见》，发布了《铁道部关于鼓励和引导民间资本投资铁路的实施意见》，鼓励民间资本投资参与铁路线路、铁路渡轮等场站设施建设。提出：切实转变铁道部职能，按照政企分开、政资分开的要求，加大铁路经营管理体制机制改革创新力度，确立铁路运输企业市场主体地位，创造良好市场环境，促进民营企业及各类所有制企业公平竞争、共同发展；完善相关政策措施，按照平等准入、公平待遇原则，在铁路市场准入条件、财务清算办法、运输管理、项目审批、接轨许可及公益性运输负担等方面，建立健全的相应的规章制度，保护各类投资者的合法权益；鼓励民间资本投资参与建设铁路干线、客运专线、城际铁路、煤运通道和地方铁路、铁路支线、专用铁路、企业专用线、铁路轮渡及其场站设施等项目；鼓励民间资本进入铁路工程建设领域；鼓励民间资本投资参与铁路客货运输服务业务；鼓励民营企业和国铁企业开展多种方式的物流合作，提高铁路物流运输服务水平；鼓励民间资本通过参股、控股、资产收购等多种形式，参与铁路非运输企业改制重组，推动企业转换经营机制，提高市场竞争能力。

从法律法规和政策上，社会各类资本进入铁路没有障碍。目前有铁路上市公司（如大秦铁路、广深公司），企业控股的合资铁路（如朔黄铁路）、民营铁路（如罗定铁路）、战略投资者参股的铁路（如京津城际、石太客专）、社保基金和保险基金参股的铁路（如京沪高铁）、铁道部与沿线政府合资建设的铁路（近一阶段建设的铁路干线基本上都是这种模式），以及企业独资或合资建设的煤炭运输支线铁路等多种类型。但是，实际上包括大型国企、民间资本在内的各类社会资本进入的量很少，占铁路总投资的比例很低。分析原因，主要是由于铁路整体改革滞后，市场架构和运营管理模式以及运价机制等不适合社会资本进入，对投资回报没有把握，缺少能够切实保护投资者利益的长效机制。具体来说，一是铁道部采取对线路和合资公司进行控股，新建铁路线路采取委托铁路局经营的模式，实际上，社会投资者只有出钱投资，而没有实质经营权，在合资公司中的话语权也小，无法把握未来的收益预期；二是价格机制，铁路运输价格由国家制定和批准，实施低价格政策，且对承担公益运输等没有明确的补贴政策，除了少部分线路企业以外，总体盈利水平不高，这也是民间资本进入铁路领域的最大瓶颈。社会投资者除了对一些相对比较独立、本身运量有保障、能够自主运营管理的线路项目（如运煤专线），有较高积极性以外，对于其他的线路进入的热情不高。

2. 当前的主要投融资模式

当前占绝对主导地位的铁路建设投融资模式，是以铁道部作为最大的投资主体（控股股东或大股东）、地方沿线省级政府作为必须参与投资的主体组建合资铁路公司，同时吸引社保基金、保险基金等战略投资者以及社会资本参与。铁道部出资的资本金主要来自铁路建设基金和发行的铁路建设债券以及铁路企业自筹资金。除资本金外，项目向银行贷款的债务性融资由铁道部统借统还。国家干线铁路项目，一般是铁道部绝对控股，沿线地方省级政府主要是以征地拆迁费计入股份的方式参与；非国家干线的城际铁路以及区域性铁路项目，一般是铁道部控股，地方除了以征地拆迁费用入股外，还要投入一定的资金，同时也吸引社会投资者进入。

项目建成后，基本上都是委托所在的铁路局运营，即项目线路公司以委托的方式委托铁路局经营，向铁路局支付委托经营费，铁路局对委托范围内的事务和安全责任负责。项目线路公司不是真正意义上的铁路运输主体，没有实际经营权，无法对经营成本进行管理和控制。这种委托也不是完全意义上的经济委托关系，带有行政性质，线路公司、铁路局不得不接受。这种模式客观上排挤了社会投资者，尤其是中小资金规模的投资者，他们除了购买发行的股票以及铁路建设债券以外，即使有意愿，也几乎是不可能直接参与到铁路的建设项目上来。

（四）发展变化趋势

2012年开始，国家发展和改革委员会（以下简称"国家发展改革委"）、铁道部逐步明确，省内铁路、城际铁路将由地方政府负责投资建设，铁道部在技术上进行指导。从趋势上看，铁道部将改变以往对几乎所有项目都控股、大小项目都包揽的形式，逐步采取项目分类由不同的主体负责投资建设的模式。铁道部投资建设的重点将主要是国家干线、跨省（自治区、直辖市）重要区域干线。这样，一方面可减轻铁道部的部分资金压力，另一方面也将开启更多投资模式的创新。在铁道部负责主要投资的铁路项目工程建设中，原来是由各管段铁路局管理、由铁路局副局长兼任铁路项目公司的董事长，负责工程筹建、开建和运营。2011年年底，铁道部部长盛光祖推出工程管理"新政"，改由铁道部工管中心统一管理，实行工程建设的垂直化管理。

蒙西至华中铁路煤运通道的建设投资与运营模式被很多人认为很可能会成为铁路项目引入外部资本的一个标杆、未来铁路投融资的一个样板。根据建设方案，新建的蒙西至华中地区铁路煤运通道工程线路北起东乌铁路浩勒报吉站，途经内蒙古、陕西、山西、河南、湖北、湖南，终点到达江西吉安，线路全长1837公里。通道规划设计年输送能力为2亿吨，建成运营初期输送能力达到1亿吨。2012年2月国家发展改革委批复了《关于新建蒙西至华中铁路煤运通道工程项目建议书》，该项目的投资估算总额为1539.7亿元，包括工程投资1457.7亿元和机车车辆购置费82亿元，其中540亿元将由蒙西华中铁路公司的发起人以出资注入资本金的形式筹集。国家发展改革委提出在资金筹措上,该项目将按照政府主导、多元化投资、市场化运作方式,由铁道部联同内蒙古、陕西、山西、河南、湖北、湖南、江西七省(自治区)共同建设,积极引进煤炭企业、电力企业及其他社会资本参股,且任何一家投资方都不能持有超过50%的股份。2012年8月,由中国铁投牵手15家企业共同设立蒙西华中铁路公司,初始注册资本10亿元。中国铁投占注册资本20%,中国神华、中煤能源、国投交通公司、陕西煤业化工集团有限责任公司、淮南矿业(集团)有限责任公司、伊泰煤炭分别占注册资本的10%,其他投资人分别为:河南铁路投资有限责任公司(3.5%)、湖北省客运铁路投资有限公司(3.3%)、内蒙古蒙泰煤电集团有限公司(3.2%)、榆林统万投资有限责任公司(2.5%)、湖南省铁路投资集团有限公司(2.1%)、中国华能集团燃料有限公司(1.4%)、中电投物流有限责任公司(1.4%)、山东能源国际物流有限公司(1.4%)、江西省铁路投资集团公司(1.2%)。

第二节 公路建设投融资模式的演进

(一) 20世纪80年代

新中国建立后至20世纪80年代初期,我国公路建设由地方政府负责投资和组织建设。尽管这一时期的公路数量增长较快,到1980年达到了88.3万公里,但政府用于公路投资实际上很少,很多公路是靠民工投工投劳、民办公助的方式修建的,技术等级和道路状况普遍很差。即使是这样的道路也由于路网里程严重不足,覆盖率很低,许多乡镇以及一些县还不通公路,交通非常落后,出行和货物运输相当难。随着改革开放后的经济和商品市场的发展,公路发展落后、不能适应国民经济发展要求的矛盾和问题越来越突出,加快公路建设发展已成为搞活流通和解决"出行难、运货难"的重要手段。

设立公路建设专项基金。为了使公路建设有长期稳定的资金来源,1985年国务院批准颁发了《车辆购置附加费用征收办法》(国发〔1985〕50号)。车辆购置附加费是按照国家规定征收的公路建设专项基金,由交通部归口,统收统支。从此，国务院交通主管部门有了用于补助和调动地方进行公路建设的专项基金。根据交通部、国家计委、财政部关于颁发《车辆购置附加费使用管理试行办法》的通知（〔86〕计字481号），国家重点补助纳入行业规划的国家干线公路（包括疏港、公铁分流、能源运输及国道断头公路等）、特大桥梁、隧道及重要的公、铁交叉道口的改建，以及具有重要意义的省级干线公路建设；适当安排补助与上述公路相配套的重点汽车客货场、站设施建设。贯彻"地方自筹为主，国家补助为辅"的原则，国家补助的金额，视不同省、自治区、直辖市和建设项目情况而定，一般为建设项目批准概算的三分之一左右（包括国家预算内投资）。公路建设基金投资安排的建设项目，其所在省、自治区、直辖市交通厅（局）或实行计划单列的省辖市交通局或特别指定的单位，为建设单位。同时，各省（自治区、直辖市）交通厅（局）也有一部分车购费分成资金用于公路建设项目。1987年，经各省（自治区、直辖市）人民政府批准，开始征收公路客运附加费，作为各省的交通基础设施建设基金，用于公路和站场建设。各省（自治区、直辖市）还调整养路费征收标准，除了用于公路养护以外，一部分被用于公路改造和新建项目。

收费公路政策的出台，开始改变干线公路的发展机制，为后来高速公路等收费公路发展奠定了政策支持的基础。从20世纪80年代初广东省对广珠、广深两条公路改造探索实行引进外资架桥修路、收费还贷的新投融资体制模式取得成功后，在总结国内外实践经验的基础上，为了加快公路建设发展，1984年12月国务院第54次常务会议做出"贷款修路、收费还贷"的重要决定，允许通过集资或银行贷款修建收费公路，并对通过收费公路（桥梁、隧道）的车辆收取过路过桥费，用于偿还贷款。自此，"贷款修路、收费还贷"成为我国公路基础设施建设投融资政策的重要组成部分，打破了单纯依靠政府财政发展公路的体制束缚，为公路事业快速发展奠定了政策和制度基础。

在此期间，广东省还积极探索各种筹集社会闲散资金投资建路的新形式。1985年4月，广东省政府办公厅下发了《关于自筹资金建桥筑路的项目收取过桥过路费问题的通知》（粤府办〔1985〕53号），提出"省政府同意凡属自筹资金、银行贷款、利用外资建桥筑路的项目，建成后可以收取过桥过路费偿还本息，还清后停止收费"。除了贷款以外，自筹资金、社会集资也成为了公路建设的重要资金来源，为广东省公路建设引进外资和筹集社会闲散资金打开了大门，提高了各地方公路建设的积极性。

广东的做法在全国公路交通基础设施建设领域引起了积极反响，各地纷纷学习效仿，"贷款修路，收费还贷"的逐步得到了认同和推广。1988年，交通部、财政部、国家物价局根据《公路管理条例》，联合发布了《贷款修建高等级公路和大型公路桥梁、隧道收取通行费规定》。根据该规定，凡利用贷款修建的二级以上公路，经省政府批准可设立收费站，收取车辆通行费，用于偿还修路贷款。自此，"贷款修路，收费还贷"政策在全国得到了明确，确立了中国的收费公路制度。

专栏　　　广东省"贷款架桥修路、收费还贷"探索

20世纪80年代初，为了适应改革开放需要，解决主要通道缺路、少桥、交通时间长的问题，广东省委、省政府决定活用中央允许广东实行特殊政策、灵活措施的政策，率先在全国进行实验，在广州至珠海、深圳的两条公路上探索引进外资架桥修路，收费还贷的新投融资体制模式。

为改善广州至珠海拱北关间的公路和交通，发展粤澳的经济、贸易、旅游事业，以共同合作的方式将广珠公路现有四处渡口改建为桥梁，1981年8月广东省公路建设公司与澳门南联公司签订了《关于贷款建设广珠公路四座大桥协议书》。由澳门南联公司向广东公路建设公司贷款港币一亿五千万元，专用于广珠公路上三洪奇、容奇、细滘、沙口四处渡口改建桥梁及其引道接线附属工程，利息按年利率6%计算。自1984年9月1日起开始计息及偿还，分10年还清本息。工程在3年内全部竣工，建成后实行过桥收费，以收费偿还本息。同时，广东省通过提高全省公路养路费的征收标准，自筹了8000万元人民币资金。

1984年1月1日，东莞高埗大桥建成通车并投入使用，成为了全国首个收费路桥。随后，其他3个大桥收费站以及广深线上的两个大桥收费站也陆续建成投入使用，开始收费还贷。1984年底，广深、广珠两条公路全线实现了无渡口通车。

自从1984年国务院做出了"贷款修路、收费还贷"的重要决定后，改变了由财政预算拨款为唯一投资方式和资金来源的计划经济投资体制，引入了市场机制，公路投融资开始逐步迈上投资主体多元化、投资方式有偿化和资金渠道多样化的投融资模式。以收费公路作为投融资模式的高速公路、汽车专用路开始加快发展，1984年，我国首条高速公路——上海至嘉定高速公路开工；1986年9月沈大公路沈阳至鞍山段建成，成为全国已建成的最长的一级汽车专用公路；1987年12月我国利用世界银行贷款进行国际公开招标建设的第一条高速公路——(北)京(天)津塘(沽)高速公路动工。至1990年年底，全国建成高速公路522公里，一级汽车专用路2617公里，二级汽车专用路43376公里，这些公路都是以收费公路的形式进行融资建设。

(二) 20世纪90年代

在收费公路政策的支持下，各地积极吸收利用国际金融机构和国外政府组织的贷款、国内银行贷款、自筹资金于公路建设，同时积极进行投融资模式创新，扩大吸引外商投资、国内资金投资。公路建设投资规模开始逐年较大幅度增长，从1990年的73.96亿元增加到1995年的597.34亿元，超过了铁路基本建设投资规模。1997年亚洲金融危机发生后，在积极财政政策和国债投资的支持下，公路投资更是上大台阶，1998年超过了1000亿元，2000年达到了1731.30亿元。这一时期是公路投融资模式创新最活跃的时期，提高了公路投资规模，加快了公路发展，并为后来的扩大采用和持续加快发展开创了基础。

中外合作模式。广深高速是中国首个与外资合作建路的例子，由广东省与香港合和集团合作，1981年签订意向协议，1987年动土，1992年试运行，1996年正式开通。在商讨利益分配和资产抵押问题的过程中，将原来的BOT模式改变为合作模式：由香港合和集团股东贷款4亿美元和向国际银行贷款8亿美元，广东省不投钱，经营期30年。在还贷款期间，高速公路的收入除了还贷款之后还有赢利的话，52.5%归投资方，47.5%归广东方；还清贷款以后，但未到30年期间的纯赢利期，广东方分52.5%，投资方分47.5%。由广东方当董事长，投资方当总经理。

在其他的公路合作项目中，主要是以外资方出资、中方出地，商定盈利分配比例的模式进行合作。

中外合资模式。在1988年颁布的《贷款修建高等级公路和大型公路桥梁、隧道收取通行费规定》中，除了规定利用贷款(包括需归还的集资)新建、改建高等级公路(即二级和二级以上的公路)或大型公路桥梁、隧道，报经省级人民政府批准，可对过往车辆收取通行费以外，"中外合资建设的公路项目，其收费管理，按批准的协议或合作条款办理"，也即可以采取中外合资的模式。广佛高速公路有限公司就是成立较早的合资公司，于1988年7月7日成立，是由中方股东广东省公路建设公司(广东省高速公路公司前身)、外方股东香港珠江船务有限公司(珠江船务企业(集团)有限公司前身)共同出资组建的中外合资企业，合作期限为20年，注册资本为10000万元(其中：中方75%，出资7500万元；外方25%，出资为2500万元)。到20世纪90年代，这种合资方式成为吸引外商直接投资和后来收费公路经营权受让的主要方式。

BOT模式。福建省泉州市刺桐大桥建设项目属于我国最早利用国内民间资金建设路桥基础设施的"BOT"项目。大桥长1530米，宽27米，接线公路2285米，匝道2400米，并列6车道，设置中央绿化分隔带，设计日通车量为2.5万辆次，桥下可通行500吨胖体海轮。为解决"过桥难"问题，由泉州市15家民企合股组成的"名流公司"，愿意不带任何附加条件承建刺桐大桥。在获得省政府、市政府同意后，随后成立的"泉州刺桐大桥开发有限公司"，名流公司投资占60%的股份，市政府资金占40%的股份，双方共同投资2.5亿元兴建刺桐大桥。经泉州市人民政府批准，采用国际通行的BOT(建设—经营—移交)方式进行建设，经营期30年。在经营30年后，将刺桐大桥全部无偿移交给政府。大桥工程于1995年5月18日全面动工建设，1996年12月29日正式投入运营。民间资金投资大型基础设施，且以BOT方式进行建设和管理，这在当时的国内尚属首例。

1995年8月21日，由国家计委、电力部及交通部发出《关于试办外商投资特许权项目审批管理有关问题的通知》。此后，BOT模式在公路建设项目中逐步得到采用和推广。

股份制公司和发行股票上市。1992年6月，我国第一家高速公路股份有限公司——广东佛开高速公路股份有限公司成立。随后，江苏宁沪高速公路股份有限公司、江苏扬子大桥股份有限公司分别于1992年8月1日和10月8日成立，拉开了我国公路经营化管理改革探索的序幕。1996年8月15日，粤高速在深圳交易所成功发行B股，在资本市场上为我国高速公路建设筹集到第一笔资金4.84亿元。此后，皖通高速、深高速、浙江沪杭甬、四川成渝、宁沪高速等先后发行H股在香港联交所上市；华北高速、东北高速、长永高速、五洲交通等先后在国内发行A股上市。

公路经营权转让。交通部1994年下发《交通部关于转让公路经营权有关问题的通知》，1996年出台的《公路经营权有偿转让管理办法》（第9号令），为最早针对公路经营权有偿转让问题制定的规范性文件。1998年1月1日实施的《公路法》首次对公路收费权的转让以法律形式予以确立，为中国公路建设引进多元投资主体，实现多元融资开辟了道路。《公路经营权有偿转让管理办法》第五条规定：公路经营权是依托在公路实物资产上的无形资产，是指经省级以上人民政府批准，对已建成通车公路设施允许收取车辆通行费的收费权和由交通部门投资建成的公路沿线规定区域内服务设施的经营权。公路经营权概念的提出和明确，为制定相关法律规定，以及对采用BOT等方式融资在权益、资产抵押方面的问题在法律上扫清了障碍，作为贷款抵押物的融资渠道得到了认同。"公路经营权的转让"实质上就是项目融资的TOT方式，最早是作为公路建设中引进外资的途径提出来的，目的是通过将已建成公路项目的未来收益权转给受让企业，使得政府可以提前收回已投入的公路建设资金，用于滚动发展建设新的公路，加快公路建设发展。由此，也形成了"收费还贷"和"收费经营"的两种收费模式和建设模式。

国债投资。面对1997年亚洲金融危机的冲击和国内有效需求不足，经济衰退的严峻局面，中央政府实施了以扩大内需为主要内容的积极财政政策，通过发行国债扩大了基础设施、基础产业、社会事业的公共投资，引导与带动了金融机构成比例地投放配套贷款。1998—2004年实施积极财政政策期间，公路、铁路等交通设施建设项目，国债投资1711亿元，占国家国债投资的

19.8%，配套贷款 3400 亿元左右❶。

（三）21 世纪以来至今

模式不是越多越好，关键在于合适可用、可操作、有效率。21 世纪以来主要是在 20 世纪 90 年代探索的已有模式基础上不断进行完善、丰富和拓展，各省（自治区、直辖市）相互学习借鉴、推广采用，取得了巨大成效，公路投资年年攀升，从 2000 年 1700 多亿元上升到 2011 年的 1.2 万亿元，公路里程从 168 万公里增加到了 400 万公里。

探索采用了代建制 BT 模式。BT 是指建设（Build）——转让（Transfer），由建筑商按照政府对项目的要求自筹资金进行建设，然后将建成后项目有偿转让给政府。2003 年 2 月，建设部《关于培育发展工程总承包和工程项目管理企业的指导意见》（建市〔2003〕30 号文）出台后，BT 模式在全国公路交通基础设施建设领域得到了一定推广，出现了一些成功实例。贵州毕威高速公路、重庆市成青旅游快速通道温江段、河南焦作至桐柏高速公路巩（义）登（封）段等项目采用了 BT 模式。

公路经营权转让对象发生变化。随着国内资金的增多、紧缺状况的缓解，以及公路项目车流增长快速、效益显著，公路经营权转让由原来主要是为了引进外资而向外商转让为主，转为了主要是向政府控股或参与的企业、上市公司转让。深圳市等对于城市发展后某些与城市交通越来越密切的原公路经营权转让的项目实施政府回购，免费通行。

取消二级公路收费。国务院《收费公路管理条例》规定：政府还贷公路的收费期限，按照用收费偿还贷款、偿还有偿集资款的原则确定，最长不得超过 15 年；国家确定的中西部省、自治区、直辖市的政府还贷公路收费期限，最长不得超过 20 年；经营性公路的收费期限，按照收回投资并有合理回报的原则确定，最长不得超过 25 年；国家确定的中西部省、自治区、直辖市的经营性公路收费期限，最长不得超过 30 年；技术等级为二级以下（含二级）的公路不得收费。但是，在国家确定的中西部省、自治区、直辖市建设的二级公

---

❶ 王元京，1998 年以来财政资金与信贷资金配合使用的模式，《金融理论与实践》，2011.01。

路，其连续里程60公里以上的，经依法批准，可以收取车辆通行费。2006年，交通部下发了《关于进一步规范收费公路管理工作的通知》，要求各地交通主管机构要严格控制收费公路建设规模和收费站点总量。东部地区新增新建的二级公路一律不准收费。中、西部地区新建二级收费公路项目的审批必须从严。凡在二级公路上进行路面改造和大中修的新建项目，一律不得批准设立为收费公路。2009年2月，国务院办公厅关于《转发发展改革委、交通运输部、财政部逐步有序取消政府还贷二级公路收费实施方案的通知》提出，国家每年从成品油价格和税费改革后新增的成品油消费税收入中安排260亿元专项补助资金，用于债务偿还、人员安置、养护管理和公路建设等。到2010年年底，我国已在17个省全部取消了政府还贷的二级公路收费站点，撤销站点1723个，总里程9万公里。至2012年初，已有19个省全面取消了政府还贷二级公路收费，总里程约10万公里。取消一级公路和经营性二级公路收费的可行性和措施正在研究中。

总体上，公路建设投资模式可以归纳为三类：一类是非收费公路的建设投资模式，政府为投资主体，以财政资金、公路专项资金、国债等非偿还性资金进行投资建设。第二类是政府还贷公路的建设投资模式，政府为投资主体，以财政资金、公路专项资金、国债等作为资本金，其余部分向银行贷款或有偿集资筹措资金进行投资建设，以收取车辆通行费还贷；一些省市对于不同的多个项目，采取统贷统还的模式。第三类是经营性公路的建设投资模式，由国内外经济组织（企业）作为投资主体，根据政府规划和要求，以获取特许经营权为条件（主要是BOT模式），自筹资金和向银行贷款对项目进行投资建设与经营或依法受让政府还贷公路收费权进行经营，以收取车辆通行费等方式收回投资和获取投资回报，特许经营期满后无偿地将公路移交给政府。至2010年年底，根据各省级政府的门户网站数据，全国共有收费公路15.5万公里。其中，政府还贷公路10.2万公里，占65.6%；经营性公路5.3万公里，占34.4%。技术等级构成：高速公路7.36万公里，一级公路2.6万公里，二级公路5.4万公里，独立桥梁、隧道0.1万公里。

2011年6月，交通运输部、国家发展改革委等五部委联合部署地方开展为期1年的收费公路专项清理工作，全面清理违规及不合理公路收费，纠正违规收费行为。在此基础上，研究制定加强收费公路管理、降低收费标准、促进收费公路健康发展的长效机制和政策措施。至2012年3月，累计撤销、调整了328个收费站点，降低了182个收费公路项目通行费标准，停止收费公路里程3706公里。

第三节 港口建设投融资模式的演进

(一) 20世纪80年代

我国港口长期实行国家直接领导下的全民所有制。沿海主要港口自建国以来一直实行政企合一，归属交通部，由交通部负责规划、建设、经营等。由于政府投资的财政资金来源有限，港口投资规模一直处于较低的增长水平，约占同期国家基本建设投资总额的1%左右。港口发展滞后，远远不能满足外贸进出口增长和经济发展的需要，压船压港问题非常突出。沿海和内河主要港口一直实行集中管理，由政府直接指挥和干预企业的生产活动，形成了政企合一、高度集中的管理模式。随着十一届三中全会以后的改革、开放、搞活经济的各项方针政策的陆续实施，我国港口管理体制和投融资模式也开始走上了改革之路。

1984年，中共中央、国务院批复交通部、天津市委市政府《关于天津港管理体制改革试点问题的请示》，同意在天津港进行体制改革试点，实行交通部与地方"双重领导，以地方领导为主"的管理体制，在财务上实行"以港养港，以收抵支，定额上交(或补贴)一定几年不变"。从1986年1月起，我国沿海的港口管理体制改革在全国铺开，主要是将由中央直接管理的港口领导体制改为由中央和地方政府"双重领导，地方为主"的管理体制，对于养港资金实行"以收抵支，以港养港"。到1988年2月，沿海港口管理体制改革基本完成，形成了秦皇岛港由中央管理，沿海和长江干线37个港口由中央与地方政府双重领导、以地方政府为主的管理体制。但沿海主要港口(除天津港外)的固定资产投资和计划管理，仍以交通部为主，实行以港养港、以收抵支的办法。基本建设投资仍由中央筹措,包括养港资金、专用资金、经营基金(注:1986年起国家预算内拨款改为"拨改贷",1988年港口基本建设投资中的拨改贷改为经营基金)等。所谓"以收抵支","收"是指港口利润中应缴纳国家的所得税,"支"是指国家安排港口的基本建设投资,收大于支定额上交,支大于收定额补助,收支平衡不交不补。此后,随着港口吞吐量的增长和建设投资需求的不断增大,依靠港口自身收入进行建设已远远满足不了要求,出现了较大的资金缺口,"以港养港"难以维继。

为了弥补国家投资的不足,扩大港口建设资金来源,加快港口发展,1985年10月国务院发布了《港口建设费征收办法》。1986年1月交通部制定了《港口建设费征收办法施行细则》,对进出大连港等26个港口的货物征收港口建设费,作为加快港口建设的一项专用资金来源,纳入预算外资金管理,用于沿海港口(包括停靠船舶的泊位)的码头、防波堤、港池、航道和港区道路等基础设施工程的建设。港口投资建设对地方政府和社会资本开放,按照"谁投资、谁建设、谁使用、谁受益"的政策,鼓励货主单位自建货主专用码头,允许中外合资建设港口码头,鼓励各地港口向国内外金融机构进行政策性或商业性贷款。1985年9月,国务院发布了《关于中外合资建设港口码头优惠待遇的暂行规定》,鼓励外国公司、企业或个人与中国的公司、企业共同投资兴办合营企业建设港口码头,并给予优惠待遇,中外合营期可超过30年,所得税从获利的年度起第一个五年免交,第二个五年减半,以后经营困难的经批准优惠期尚可延长;允许合营企业兼营投资较少、建设周期较短、资金利润率较高的项目。1986年7月,交通部印发了《关于内地省、市在沿海集资建设港口码头的试行办法》。1987年,南京港和天津港分别成立中外合资的集装箱码头企业,标志着我国港口投资主体多元化正式起步。同期,在港口建设项目中,利用了世界银行、亚洲开发银行、日本海外协力基金等国际金融组织和政府间优惠贷款。

(二) 20世纪90年代

1990年1月,交通部印发了《公路、水运交通产业政策实施办法(试行)》,再次明确提出,在统一规划下,本着谁投资、谁使用、谁受益的原则,提倡货主自建专用码头、专用公路和专用航道。多渠道、多形式、多层次地吸引更多的国外投资，引导外资投向，重点用于国道主干线公路系统和重点港口的建设。1992年，交通部印发了《关于深化改革、扩大开放、加快交通发展的若干意见》，鼓励中外合资建设并经营公用码头泊位，允许合营企业经营装卸业务，经营货物堆存、拆装、包装，以及相关的国内公路、水路客货运输。允许中外合资租赁码头；允许外商独资建设货主专用码头和专用航道；外商投资开发经营成片土地时，可在地块范围内建设和经营专用港区和码头。1993年，交通部、国家计委、财政部、国家物价局联合下发《关于扩大港口建设费征收范围、提高征收标准及开征水运客货运附加费的通知》，增加了港口建设资金来源项目。1997年，由国家计委等颁发的《外商投资产业指导目录》将港口公用码头设施的建设、经营(中方控股或占主导地位)列入鼓励类。

在一系列政策的支持鼓励下，中外合资建设与经营码头率先在集装箱运输方面取得重大突破，以香港和记黄埔港口有限公司、新加坡港务集团为代表的境外资本开始逐步加大力度进入中国港口最具发展前景和效益的集装箱码头。香港和记黄埔开始投资深圳盐田、上海、宁波北仑、珠海、江门、厦门等港口集装箱码头；新加坡港务集团则在大连、福州、广州等港口进行投资；招商国际、马士基航运有限公司、香港现代货箱码头有限公司、香港太平洋有限公司、香港银都机场有限公司、香港太古洋行、香港恒基集团、新加坡国际财团等境外资本也都纷纷进入中国港口投资经营集装箱码头。至21世纪初期，沿海主要港口中，大连、秦皇岛、天津、青岛、上海、宁波、福州、厦门、汕头、深圳、广州、珠海等港口，长江沿岸的南京、张家港、常熟、太仓等港口，以及珠江三角洲的江门、南海、番禺、潮阳等一批中小港口，均有合资甚至独资经营的集装箱码头，沿海和内河集装箱主要码头合资率占集装箱泊位总数超过了60%，占集装箱泊位总通过能力超过了70%。其中，深圳盐田港集团与和记黄埔合资的深圳盐田国际集装箱码头有限公司的注册资本24亿港元，境外资本占73%。境外资本的大量进入，使我国集装箱码头建设、经营、管理、技术、营运效率等水平迅速提高，缩短了与发达国家先进港口的差距。

国内资本也开始与港口企业股份合作形式或自建自营形式参与港口码头

建设。一种形式是航运企业采取与港口企业股份制合作形式经营码头业务，如中海集团在大连、锦州、连云港、湛江等沿海主要港口参与内贸集装箱码头经营等。另一种是工业、原材料开采加工和进出口企业直接投资建设和参与投资港口的散货及油品大型码头，如神华集团在河北省黄骅投资 50 多亿元建设大型煤炭出口港，宝钢集团在浙江省舟山建设 25 万吨级矿石中转码头，山东兖矿集团参与日照港务局码头经营等。

同时，对大型国有港口企业进行改制，组建股份制公司和发行股票上市。在中国证券市场开启不久，1993 年深圳赤湾港航股份有限公司（深赤湾）设立并发行了 A 股和 B 股，成为了我国上市最早的港口企业。此后，招商局、天津港、盐田港、锦州港、上港集箱等先后上市，借助资本市场融资，筹集了扩大发展的资金。

（三）21 世纪以来至今

进入 21 世纪以来，我国进一步深化了港口管理体制改革，港口投资主体多元化、港口建设发展规模和速度进一步取得了突破性进展。

2001 年 11 月，国务院批准转发了交通部、国家计委、国家经贸委、财政部、中央企业工委《关于深化中央直属和双重领导港口管理体制改革的意见》，将由中央管理的秦皇岛港以及中央与地方政府双重领导的港口全部下放地方管理。港口下放后，原则上交由港口所在城市人民政府管理；需要由省级人民政府管理的，由省级人民政按照"一港一政"的原则自行确定管理形式。港口下放后，实行政企分开，港口企业不再承担行政管理职能，并按照建立现代企业制度的要求，进一步深化企业内部改革，成为自主经营、自负盈亏的法人实体。计划管理，由原先的中央计划管理改为地方管理；财务管理，由"以港养港、以收抵支"改为"收支两条线"，取消港口企业定额上缴、以收抵支的办法。港口下放后，在保证中央必要的港口建设费支出的前提下，适当提高各港港口建设费的留成比例。同时，要求地方政府应多方筹措港口建设资金，制定有利于港口发展的政策。该项改革实施后，形成了"一城一港一政"的港口管理体制。2004 年 1 月 1 日起实施的《港口法》第二十条和第二十一条规定，县级以上有关人民政府应当保证必要的资金投入，用于港口公用的航道、防波堤、锚地等基础设施的建设和维护；县级以上有关人民政府应当采取措施，组织建设与港口相配套的航道、铁路、公路、给排水、供电、通信等设施。

港口管理体制改革和法制秩序的建立，促进了港口生产力的解放和竞争力的提高，沿海和主要内河沿岸港口城市和区域普遍提出了"以港兴市"、"以港强市"的发展战略，一些省份提出了打造"港航强省"、发展"航运中心"的目标。各级政府将港口以及临港工业区的建设发展作为提升经济发展量能的重要增长点，加大投入，扩大招商引资，使全国港口的建设发展进入了黄金期。全国沿海和内河完成建设投资从 2000 年的 130.97 亿元，增长到 2011 年的 1404.88 亿元。至 2011 年年底，全国港口生产用码头泊位达到了 31968 个，其中万吨级及以上泊位达到了 1762 个；全国港口完成货物吞吐量达到了 100.41 亿吨，其中沿海港口完成 63.60 亿吨，内河港口完成 36.81 亿吨。

进一步加大引进外资的力度。2002 年 4 月 1 日起执行的《外商投资产业指导目录》取消了港口公用码头中方控股或占主导地位的要求，明确外商可以合资、合作、独资投资建设经营港口码头。2007 年 1 月 30 日，国家发展改革委核准了外商独资建设青岛港前湾港区迪拜环球码头工程项目，标志着我国港口建设具备了极高的对外开放度。外资除了大量投资集装箱码头以外，还以货主码头的形式投资液体化工码头、散货码头。目前，在我国沿海主要港口几乎都有外资投资。

进一步加大从资本市场融资。各主要港口纷纷按股份制进行改造，组建股份制公司，在各级地方政府的努力和中央主管部门的支持下，大部分主要港口发行了股票上市，其中一部分还通过配股、增发、公司债等形式实现了再融资，加快了港口建设和整合，并通过参股投资、股权收购等实现了港口间的联合与合作。这一期间，营口港股份、南京港股份、厦门国际港务（香港联交所）、大连港股份、日照港股份、上港集团、连云港股份、宁波港股份等实现了发行股票上市。2006 年，我国最大的港口企业上港集团完成改制并整体上市，是最重要的标志之一。青岛港集团、广州港集团以及湛江港集团也都在积极准备上市。

目前的主要投融资模式。虽然我国港口实行了政企分开，但是地方政府仍然是港口发展的最主要推动者,且推动港口做大做强的积极性和动力非常强,港口的扩张并不完全是由港口企业根据市场需求和经营状况自主决策。在港口建设投资中,主要港口的公益性基础设施(如航道、航标、防波堤、锚地等)主要是由国家财政预算内资金、交通部专项资金等补助,地方政府财政出资或筹资进行投资建设;码头泊位和装卸设备、仓储设施等港口生产经营性基础设施,主要是以企业投资的方式进行建设和经营(可以是国内外资本独资、合资、合作、股份制企业的方式)。一般地,根据不同情况地方政府会通过其控股的投资公司或资产经营性公司投入一定比例的资金进行引导,项目资本金主要来自政府资金(包括国债)和企业自筹资金,其他建设资金主要是向银行贷款以及发行项目债券等。港口配套的集疏运通道由地方政府负责建设。

2012年4月,交通运输部印发《关于鼓励和引导民间资本投资公路水路交通运输领域的实施意见》,继续鼓励和引导民间资本以独资、控股、参股等多种方式进入交通运输基础设施、交通运输服务和交通运输新兴业务领域,发挥民间资本推动交通运输产业结构优化、加快发展方式转变、促进现代交通运输业发展的重要作用;鼓励民间资本参与公路、港口码头、航道等建设、养护、运营和管理,参与综合运输枢纽、物流园区、运输站场等建设、运营和管理;要求各省(自治区、直辖市)交通运输主管部门要加强对民间投资的服务、指导和规范管理,为民间投资营造良好的发展环境。

第四节 机场建设投融资模式的演进

(一) 20世纪80年代至2002年

1. 管理体制

改革开放前,我国民航运输业管理体制属于高度集中计划经济模式。民航总局由空军代管,实行政企合一管理体制,既是政府管理机构,又是经营航空运输业务的企业。民航总局对下属机构经营活动进行严格管制,包括投资、票价、旅客资格、航线、航班开设等。各级、各地区业务经营机构不是独立经济实体，由民航总局统一安排生产计划，财务上实行统收统支。由于实行低票价政策，民航长期处于亏损状态，由国家进行政策性补贴。

1980年，国务院、中央军委下发了《关于民航管理体制若干问题的决定》，决定从1980年3月15日起，民航总局由空军代管改由国务院直接领导，逐步实现企业化管理。之后，进行了机构改革，民航总局机关改变军队建制，组建作为政府主管部门的各业务司局，明确政府管理职能；建立经济核算制，给予各地区管理局更大经营自主权，推行经营责任制和岗位责任制；改革投资体制，实行多渠道筹集资金，发展机队和建设机场；允许部门和地方创办航空公司、建设机场，以适应改革和开放需要。随后进一步实施了以政企分开和管理局、航空公司、机场分设为主要内容的管理体制改革，同时开始积极利用国际金融组织贷款和国外政府优惠贷款投资建设机场和购买飞机等。1982年，厦门高崎机场扩建获得了科威特阿拉伯经济发展基金会的2100万美元的贷款，成为我国第一家利用国外政府贷款进行建设的机场，也是首家下放由地方政府管理的国际机场。

2. 投资体制改革

随着经济发展和对外开放扩大，地方对建设机场有着较强的需求。从20世纪80年代中期开始，加快了政企分开，初步放松进入管制，允许地方政府和国内企业创办航空公司和投资建设机场，地方对建设机场的积极性被逐步激发，打破了原来由中央政府投资建设机场的单一模式，形成了中央投资、中央和地方联合投资、地方投资建设机场等不同发展模式。1987年开始动工修建、1990年通航的温州永强机场，是由温州市政府和民航总局共同投资1.32亿元兴建的。1992年投资兴建、1997年通航的福州长乐国际机场，是国内首座由地方政府自筹资金兴建的大型现代化机场，在总投资32亿元中，福建省投入了24亿元。1992年年底开始兴建、1995年6月通航的珠海机场，是全国第一个完全由地方政府投资的机场，投资总额达60多亿元。与此同时，民航总局还进行了直属机场下放地方管理的改革试点。

3. 开征机场建设费和民航基础设施建设基金

机场建设费。1992年3月，根据国务院《关于听取民航考察团出国考察情况及对民航和机场管理体制深化改革若干意见汇报的会议纪要》(国阅〔1991〕144号)的精神,民航总局、财政部、国家物价局联合发文开始向乘坐民航国内航班(含国际、地区航线国内段)的中外旅客收取机场建设费,当时的费额为每人15元人民币(或外汇人民币),由机场向本站始发旅客收取,旅客票价低于70元(含70元)的免收。民航直属机场收取的机场建设费上缴民航总局集中管理和使用,地方政府管理的机场收取的机场建设费由机场(或所在地政府)管理和使用。1995年10月国务院转发了财政部、国家计委和民航总局《关于整顿民航机场代收各种建设基金意见的通知》(国办发〔1995〕57号),自1995年12月1日起,将地方委托民航机场代收的各种机场建设基金或附加费等统一并入"机场建设费",收费标准由国家统一制定。机场建设费的征收标准为:乘坐国内航班的中外旅客每人50元人民币;乘坐国际和地区航班出境的中外旅客每人90元人民币(含旅游发展基金20元)。规定机场建设费50%上缴国库后划给民航总局提留,50%由民航总局划给当地机场。机场建设费的用途扩大为包括机场飞行区、航站区、机场围界、安全和消防设施及设备、空中交通管制系统的建设以及用于归还上述建设项目的贷款本息支出和财政部批准的其他支出。

民航基础设施建设基金。民航基础设施建设基金是国家为尽快改变我国航空运输基础设施严重落后的状况而设立的专项基金。1992年,国务院《关于研究民航财务体制改革和上海机场下放地方管理问题的会议纪要》(国阅〔1992〕145号),同意民航局从1993年起,在国内运价适当提高的基础上,向各航空公司(包括航空企业集团和地方及部门所属的航空公司)按运输收入的一定比例征收"民航基础设施建设基金"。财政部为此制定了《民航基础设施建设基金管理暂行办法》,明确民航基础设施建设基金属于国家财政资金,统一纳入财政预算,以当年实际收入数在中央财政列收列支,由中国民用航空总局(以下简称民航总局)集中管理、专款专用。该基金的收取比例,国内航线按运输收入的10%,国际航线按运输收入的4%~6%,各航空公司的具体比例由民航总局确定。1998年、1999年对征收比例进行了下调,分别为国内航线运输收入的5%、国际航线运输收入的2%。

"一金一费"的征收使得包括机场建设在内的民航发展有了一项稳定的资

金来源,国家投资和支持机场发展有了专项资金,对我国机场建设以及整个民航业的发展发挥了巨大的推进作用,全国各地机场改扩建、迁建、新建的项目大幅增长。

4. 积极利用国外贷款

自 1982 年厦门国际机场利用了科威特政府向中国提供的优惠贷款以来,至 2001 年年底,我国民航已先后利用了科威特、日本、法国、英国、韩国和奥地利等国的政府贷款以及日本、美国、英国等国的出口信贷,投入到 20 多个机场以及空中交通管理、机场消防设施的建设与改善,总计利用外国政府贷款和外国其他优惠贷款 18.79 亿美元。

5. 吸引外商投资和股票上市融资

1994 年,经国务院批准,中国民航总局和对外贸易经济合作部联合发布《关于外商投资民用航空业有关政策的通知》(民航总局函〔1994〕448 号),在以国家投资建设为主的原则下,有条件地允许外商投资民用航空业;允许外商以合资、合作方式在中华人民共和国境内投资建设民用机场(军民合用机场除外)飞行区(包括跑道、滑行道、停机坪),但中方出资应在企业注册资本中占 51% 以上,董事长、总经理由中方人员担任;优先考虑投资建设民用机场飞行区的外商,投资建设候机楼(贵宾室的建设及管理除外)、货运仓库、地面服务、飞机维修、航空食品、宾馆、餐厅、航空油料等机场配套项目。其中候机楼建设项目,中方出资应在 51% 以上,董事长、总经理由中方人员担任。至 2001 年年底,外商直接投资累计合同外资 6.06 亿美元。

与此同时,积极开展上市融资,扩大资金来源。东方航空公司、南方航空公司、山东航空公司、北京首都国际机场等民航企业先后在香港、纽约上市,海南航空公司在国内 B 股上市,厦门机场、深圳机场、上海机场在国内 A 股上市。

随着改革力度的逐步加大,中央对机场投资的增加,地方政府和企业投资建设机场的积极性被有效调动,民航基本建设投资规模逐年增加,从 1980 年的不到 1 亿元增长到了 2000 年 57 亿元,2001 年突破了 100 亿元。在资金结构上,民航"一金一费"、地方政府财政资金和企业自筹、借用外资、利用贷款都发挥了重要作用。根据国家审计署 2002 年对 18 个重点机场的审计情况，这 18 个重点项目的总投资为 336.35 亿元，至 2001 年年底到位的资金 243.35 亿元。在到位资金中，中央和地方预算内资金 49.86 亿元，占 20.49%；民航"一金一费"52.2 亿元，占 21.57%；国债资金 10.35 亿元，占 4.25%；借用外资 33.39 亿元，占 13.72%；贷款和自筹 97.65 亿元，占 40.13%。2001 年，航班使用的机场数量从 1980 年的 79 个增加到了 143 个（包括军民合用机场），其中民用机场达到了 129 个，大型机场增多，现代化水平提高。在这 129 个民用机场中，民航局直接管理的 89 个，地方管理的 35 个，民航与地方联合管理的 5 个。

（二）2002 年以来至今

2002 年以后，民航业继续深化管理体制改革，进一步加大对外对内开放，改革投融资体制，有力地调动了各级政府以及企业的积极性，拓宽了资金来源渠道，促进了机场建设以及整个航空事业的加快发展。

1. 进行了航空运输企业联合重组、机场属地化管理的改革

2002 年 3 月国务院批准了国家计委会同有关部门和单位研究提出的《民航体制改革方案》（国发〔2002〕6 号），2003 年 9 月国务院批复了民航总局《关于省（自治区、直辖市）民航机场管理体制和行政管理体制改革实施方案》。其主要内容：一是联合重组航空运输公司。对民航总局直属的 9 家航空公司进行联合重组，实行政企分开，形成 3 家大型航空集团公司。二是机场实行属地化管理，通过改革，实现政企分开，机场移交地方政府管理，建立机场自主经营、自我完善、自我发展的机制。除了北京首都国际机场、西藏自治区内的民用机场仍由民航总局管理以外，其他机场下放省（自治区、直辖市）管理。机场下放后，原则上以省（自治区、直辖市）为单位组建机场管理公司，实行企业化经营，各省（自治区、直辖市）政府不再设立民航管理机构。三是改革空中交通管理体制。按照集中统一的原则，改革民航空中交通管理体制，建立民航总局空管局—地方空管局—机场空管中心（站）为一体的空中交通管理体系。空管系统按事业单位性质管理。四是改组民航服务保障企业。

至 2004 年 7 月，机场属地化改革圆满完成。机场属地化后，地方政府成为机场建设、投资和管理的责任主体；民航总局实行行业管理，承担着对行业发展实行宏观调控的政府职责。

2. 进一步扩大对外、对内开放,鼓励国内外资金投资民航业

为进一步扩大中国民用航空业的对外开放,促进民航业的改革和发展,保护投资者的合法权益,2002年,经国务院批准,中国民航总局、对外贸易经济合作部和国家发展计划委员会联合发布了《外商投资民用航空业规定》(CCAR—201),鼓励外商投资建设民用机场(一类为民用机场飞行区,包括跑道、滑行道、联络道、停机坪、助航灯光;一类为航站楼)、现有的公共航空运输企业。外商投资方式包括:(一)合资、合作经营;(二)购买民航企业的股份,包括民航企业在境外发行的股票以及在境内发行的上市外资股;(三)其他经批准的投资方式。外商投资民用机场,应当由中方相对控股。外商投资公共航空运输企业,应当由中方控股,一家外商(包括其关联企业)投资比例不得超过25%。投资建设民用机场的外商,可优先投资经营航空运输相关项目。取消了原来中方出资应在51%以上,董事长、总经理由中方人员担任的规定。

2005年,中国民航总局发布了《国内投资民用航空业规定(试行)》(CCAR—209),鼓励、支持国内投资主体投资民用航空业,促进民用航空业快速健康发展。国内投资主体包括国有投资主体(指各级政府及其授权的国有资产投资机构、国有或者国有控股企业、其他国有经济组织)和非国有投资主体(指集体企业、私营企业、其他非国有经济组织和个人)。民用航空业包括的领域:(一)公共航空运输;(二)通用航空;(三)民用机场,包括民用运输机场和通用航空机场;(四)空中交通管理系统;(五)民用航空活动相关项目。国有投资主体和非国有投资主体可以单独或者联合投资民用航空业,但本规定有明确限制的,应当符合其要求。民用运输机场是自然垄断部门,鼓励各国内投资主体多元投资,非国有投资主体可以参股,但是各省、自治区、直辖市政府所在地机场以及深圳、厦门、大连、桂林、汕头、青岛、珠海、温州、宁波等九个城市的民用运输机场应当保持国有或者国有控股。

2012年7月,国务院发布了《关于促进民航业发展的若干意见》(国发〔2012〕24号),提出了主动适应、适度超前的发展原则;到2020年我国民航服务领域明显扩大、服务质量明显提高、国际竞争力和影响力明显提升、可持续发展能力明显增强,初步形成安全、便捷、高效、绿色的现代化民用航空体系的目标。航空服务覆盖全国89%的人口。完善财税扶持政策,加大对民航建设和发展的投入,中央财政继续重点支持中西部支线机场建设与运营;加强民航发展基金的征收和使用,优化基金支出结构研究设立主体多元化的民航股权投资(基金)企业,鼓励银行业金融机构对飞机购租、机场及配套设施建设提供优惠的信贷支持,支持民航企业上市融资、发行债券和中期票据;完善民航企业融资担保等信用增强体系,鼓励各类融资性担保机构为民航基础设施建设项目提供担保。

3. 完善民航基金征收使用管理

根据《国务院关于印发民航体制改革方案的通知》(国发〔2002〕6号)的有关规定,为加强民航基础设施建设基金征收使用管理,2004年5月,经国务院批准,财政部制定和印发了《民航基础设施建设基金征收使用管理暂行办法》,以航线资源有偿使用取得的收入建立民航基金。民航基金是经国务院批准设立的政府性基金,收入全额纳入中央财政预算,实行"收支两条线"管理,专项用于民航安全、空管、机场、科教、信息等基础设施建设。民航基金征收标准按照航线类别、飞机最大起飞全重分别确定。航线划分为三类,飞机最大起飞全重等级分为四个等级。民航基金按照航空运输企业飞行航线分类、飞机最大起飞全重、飞行里程以及规定的征收标准计算征收。

2007年,财政部印发了《民航机场管理建设费征收使用管理办法》,规定机场建设费是经国务院批准征收,专项用于民航基础设施建设和民航事业发展的政府性基金。机场建设费的征收标准为:乘坐国内支线航班的旅客每人次10元(人民币,下同);乘坐除支线航班以外的其他国内航班旅客每人次50元;乘坐国际及香港、澳门、台湾地区航班的旅客每人次70元。机场建设费在机票上价外单列,由旅客在购买机票时一并缴纳。机场建设费收入缴入中央国库,纳入政府性基金预算管理,专款专用,年终结余结转下年度继续使用。机场建设费全额上缴中央国库,现行中央与地方的分配格局不变,专项统筹用于机场基础设施和安全保障设施建设以及机场补贴。

机场建设费使用范围包括:机场飞行区、航站区、机场围界、安全和消防设施及设备、空中交通管制系统建设,民航科教、信息等基础设施建设及上述建设项目的前期费用；归还外国政府贷款和空管基本建设贷款本息，以及民航基础设施建设贷款贴息支出；对支线航空、特殊政策性航线、中小型民用运输机场（含军民合用机场）进行补贴；代征基金手续费以及国务院批准的其他支出。根据民航总局 2006 年印发的《民航专项基金投资补助机场建设项目实施办法》，民航专项基金补助按项目、地区及机场的类别进行测算确定，对各省（自治区、直辖市）五年规划期间机场投资补助额度实行总量管理。

2012 年 3 月，财政部印发了《民航发展基金征收使用管理暂行办法》，明确民航发展基金由原民航机场管理建设费和原民航基础设施建设基金合并而成。民航发展基金属于政府性基金，收入上缴中央国库，纳入政府性基金预算，专款专用。航空旅客按照以下标准缴纳民航发展基金：（一）乘坐国内航班的旅客每人次 50 元；（二）乘坐国际和地区航班出境的旅客每人次 90 元（含旅游发展基金 20 元）。航空公司按照飞行航线分类、飞机最大起飞全重、飞行里程以及适用的征收标准缴纳民航发展基金。民航发展基金使用范围：（一）民航基础设施建设；（二）对货运航空、支线航空、国际航线、中小型民用运输机场（含军民合用机场）进行补贴；（三）民航节能减排；（四）通用航空发展等。

4. 争取财政补贴和税费优惠政策

根据国家民航局领导人在 2011 年全国民航规划暨机场工作会议上的讲话，"十一五"期间，民航局积极争取各项行业财政补贴和税费优惠政策，总计达 315.5 亿元。其中，给予机场补贴合计 138 亿元，包括：中小机场补贴 51 亿元（中西部地区机场补贴额占 70% 以上），机场基本建设贷款贴息 20 亿元，其他各类补贴 67 亿元。给予航空公司支持合计 177.5 亿元，包括：支线航线补贴 22 亿元（70% ~ 80% 的补贴集中在西南、新疆、西北、东北地区的支线），其他直接补贴 35.5 亿元，减免各类税费累计 120 亿元。各级地方政府也通过补贴方式，支持当地民航业的发展。据统计，2008 ~ 2010 年各级地方政府提供的补贴合计 103.55 亿元，其中，主要用于机场运营亏损补贴的达 17.3 亿元，主要用于航空公司新开辟航线亏损补贴的达 86.25 亿元。

5. 以资金入股和股权收购的机场多元化投资模式逐渐形成和推广

机场属地化改革后，多元化的投资模式开始形成并获得推广。地方政府对机场的投资力度加大，提供的优惠政策增多，并积极将机场推向市场，向社会和资本市场筹资。各路资本纷纷进入，外资、内资企业投资机场的项目和资金增多，国内、国外机场集团纷纷采取投资和收购机场股权、托管等方式进行机场间的合作与运营管理。航空公司也参与机场的投资和股权收购，地方政府在减轻以往债务压力的同时也筹集到了相应机场改扩建所需要的资金。

厦门国际航空港集团。2003年3月，负责厦门机场运营的厦门国际航空港集团有限公司以高达90%的控股权成为福州长乐机场的大东家，为国内首起机场与机场之间通过商业运作重组成功的案例。随后，福建省连城县国有资产经营有限公司与厦门国际航空港集团有限公司签订了连城冠豸山机场资产划转合同，连城冠豸山机场由地方政府建成后无偿划转给厦门国际航空港集团有限公司经营，此举开创了中国民用机场建设及运营管理的新模式。2011年5月，厦门国际航空港集团又顺利完成对武夷山机场股权的收购，出资1.98亿元收购了武夷山机场65%的股权。

首都国际机场集团。首都国际机场集团在2002年年底收购天津滨海机场后，2003年9月，斥资2.4亿元参股沈阳桃仙国际机场股份有限公司，占35%的股份；2004年3月，斥资3亿元收购了湖北机场集团，一并获得武汉天河机场51%的股权及恩施许家坪机场的全部股份；随后又收购重庆机场集团公司、贵州机场集团有限公司、吉林省民航机场集团公司，托管内蒙古民航机场集团、黑龙江省机场管理集团。到2008年，控股、参股、托管的大小机场共达31家。

海航机场集团。2004年6月，海航机场集团斥资4亿元人民币，从宜昌市政府手中取得三峡机场90%的股份，宜昌市政府占有余下的10%股份。通过兼并收购，目前海航机场集团旗下已经拥有海口美兰国际机场、三亚凤凰国际机场、宜昌三峡机场、甘肃机场集团（兰州、敦煌、嘉峪关、庆阳）、潍坊南苑机场、东营永安机场、满洲里西郊机场、安庆机场、百色机场等10多家成员机场。其中，美兰机场通过资本运作，实现在香港H股上市。

深圳机场。继2005年参股成都双流机场21%股权后（于2008年4月完成将持有成都双流机场股份有限公司股权由"深圳市机场（集团）有限公司"变更为"深圳市机场股份有限公司"），2007年9月，深圳机场拟以承债式收购荔波机场的100%股权，将荔波机场变成深圳机场的全资子公司。深圳机场负责推进荔波机场的航线开拓，并根据业务需要适时扩建停机坪及航站楼。后因贵州省政府未批准，收购失败。

2005年4月，香港机场管理局出资19.9亿元，获得了杭州萧山国际机场有限公司35%的股权。浙江省政府国资委则以价值36.959亿元的净资产，占有65%的股权。

2007年2月，新加坡樟宜机场注资10.8亿人民币，收购南京禄口机场29%的股权，正式入主南京机场。

2008年9月，德国法兰克福机场出资4.9亿元人民币入股西安咸阳国际机场，与西部机场集团、中航集团共同组建西安咸阳国际机场股份有限公司。法兰克福机场拥有24.5%的股权。

此外，航空公司也开始入股机场。2007年1月，深圳航空以1000万元拿下常州奔牛机场90%的股权，入主常州机场；2007年12月，深圳航空以无形资产及现金1700万元出资占有70%股份，入主遵义新舟机场。2008年10月，南方航空以参股方式投资辽宁机场集团，共购得辽宁机场集团40%的股份。

总体上，机场属地化管理后，机场的建设发展虽然给地方带来更大的财政压力，但充分调动了地方建设发展机场的积极性，机场的建设发展与投资模式由过去以中央政府为主，转为了以地方政府推动为主、中央政府预算内资金支持和民航专项基金补助为辅。地方政府安排的财政资金和企业自筹资金的比例提高，并通过股权融资、合资、合作经营等多元化手段筹集所需要的资本金，其余资金通过银行贷款、国外政府优惠贷款、企业（公司）债券等债务融资方式解决。比如，中国内地第一家中外合资机场——萧山国际机场的二期扩建工程，就是由杭州萧山国际机场合资公司（杭州萧山国际机场有限公司以全部净资产出资，约人民币36.959亿元，占合资公司股权的65%；香港机场管理局以港币现汇方式出资19.9亿元，占股权的35%）的合资双方共同投资建设。又如，西部地区的贵阳机场二期扩建工程（2010年9月开工），项目总投资34.2亿元，其中项目资本金17.1亿元。资本金来源为中央预算内投资5亿元，民航专项建设基金安排5.5亿元，贵州省政府安排财政资金4亿元，贵州省机场集团有限公司安排自有资金2.6亿元；其他资金向由建设银行、农业银行和首都机场集团财务公司等组成的银团申请贷款17.1亿元(其中，建行贵州分行作为该项目银团贷款牵头行承贷7.695亿元，占比45%，首都机场集团财务有限公司作为银团贷款参加行承贷1.71亿元，占比10%)。

在管理体制改革和相关政策的推动下，"十一五"全国机场基本建设项目投资合计达1900亿元，超过了之前50多年的投资总和。截至2011年年底，我国共有颁证运输机场180个，其中年旅客吞吐量100万人次以上的运输机场达到了53个。

第五节 管道建设投融资模式

建国后很长一个时期，我国油气管道一直由政府投资建设，国务院石油工业主管部门作为投资主体。20世纪80年代，中国石油天然气集团公司成立，其下属的管道局成为投资主体。1998年中国三大石油公司重组改制后，中国石油集团和中国石化集团的管道业务分开。此后，我国长距离输油气管道由三大石油公司分别规划、投资和建设。随着油气管网规模扩大和种类增加，特别是国务院关于吸引外资和民营资本进入基础设施建设领域等相关政策相继出台和实施，油气管道建设投融资模式由三大巨头一统天下的格局有所松动，管道建设投资主体开始向多元化方向发展。

油气管网大致可分为三类，最大型的为国家主干管网，中型的为省管网（包括省内管网和跨省管网），小型的则是城市燃气管网。目前，不同类型油气管网建设投融资模式有所区别。

（一）大型国家主干管网

大型国家主干管网投资主体基本是中石油、中石化等特大型央企。目前我国96%以上的陆上长输油气管道为中石油和中石化两大集团所有。其中，中石油拥有70%以上的原油管道，90%以上的天然气管道，已建成的成品油管道绝大多数亦为中石油所拥有。如西气东输一线和二线属中石油，川气东送线等则属中石化。其中西气东输一线当年曾考虑埃克森美孚等三家外资公司以一定比例参股，但该方案最终流产，仍由中石油独资建设运营。西气东输三线则尝试全民资本投资于大型国家主干管道的新模式。该项目建设引入全国社会保障基金、城市基础设施产业投资基金和宝钢集团有限公司为项目股东，三家持股比例均为16%，中石油持股52%。需要说明的是，从上述投资方来分析，都不能算作实质意义上的民企投资。比如，产业基金是国家发展改革委批准设立的首批十只试点产业投资基金之一，发起者是挂靠于中华全国商业联合会旗下的城市基础设施商会，实际上仍然有着浓重的国资色彩。这些项目，均由国家发展改革委进行立项和开工审批，重大项目由发展改革委报国务院批准。

（二）中型的省管网(含省内和跨省管网)

许多地方政府已经自行规划当地的油气管网，然后与国家大型主干管道进行衔接。这些管网投资主体构成复杂，既有地方政府独资的省管网公司，也有地方政府与央企合资的省管网公司，还有一些民资和外资的介入，它们通过与地方政府达成一致，获得支线管道的建设运营权。但中石油等央企并没有完全放弃支干线的规划和建设，许多时候是"一线一议"，民营资本和地方能否参股、参股多少，需要有关方面协商达成一致。例如，陕(北)(北)京天然气管道系统一线、二线、三线由北京市与中石油合作，北京市天然气集团作为投资主体占股40%，中石油占股60%。广东省管网公司由代表广东省政府的粤电集团和中海油、中石油、中石化四方合资成立，广东省内投资的管线基本由省管网公司承建，民企很难介入。

中距离管网市场巨大，各地情况有所不同，还是给民企和外资留下了一些空间。例如河南、江苏、湖南等地已有民营资本参股、建设天然气支线管道，并主要是借助地方政府的力量，获取管输费等收入。也有一些外资进入这个投资领域，比如香港的港华燃气已经参股七个省的省管网公司。全长98

公里的连接山西气源地到河南终端市场的煤层气跨省管道，股东中就包括民企三峡燃气集团和外资亚美大陆煤层气公司。

（三）小型的城市燃气管网

小型的城市燃气管网由取得各个城市或乡镇燃气专营权的燃气运营商投资。

（执笔人：罗仁坚　宿凤鸣）

第二章

交通基础设施建设资金来源与结构

内容提要："十五"以来我国交通固定资产投资占 GDP 以及全社会固定资产总投资额的比重达到了较高水平，支持了交通基础设施建设快速发展。中央政府的交通建设资金主要是来自征收的专用于各种运输方式的基金、税（费），财政预算内资金所占比例较小。投资主体和融资渠道多元化后，银行贷款等债务融资的比重较大，在促进发展的同时，也造成了铁路、公路、机场等债务规模迅速上升，偿债压力大的问题。分析当前的交通资金来源构成、筹资规模和现有渠道的可持续性，是研究下一时期交通筹资能力和发展速度以及政策取向调整的重要基础。

改革开放 30 多年来，我国交通运输行业❶的固定资产投资共计 15.97 万亿元(1981—2011 年)，约占全社会固定资产投资的 9.11%，占 GDP 的比重由 20 世纪 80 年代的百分之一点多到 90 年代的百分之二点多，再到"十五"期的百分之三点多和目前的百分之五点多，规模不断扩大。投资比重已开始达到发达国家交通大发展时期的水平，即占 GDP5%～6%。这也是我国老一辈交通工作者在 20 世纪八九十年代所期望和提出的合理比重。交通投资之所以能快速增长，一是国家批准征收专项税费基金用于各种运输方式的政府投资，

---

❶ 交通运输行业包括：铁路运输业、道路运输业、城市公共交通业、水上运输业、航空运输业和管道运输业以及装卸搬运和其他运输业。

二是逐步推进交通基础设施投资体制改革，实行多元化投资建设的模式，吸纳了大量的银行贷款和社会资金以及外资，由此也形成了负债规模和还贷压力随着项目不断积累而不断增大等问题。同时，由于交通成本上升，对经济发展和老百姓生活带来了一定影响，社会上对交通基建发展速度、投资模式等也产生了不同意见和看法。

交通基础设施的建设发展离不开资金的支持，对当前交通建设投资规模、主要资金来源渠道和筹资能力、债务等情况进行分析，有助于根据交通发展规划、建设资金来源和整个行业的财务可持续性，研究下一阶段合理的发展速度、投资规模、以及所需要的政策支持和调整，并提出建设性建议。

第一节　交通运输业固定资产和基本建设总投资

（一）固定资产总投资

1978年改革开放以前，我国实行计划经济的交通投资体制，各级政府是交通基础设施建设的投资主体，交通运输行业固定资产投资规模小、占GDP以及全社会固定资产总投资额的比重相当低。1978年改革开放以后，我国交通投资体制进行了20世纪80年代中期以路建路、滚动发展的第一次交通投资改革和90年代中期实行产业化的第二次交通投资改革。改革开放特别是1992年邓小平南巡讲话后，在经济迅速发展的背景下，我国交通运输的瓶颈制约愈加明显，党中央、国务院将交通运输业作为国民经济发展的重点，促使交通固定资产投资规模迅速扩大。

据统计，1978年全社会完成交通运输业固定资产投资仅有63.6亿元；1992年之前的10多年间，交通运输业固定资产投资占全国GDP的比例不足2%，有些年份甚至低于1%；"六五"、"七五"规划期间，年平均投资仅分别为91.02亿元和174.68亿元。

从"八五"到"十一五"，国家不断加大对交通运输建设的投资力度。"八五"期间，交通运输业固定资产投资占全国GDP的比例平均为2.3%，年均完成投资884.72亿元；"九五"期间，交通运输业固定资产投资占全国GDP的比例平均为2.8%，年均完成投资2344.96亿元；"十五"期间，交通运输业固定资产投资占全国GDP的比例平均为3.8%，年均完成投资5454.48亿元；"十一五"期间，我国更是以前所未有的投资力度和建设速度年均完成交通运输业固定资产投资87657.8亿元，占GDP比例高达5.69%，总量几乎达到"六五"至"十五"期间总投资的两倍。

2000—2010年，交通运输业一直是工业和房地产业之后的第三大投资额最多的产业，交通运输业固定资产投资规模保持较快增速，占GDP的比重基本保持上升趋势。同时，此间整个固定资产投资增长速度较快，交通运输业固定资产投资占全社会固定资产投资的比重一直在8.5%~10%之间高位波动。固定资产投资规模保持较高增速，一方面是加入WTO后经济社会快速发展对交通发展产生的巨大需求所致，另一方面也是为以往数十年交通基础设施建设滞后"还账"，同时也有特殊时期受短期投资激励政策作用的因素。如1998年和1999年应对亚洲金融危机，2004—2006年以来国家实行适度宽松的货币政策以及2009年应对全球金融危机采取的"刺激"政策。交通业固定资产投资占全社会固定资产投资的比重均达到9.5%以上，最高年份的2010年达到10.03%。这一阶段成为构建综合交通网络主骨架、完善区域布局网络、加快城市交通建设的重要阶段。

2011年，我国交通运输业整体面临建设资金筹措难度加大、成本上涨等诸多不利因素，固定资产投资出现10年来的首次下降。全国交通运输业固定资产投资完成额27260.3亿元，较上年同期增幅回落17.7个百分点；占同期全社会投资总额9.03%，较上年同期比重下降1个百分点。其中，铁路运输业完成固定资产投资5766.9亿元，同比下降22.5%，较上年同期减少1728亿元；道路运输业完成固定资产投资13474.8亿元，同比增长9.8%，增幅回落11.1个百分点；城市公共交通业完成固定资产投资2264.3亿元，较上年同期减少96.4亿元，投资增幅持续回落；水上运输业完成固定资产投资1927.1亿元，同比下降0.8%；航空运输业完成固定资产投资832.3亿元，同比增长0.3%，增幅回落46个百分点。

改革开放30年多来，随着投资规模的不断扩大，我国交通基础设施建设实现了跨越式发展。相关数据详见表2-1-1、表2-1-3和图2-1-1、图2-1-2。

"六五"、"七五"交通投资额及占GDP、全社会固定资产投资比重变化情况　　　表2-1-1

年份	GDP（当年价）（亿元）	全社会固定资产投资（亿元）	交通固定资产投资总额（亿元）	交通固定资产投资占GDP比重（%）	交通投资占全社会投资总额比重（%）
1981	4891.6	961	40.5	0.80	4.20
1982	5323.4	1230.4	57.2	1.10	4.60
1983	5962.7	1430.1	78	1.30	5.50
1984	7208.1	1832.9	108.5	1.50	5.90
1985	9016	2543.2	171	1.90	6.70
"六五"合计	32401.8	7997.6	455.1	1.40	5.70
1986	10275.2	3120.6	180.8	1.80	5.80
1987	12058.6	3791.7	173.7	1.40	4.60
1988	15042.8	4753.8	190.6	1.30	4.00
1989	16992.3	4410.4	144	0.80	3.30
1990	18667.8	4517	184.3	1.00	4.10
"七五"合计	73036.7	20593.5	873.4	1.20	4.20

资料来源：《中国统计年鉴》(1981—1990)。

"八五"、"九五"交通投资额及占GDP、全社会固定资产投资比重变化情况　　　表2-1-2

年份	GDP（当年价）（亿元）	全社会固定资产投资（亿元）	交通固定资产投资总额（亿元）	交通固定资产投资占GDP比重（%）	交通投资占全社会投资总额比重（%）
1991	21781.5	5594.5	309.4	1.40	5.50
1992	26923.5	8080.1	402.4	1.50	5.00
1993	35333.9	13072.3	751.3	2.10	5.70
1994	48197.9	17042.1	1372.9	2.80	8.10
1995	60793.7	20019.3	1587.5	2.60	7.90
"八五"合计	193030.5	63808.3	4423.6	2.30	6.90
1996	71176.6	22913.5	1494.7	2.10	6.50
1997	78973	24941.1	1807.1	2.30	7.20
1998	84402.3	28406.2	2708.5	3.20	9.50
1999	89677.1	29854.7	2835.4	3.20	9.50
2000	99214.6	32917.7	2878.9	2.90	8.70
"九五"合计	423443.6	139033.2	11724.5	2.80	8.40

资料来源：《中国统计年鉴》(1991—2000)。

"十五"、"十一五"交通投资额及占GDP、全社会固定资产投资比重变化情况　　表2-1-3

年份	GDP(当年价)（亿元）	全社会固定资产投资（亿元）	交通固定资产投资总额（亿元）	交通固定资产投资占GDP比重（%）	交通投资占全社会投资总额比重（%）
2001	109655.2	37213.5	3261.4	3.00	8.80
2002	120332.7	43499.9	3763	3.10	8.70
2003	135822.8	55566.6	4787.2	3.50	8.60
2004	159878.3	70477.4	6875.7	4.30	9.76
2005	184937.4	88773.6	8585.1	4.60	9.70
"十五"合计	710626.4	295531	27272.4	3.80	9.20
2006	216314.4	109998.2	10832.5	5.00	9.85
2007	265810.3	137323.9	12371.9	4.70	9.00
2008	314045.4	172828.4	14747.1	4.70	8.50
2009	340506.9	224598.8	21823.2	6.40	9.70
2010	403260	278121.9	27883.1	6.91	10.03
"十一五"合计	1539937	922871.2	87657.8	5.69	9.50
2011	471564	301933	27260.3	5.78	9.03

资料来源：《中国统计年鉴》(2001—2011)。

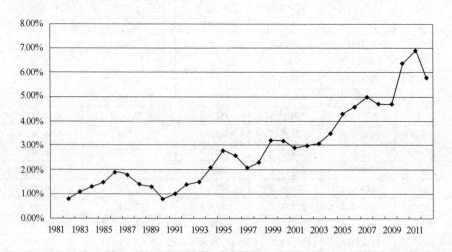

图2-1-1　交通固定资产投资占GDP比重变化情况

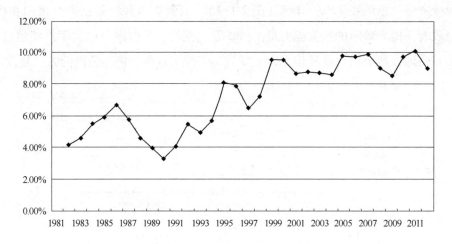

图 2-1-2 交通固定资产投资占全社会固定资产投资比重变化情况

(二) 基本建设总投资

我国交通运输业基本建设总投资大致经历了以下几个阶段。

1. 20 世纪 80 年代以前

这一阶段，由于我国经济基础和实力较弱，投资建设重点主要是生产领域。在计划经济体制下，原材料和产品按计划组织生产并按计划价格调拨，运输生产按计划进行组织和完成。交通运输业属于非物质生产部门，交通运输总投资额很小，占 GDP 的比重约在 1.5%~2.5%（图 2-1-3），占全国基本建

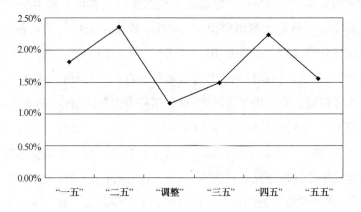

图 2-1-3 "一五"至"五五"交通运输总投资占 GDP 的比重

设投资的比重约在 12%~18%(图 2-1-4)。投资能力和计划权主要集中在中央政府,地方政府的投资能力很小。铁路、机场、主要港口由国家投资建设;公路由地方政府负责投资建设,主要靠民工投工投劳、民办公助的方式建设。

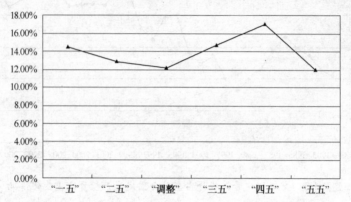

图 2-1-4 "一五"至"五五"交通运输总投资占全国基本建设投资的比重

2. 20 世纪 80 年代

这一阶段,国家陆续出台一些筹集交通运输建设资金的政策法规。1982 年国务院颁布《关于征集能源交通重点建设基金的通知》,对各地区、各单位的预算外资金按 10% 的征收率计征(从 1983 年 7 月 1 日起,征收比例提高到 15%),用于能源交通方面的基本建设。1985 年 4 月国务院批准颁布《车辆购置附加费用征收办法》,对购买或自行组装使用的车辆(不包括人力车、兽力车和自行车)征收车辆购置附加费,国内生产和组装的车辆按实际销售价格的 10% 计征,进口车辆按计算增值税后的计费组合价格(即到岸价格 + 关税 + 增值税)的 15% 计征,用于加快公路建设。1985 年 10 月国务院颁布《港口建设费征收办法》,1986 年 1 月交通部制定《港口建设费征收办法施行细则》,对进出大连港等 26 个港口的货物征收港口建设费,用于沿海港口(包括停靠船舶的泊位)的码头、防波堤、港池、航道和港区道路等基础设施工程的建设。此后,公路方面出台了"贷款修路,收费还贷"政策,允许集资修路和各省、直辖市、自治区调整养路费收费费率,以增加用于公路改造和建设的资金;港口方面推出了"谁投资、谁建设、谁使用、谁受益"的政策,鼓励货主单位自建货主专用码头,允许中外合资建设港口码头并给予优惠待遇;民航方面实施了以政企分开,管理局、航空公司、机场分设为主要内容的管理体制改革,组建了 6 大骨干航空公司,作为自主经营、独立核算、自负盈亏的经济实体。同时，开始积极利用国际金融组织贷款和国外政府优惠借款投资建设公路、铁路、机场等。

但是，由于这一时期国家总体经济实力还不够强，加之受计划经济的传统观念禁锢，交通运输基本建设投资仍然不足，导致交通运输业总体发展仍然比较缓慢，滞后于改革开放后国民经济发展速度，瓶颈制约问题突出。铁路建设方面，在国家对预算内基本建设投资改为"拨改贷"和对上缴利润实行"利改税"的同时，"七五"期间铁道部实行了"投入产出、以路建路"的经济承包责任制。由于物价高涨而铁路运价不涨，以铁道部留存收益投资建设无法保证实现之前的预想，10年间国家铁路营业里程仅增加了4500公里。与铁路有所不同的是，公路、水运、民航的投融资渠道得到拓展，建设取得较大突破。在公路和水运的交通系统固定资产投资中，1985年自筹资金超过了国家投资，1986年国内贷款超过了国家投资。由于公路、水运、航空投资的快速增长，交通运输业的基本建设投资占全社会基本建设投资的比重从1980年的9%提高到了1990年的12%。其中铁路的基本建设资产投资仅增长1.5倍，而公路、水运、航空分别增长了6.6倍、3.3倍、6.7倍(表2-1-4)。这一时期，上海沪嘉高速公路一期、沈大高速公路全线分别于1988年、1990年建成通车，重点建设和改扩建了洛阳北郊、深圳宝安、成都双流等机场。

20世纪80年代各种运输方式基本建设投资 （单位：亿元）   表2-1-4

年份	交通运输基本建设投资	铁路	公路	水运	航空	管道
1980	51.10	26.97	9.78	12.82	0.99	0.54
1981	31.47	12.53	6.85	11.34	0.75	
1982	49.26	24.59	8.23	15.46	0.98	
1983	65.08	37.24	7.12	17.96	2.76	
1984	103.02	65.99	11.67	22.71	2.65	
1985	140.61	82.80	19.55	32.04	3.03	3.19
1986	128.27	61.50	29.45	34.65	2.67	
1987	148.38	65.80	38.57	38.76	5.25	
1988	158.30	66.51	53.05	33.92	4.82	
1989	164.51	54.03	63.73	41.10	5.65	
1990	206.87	67.33	73.96	55.35	7.35	2.88

资料来源：《中国统计年鉴》、《全国铁路统计资料汇编》、《全国交通统计资料汇编》、《中国民航统计年鉴》，管道数据摘自《中国交通运输发展改革之路》(综合运输研究所，2009)。

3. 20世纪90年代

这一阶段，交通运输建设资金来源不断拓宽，投入逐步加大，建设发展持续加快。

铁路有了一定的建设资金来源渠道，建设投入加大。1991年国务院批准设立铁路建设基金以及部分铁路建设任务重的省征收铁路建设附加费，对国家铁路运输的货物进行征收，用于新建铁路；1992年出台了中央和地方合资建设铁路的政策；1995年开始批准发行中国铁路建设债券。这些政策，有效促进了铁路基本建设较快发展，建设投资从1990年的67.33亿元增加到了1995年的328.15亿元。"八五"期间，开工建设了南昆铁路、京九铁路等一批重点工程项目，改造了一批既有干线，具有国际先进水平的大秦重载铁路和广深准高速铁路建成通车，揭开了我国铁路货运重载化、客运快速化的序幕，铁路总体运输能力有较大幅度的提高。但是，由于铁路体制比较僵化，缺少更多新的资金来源渠道，原有渠道的筹资规模进一步大幅增长的能力有限；各地政府又把建设重点放在了高速公路上，制约了铁路建设的更大发展。"九五"期间尤其是1997年亚洲金融危机后，交通基础设施建设成为我国"积极财政政策，扩大内需"投资重点的时候，铁路每年的基本建设投资仅维持在年500亿元左右，被远远甩在公路建设后面，2000年铁路基本建设投资不到公路的一半（表2-1-5）。尽管纵向比，建成和改造以及开工建设了一批对国民经济全局有重要影响、在路网上起骨干作用的铁路干线及部分地区性辅助通道，但是横向比，铁路的发展速度落后于其他运输方式。

公路、水运、民航、管道建设发展持续加快。随着改革开放不断深化，城乡商品流通异常活跃，各地对解决交通不足问题的要求空前强烈，建设公路、港口的积极性高涨。在交通部"三主一支持"和五纵七横国道主干线的前瞻性规划和部署下，特别是在投资补助和收费还贷、经营权转让等相关政策的支持下，高速公路、港口的建设投资规模不断增大。中共十四大确立了社会主义市场经济体制目标后，社会资金加速流向建设周期相对较短、见效快、能够独立运营管理和收回投资的公路、港口等交通项目。1997年亚洲金融危机后，公路更是成为我国基础设施建设的投资重点，在国债投资、银行贷款等各方面资金的支持下，全国公路基本建设投资从1996年的668.66亿元跃升到1998年的1500多亿元和2000年的1700多亿元(表4-3-5)。至2000年，公路总里程(不含村道)达到168万公里，其中高速公路里程达到16314公里，居世界第二位。民航方面，"八五"期间基本建设投资122亿元，技术改造投资61亿元；"九五"期间基本建设投资增至680亿元，技术改造投资达126亿元。建成了上海浦东等枢纽机场，新建、迁建、改扩建了一批特大城市、大城市的干线机场，发展了一部分支线机场，初步改变了我国民用机场基础设施较为落后的局面。管道方面，建成了库尔勒－鄯善等原油管道和陕京一线等天然气管道，10年间共增加输油(气)管道里程8800公里。

20世纪90年代各种运输方式基本建设投资 （单位：亿元） 表2-1-5

年份	交通运输基本建设投资	铁路	公路	水运	航空	管道
1990	206.87	67.33	73.96	55.35	7.35	2.88
1991	248.58	87.09	90.73	60.07	8.65	2.04
1992	408.17	130.36	181.10	77.68	11.37	7.66
1993	702.70	266.69	320.00	92.08	22.46	1.47
1994	989.13	363.45	467.25	121.90	33.87	2.66
1995	1266.14	365.52	597.34	137.85	45.73	119.70
1996	1228.57	368.40	668.66	127.74	59.85	3.92
1997	1499.97	387.65	907.25	135.26	64.13	5.68
1998	2316.25	562.45	1511.61	134.27	102.46	5.46
1999	2311.24	558.51	1540.74	144.46	56.10	10.47
2000	2458.82	517.54	1731.30	130.97	57.40	21.57

资料来源：《中国统计年鉴》、《全国铁路统计资料汇编》、《全国交通统计资料汇编》、《中国民航统计年鉴》，管道数据摘自《中国交通运输发展改革之路》(综合运输研究所，2009)。

4. 进入21世纪以来

随着我国加入WTO和积极财政政策的实施、西部大开发等战略的推进，以及工业化、城镇化进程加快等，政府和社会各界进一步认识到加快各种运输方式网络的布局完善、构筑综合运输大通道、建设发展大能力交通基础设施的重要性和必要性。2004年国务院先后制定了《国家高速公路网规划》、《中长期铁路网规划》和《长江三角洲、珠江三角洲、渤海湾三区域沿海港口建设规划》，2006年通过了《全国沿海港口布局规划》，2007年制定了《综合交通网中长期发展规划》和《全国内河航道与港口布局规划》、《民航机场布局规划》,2008年根据贯彻科学发展观的要求和铁路发展的新形势对《中长期铁路网规划》进行了调整。这些措施,明确了各种运输方式大规模建设投资的长远目标与重点,对加快构建形成综合运输体系框架起到了积极促进作用,同时为此后应对2008年国际金融危机国家采取"保增长、扩内需、调结构"的4万亿元投资提供了承接基础,再次抓住了交通运输发展的机遇,加快了交通运输网络完善和现代化建设的进程。

由于体制机制不同,投(筹)融资渠道和资金规模不同,各种运输方式的发展速度和进入大发展的时间节点上存在较大差异。2000—2010年各种运输方式的基本建设投资规模增长见表2-1-6。

2000—2010年各种运输方式基本建设投资 (单位:亿元) 表2-1-6

年份	交通运输基本建设投资	铁路	公路	水运	航空	管道
2000	2458.78	517.54	1731.30	130.97	57.40	21.57
2001	3577.61	515.67	2732.75	220.52	101.61	7.06
2002	4196.27	623.53	3261.79	217.88	91.80	1.27
2003	4899.68	528.64	3777.44	342.34	107.80	143.46
2004	6037.57	531.55	4747.51	543.69	107.80	107.02
2005	7574.77	880.18	5523.07	879.92	212.00	79.60
2006	9236.15	1542.20	6273.25	1034.90	314.50	71.30
2007	9966.86	1789.99	6568.30	1151.47	457.10	—
2008	12191.01	3375.54	6959.10	1288.27	568.10	—
2009	17329.17	6006.00	9668.80	1059.87	594.50	—
2010	20391.29	7091.00	11482.00	1171.40	646.60	—
2011	19299.78	4610.84	12596.36	1404.88	687.70	—

资料来源:《中国统计年鉴》、《全国铁路统计资料汇编》、《全国交通统计资料汇编》、《中国民航统计年鉴》,管道数据摘自《中国交通运输发展改革之路》(综合运输研究所,2009)。

注:航空投资包括基本建设投资和技术改造投资。

公路。延续20世纪末的加速发展趋势,基本建设投资继续大幅增长,从2000年1700多亿元增长到2010年的11482亿元。国家高速公路网和省市级主要高速公路项目逐步全面展开,西部公路网和农村公路的投资建设以及国省道干线的改造升级全面加快。2007年"五纵七横"国道主干线基本建成，比原规划提前了13年。2010年新增9200公里，全国高速公路通车里程由"十五"期末的4.1万公里发展到7.4万公里；全国公路网总里程达到了398.4万公里。

港口。以集装箱泊位和铁矿石、原油、煤炭为主的大型码头建设快速发展，沿海港口、内河港口以及航道的建设和改造全面加强。水运投资从2003年起以每年200亿元左右的幅度持续增加，2011年达到了1400多亿元。全国港口拥有万吨级及以上泊位1762个，其中沿海港口万吨级及以上泊位1422个、内河港口万吨级及以上泊位340个；万吨级及以上集装箱泊位从2000年的80个增加到了302个，港口运输通过能力成倍增长，现代化建设水平提高。

铁路。在"十五"前中期，铁路建设资金来源并没有形成大的突破，社会资金和地方政府投资并没有大规模进入，批准发行的铁路建设债券每年只有几十亿元，2001—2004年铁路每年的基本建设投资额基本在500多亿元。2004年国务院批准了《中长期铁路网规划》，2005年中共十六届五中全会提出"加快发展铁路"，此后开始了铁路投融资体制改革，通过探索推进合资建路、与地方政府签订战略合作协议、加大铁路建设债券发行额度等措施，铁路基本建设投资2006年突破1000亿元，2008年超过3000亿元，2009年、2010年分别达到了6000亿元和7000亿元。"十一五"期间，全国铁路基本建设投资完成1.98万亿元，是"十五"的6.3倍；新线投产1.47万公里，是"十五"时期的2倍；复线投产1.12万公里、电气化投产2.13万公里，分别为"十五"时期的3.1倍和3.9倍。全路复线率、电气化率分别达到41%、46%。在2007年实施的第六次大面积提速和多条线路开行动车组列车后，2008年第一条设计时速350公里的高速铁路——京津城际铁路、第一条设计时速250公里的客运专线——合宁铁路投入运营，开启了中国铁路的"高铁时代"。到2012年年底，全国铁路营业里程达9.8万公里，居世界第二；其中高速铁路里程达9356公里，居世界第一。

民航。"十五"期间基本建设投资维持在100多亿元，2005年突破200亿元，2009年和2010年民航固定资产投资总额分别为600亿元和900亿元，形成了较快的建设发展势头。以枢纽机场的改扩建工程和支线机场的建设为主，并向中、西部地区倾斜，相继完成了北京首都机场、上海浦东机场等枢纽机场和天津滨海机场等一批大中型机场的扩建工程，开工迁建昆明机场，新建了新疆喀纳斯一批支线机场，进一步改善了边远地区的交通出行条件，机场总体布局得到较大完善。至2010年年底，我国共有颁证运输机场175个，覆盖全国91%的经济总量、76%的人口和70%的县级行政单元。2011年颁证运输机场达到了180个，初步建立了枢纽机场、干线机场、支线机场为层级结构的机场体系，民航为地区经济发展服务的战略得到了有力体现。

管道。这一时期是我国输油气管道发展最快的时期。2003年管道投资达到140多亿元，先后建成西气东输一线工程、川气东送管道、陕京三线、中哈原油管道、中亚天然气管道、中俄输油管道等，开工建设了西气东输二线工程、中缅油气管道工程等。截至2012年上半年，全国油气管道总长度达9.3万公里，大大加强和保障了我国能源运输和经济安全。

城市轨道。随着城市化进程加快及相应的城市交通需求急剧增长，在国家大力发展公共交通的政策支持下，我国城市轨道交通逐步进入高速发展时期。截至2011年年底，全国有14个城市（未含台湾、香港）开通了城市轨道运营，分别为北京、上海、广州、深圳、重庆、南京、天津、沈阳、长春、大连、成都、武汉、佛山、西安，共拥有54条城市轨道运营线路，总长1688公里；2012年4月底又增加了1个城市，苏州地铁1号线（全长25.7公里）正式开通。未开通城市轨道运营线路的在建城市14个，包括杭州、哈尔滨、长沙、郑州、福州、昆明、南昌、合肥、南宁、贵阳、东莞、宁波、无锡、青岛等；尚在规划城市轨道交通的城市26个。

第二节 各种运输方式建设基金

我国在中央政府层面的交通基础设施建设资金除了少量的财政预算内资金以外，主要是通过"以路养路、以港养港"的方式，向使用者收取费（税）建立用于各种运输方式发展的政府性基金，各交通主管部门以专项资金的形式和"以收定支、收支平衡、专款专用"的原则对重要交通基础设施建设项目进行投资或投资补助，以此调动地方积极性和引导社会资金投资交通基础设施建设。目前，交通方面的中央政府性基金有：铁路建设基金，民航机场管理建设费、民航基础设施建设基金（2012年3月，由原民航机场管理建设费和原民航基础设施建设基金合并为民航发展基金），港口建设费。以税征收的有车辆购置税，用于公路建设。

（一）铁路建设基金

1991年，经国务院批准，原国家物价局发布了《关于提高铁路货物运价的通知》（价费字〔1991〕125号），将铁路货物运价每吨公里平均提高2厘，此次调价收入专项用于铁路建设，形成了最初的铁路建设基金。自1992年以来，该项基金征收标准又进行了3次调整，目前征收标准为每吨公里农药1.9分，磷矿石2.8分，其他大宗货物3.3分，粮食、棉花、农用化肥、黄磷免征。该项基金征收范围是经铁正式营业线和执行统一运价的运营临管线运输的整车、零担和集装箱货物。该项基金用于国家计划内大中型铁路建设项目以及与建设有关的支出，主要包括铁路基本建设项目投资、购置铁路机车车辆、与建设有关的还本付息、归还固定资产借款本金、建设项目的铺底资金、铁路勘测设计前期工作费用、合资铁路注册资本金、建设项目的周转资金以及财政部批准的其他支出。

2010年铁路建设基金收入决算数为616.92亿元，支出决算数为582亿元。2011年收入决算数为648亿元，支出决算数为682.92亿元（表2-2-1）。

2010年、2011年铁路建设基金收入与支出决算数　　表2-2-1

名　称	2010年（亿元）	2011年（亿元）	2011年比2010年的增长率（%）
收入决算数	616.92	648	105.0
支出决算数	582	682.92	117.3
其中：中央本级支出	582	682.92	—

资料来源：财政部网站。

（二）民航机场管理建设费

民航机场管理建设费征收最初始于1992年，1995年10月国务院转发了财政部、国家计委和民航总局《关于整顿民航机场代收各种建设基金意见的通知》(国办发〔1995〕57号),将地方委托民航机场代收的各种机场建设基金或附加费等统一并入机场建设费,收费标准由国家统一制定。经国务院批准,财政部于2007年印发了《民航机场管理建设费征收使用管理办法》(财综〔2007〕78号)。该项基金征收标准为:乘坐除支线航班以外的其他国内航班旅客每人次50元;乘坐国内支线航班的旅客免征;乘坐国际及香港、澳门、台湾地区航班的旅客每人次70元。该项基金在机票上价外单列,由旅客在购买机票时一并缴纳。该项基金专项用于机场基础设施和安全保障设施建设以及机场补贴,使用范围包括:机场飞行区、航站区、机场围界、安全和消防设施及设备、空中交通管制系统建设,民航科教、信息等基础设施建设及上述建设项目的前期费用;归还外国政府贷款和空管基本建设贷款本息,以及民航基础设施建设贷款贴息支出;对支线航空、特殊政策性航线、中小型民用运输机场(含军民合用机场)进行补贴;代征基金手续费以及国务院批准的其他支出。

2010年民航机场管理建设费收入决算数为136.41亿元,支出决算数为146.08亿元。2011年收入决算数为147.08亿元,支出决算数为149.02亿元(表2-2-2)。

2010年、2011年民航机场管理建设费收入与支出决算数　　表2-2-2

名　称	2010年(亿元)	2011年(亿元)	2011年比2010年的增长率(%)
收入决算数	136.41	147.08	107.8
支出决算数	146.08	149.02	102.0
其中:中央本级支出	46.76	54.36	116.3
对地方转移支付	99.32	94.66	95.3

资料来源:财政部网站。

(三)民航基础设施建设基金

民航基础设施建设基金征收最初始于1993年,财政部制定了《民航基础设施建设基金管理暂行办法》,明确民航基础设施建设基金属于国家财政资金,统一纳入财政预算,以当年实际收入数在中央财政列收列支,由民航总局集中管理、专款专用。经国务院批准,财政部于2004年印发了《民航基础设施建设基金征收使用管理暂行办法》(财综〔2004〕38号),规定凡在我国境内注册设立的航空运输企业使用国家航线资源从事商业性航空客货运输业务,均应缴纳民航基础设施建设基金。该项基金按照航空运输企业飞行航线分类、飞机最大起飞全重、飞行里程以及规定的征收标准计算征收,专项用于民航安全、空管、机场、科教、信息等基础设施建设以及国务院或财政部批准的其他支出。

2010年民航基础设施建设基金收入决算数为58.63亿元,支出决算数为39.76亿元。2011年收入决算数为60.88亿元,支出决算数为72.48亿元,完成预算的80.2%(表2-2-3)。

2010年、2011年民航基础设施建设基金收入与支出决算数　　表2-2-3

名　称	2010年(亿元)	2011年(亿元)	2011年比2010年的增长率(%)
收入决算数	58.63	60.88	103.8
支出决算数	39.76	72.48	182.3
其中:中央本级支出	39.76	72.48	—

资料来源:财政部网站。
注:2010年支出决算较低,主要原因是执行中一些项目未完全具备相关建设条件。

(四)港口建设费

国务院于1985年发布了《港口建设费征收办法》,原交通部、财政部于1993年联合发布了《港口建设费征收办法实施细则》,规定港口建设费征收标准为:国外进出口货物,按每重量吨7元;国内出口货物,海港及南京以下长江港口每重量吨5元,其他内河港口2.5元;集装箱货物,国际20英尺箱每箱80元,国际40英尺箱每箱120元,国内标准箱海港及南京以下长江港口每标记载重吨5元,其他内河港口2.5元。港口建设费主要用于沿海及长江、黑龙江干线港口码头等基础设施建设投资。经国务院批准,财政部会同交通运输部于2011年印发了《港口建设费征收使用管理办法》(财综〔2011〕29号),规定港口建设费征收标准为:国内出口货物每重量吨4元,国外进出口货物每重量吨5.6元;国内出口集装箱和内支线集装箱20

英尺每箱 32 元、40 英尺每箱 48 元，国外进出口集装箱 20 英尺每箱 64 元、40 英尺每箱 96 元；南京以上长江干线港口和其他内河港口在上述征收标准的基础上减半征收。港口建设费实行中央与地方八二分成。港口建设费主要用于沿海港口公共基础设施建设、内河水运建设、支持保障系统建设等支出。

2010 年港口建设费收入决算数为 114.44 亿元，支出决算数为 119.41 亿元。2011 年港口建设费收入决算数为 136.03 亿元，支出决算数为 115 亿元（表 2-2-4）。

2010 年、2011 年港口建设费收入与支出决算数　　　　表 2-2-4

名　称	2010 年（亿元）	2011 年（亿元）	2011 年比 2010 年的增长率（％）
收入决算数	114.44	136.03	118.9
支出决算数	119.41	115	96.3
其中：中央本级支出	87.15	73.35	84.2
对地方转移支付	32.26	41.65	129.1

资料来源：财政部网站。

（五）车辆购置税

车辆购置税是由车辆购置附加费演变而来。1985 年国务院批准颁发了《车辆购置附加费用征收办法》（国务院国发〔1985〕50 号），明确车辆购置附加费是按照国家规定征收的公路建设专项基金，由交通部归口，统收统支。2000 年 10 月 22 日，国务院颁布《中华人民共和国车辆购置税暂行条例》规定，从 2001 年 1 月 1 日起开始向有关车辆征收车辆购置税，原有的车辆购置附加费取消。至此，由交通管理部门征收了 15 年的车辆购置附加费被国税部门的车辆购置税所取代，随之又经历了 4 年由交通部门代征的历程，于 2005 年 1 月 1 日起移交国税部门征收管理。车辆购置税实行从价定率的征收办法，税率为应税车辆计税价格的 10％，征税范围为汽车、摩托车、电车、挂车、农用运输车。

2011 年 3 月，财政部印发了《车辆购置税用于交通运输重点项目专项资金管理暂行办法》（财建〔2011〕93 号），明确车购税用于交通运输重点项目专项资金按项目管理,实行财政专项转移支付。专项资金的项目管理以交通运输主管部门为主,资金管理以财政主管部门为主;专项资金的补助标准原则上 5 年确定一次,由交通运输部会同财政部确定补助标准的基本原则,具体各类型项目的补助标准由交通运输部制订,报财政部核备。专项资金的使用范围包括:纳入交通运输行业规划范围的公路(含桥梁、隧道)建设、公路客货运枢纽(含物流园区)建设、内河水运建设以及国务院和财政部批准的其他支出。2011 年收入数为 2044.89 亿元,支出决算金额为 2314.60 亿元(表 2-2-5)。

2010 年、2011 年车辆购置税收入与支出决算数　　　表 2-2-5

名　　称	2010 年(亿元)	2011 年(亿元)	2011 年比 2010 年的增长率(%)
全国收入决算数	1792.59	2044.89	114.1
全国支出决算数	1541.82	2314.60	150.1
其中:中央本级支出	1209.91	73.48	—
地方公共财政支出	331.91	2241.12	—

资料来源:财政部网站。

注:从 2011 年起将部分用车辆购置税安排的公路建设支出由原列中央本级支出,改为列中央对地方转移支付。

第三节　各种运输方式建设资金来源结构

我国交通基础设施建设资金主要来自中央与地方政府的投入以及市场融资。其中,政府投入包括车购税和交通专项基金、国家及地方预算内资金、国债、地方自筹等,市场融资则主要有国内外银行贷款、企事业单位资金、直接利用外资、企业债券、发行股票等。由于不同类型的交通基础设施所具有公共产品属性程度不同以及各种运输方式的管理体制与投融资模式的差异,在资金来源和资金结构上有很大的差别。

(一)公路

我国公路建设以地方政府为主导,地方投资在总投资中占较大比例,包括地方政府投资、吸引社会资本投资、转让公路收费经营权、发行企业债券等。国家投资占一定比例，包括预算内资金投入、车辆购置税专项资金。随着收费公路建设规模的迅速扩大，国内贷款成为公路建设一个重要资金来源。

地方自筹资金在公路建设投资中一直占较大比重，1995—2000年占总投资的52%以上，2000—2010年绝对数从1215亿元增长到了3184亿元，增长了2.62倍，但由于车购税投资和银行贷款快速增长，相对比重下降到了2010年的27.7%。车辆购置税专项资金所占比例呈上升趋势，从2000年的163亿元，占总投资7.05%，增长至2010年的1336亿元，占11.64%。国内贷款从2000年的828亿元上升到2010年的4058亿元，占到总投资的35.34%。利用外资的比例，从1995年的7.47%降至2010年的不足1%。国家预算内资金所占比例一直比较小，2010年为181亿元，占1.58%。2010年，企事业单位资金占比6.79%，其他资金占1.1%（表2-3-1）。

"八五"以来特征年公路投资资金来源组成及比例　　　表2-3-1

金额\年份	本年完成投资金额	上年末结余（亿元）	国家预算内（亿元）	车购税/费（亿元）	国内贷款（亿元）	利用外资（亿元）	地方自筹（亿元）	企事业单位资金（亿元）	其他资金（亿元）
1995	597.3	—	100.5	—	65.9	44.6	313.1	24.6	47.6
2000	2315.8	—	19.8	163.3	828.5	88.9	1215.4	—	—
2005	4650.2	230.5	118.2	501.9	1862.9	65.2	1557.9	421.4	12.3
2010	11482.3	457.0	181.4	1336.3	4057.9	45.3	3183.5	779.1	12.6
比例\年份	本年完成投资(%)	上年末结余(%)	国家预算内(%)	车购税费(%)	国内贷款(%)	利用外资(%)	地方自筹(%)	企事业单位资金(%)	其他资金(%)
1995	100.0	—	16.83	—	11.04	7.47	52.42	4.12	7.96
2000	100.0	—	0.86	7.05	35.77	3.84	52.48	—	—
2005	100.0	4.96	2.54	10.79	40.05	1.40	33.50	9.06	2.64
2010	100.0	3.98	1.58	11.64	35.34	0.39	27.73	6.79	1.10

资料来源：《全国交通统计资料汇编》。

以贵州省为例："十一五"期间公路水路投资1248.14亿元中，交通运输部补助了268.12亿元，占总投资的21.48%；国债和中央预算内资金23.16

亿元,占 1.86%,主要用于支持农村公路建设;省内自筹和贷款等 956.82 亿元,占 76.66%(表 2-3-2)。

"十一五"贵州省公路水路投资资金来源构成　　　表 2-3-2

序号	项目名称	合计（亿元）	交通运输部补助		国债和中央预算内资金		省内自筹及其他	
			金额(亿元)	比例(%)	金额(亿元)	比例(%)	金额(亿元)	比例(%)
	总投资	1248.14	268.12	21.48	23.16	1.86	956.82	76.66
1	重点公路	842.83	164.53	19.52	0.7	0.08	677.6	80.40
	高速公路	837.15						
	二级公路	5.68						
2	国省干线	119.52	17	14.22	2.3	1.92	100.18	83.82
	二级公路	94.57						
3	农村公路	265.28	82.72	31.18	19.7	7.43%	162.86	61.39
4	枢纽站场	12	1.21	10.08			10.79	89.92
5	内河水运	8.51	2.66	31.26	0.46	5.41	5.39	63.34

资料来源:贵州省公路水路交通运输"十二五"发展规划。

在贵州省地方投资中,地方财政专项资金、燃油税切块资金、通行费等 3 项合计 102 亿元,占 10.54%;银行贷款达 82.85%(表 2-3-3)。

"十一五"贵州省地方投资的资金来源构成　　　表 2-3-3

项目名称	合计	地方财政资金	燃油税切块	通行费	企业自筹	银行贷款	其他
金额(亿元)	968	55	25	22	46	802	18
比例(%)	100.0	5.68	2.58	2.27	4.75	82.85	1.86

资料来源:贵州省公路水路交通运输"十二五"发展规划。

(二) 港口

我国港口比其他交通基础设施市场化程度高,企事业单位自筹资金是港口建设最主要的资金来源。地方政府投资占一定比例。国家投资规模不大,预算内资金和交通部专项资金数额都较小。国内贷款虽有所波动,多年一直是港口建设第二大资金来源。

企事业单位自筹资金所占比例提高较快,从 1993 年的 7.72% 增加到 2010 年的 63.22%。地方政府投资从"八五"期间到"十五"期间所占比例一直比较稳定，在15%左右，"十一五"期间比例有所下降，2010年为7%。国家预算内资金所占比例，1991—1992年间达30%，此后所占比重基本低于1%。交通部专项资金所占比例，"十五"以来基本在1%~3%之间。国内贷款所占比例，1993年达到50.05%的最高值，2003年跌至10.97%，2009年回升至30%。利用外资所占比例持续下降，从1995年的19%降低至2010年的1%（见表2-3-4和图2-3-1）。

"八五"以来特征年港口投资资金来源组成　　单位：亿元　　表2-3-4

年份	本年到位资金合计	国家预算内资金	部专项资金	国内贷款	利用外资	地方自筹	企事业单位资金	其他资金
1995	47.86	0.02		15.90	9.32	5.75	11.79	5.08
2000	83.62	0.63		15.27	5.02	13.33	46.48	2.89
2005	545.31	3.12	8.50	102.30	24.71	78.09	318.00	10.60
2010	719.29	1.66	19.57	167.14	5.37	52.65	454.77	18.12
1995	100.0%	0.05%	0.00%	33.21%	19.46%	12.02%	24.64%	10.62%
2000	100.0%	0.76%	0.00%	18.26%	6.00%	15.94%	55.58%	3.46%
2005	100.0%	0.57%	1.56%	18.76%	4.53%	14.32%	58.32%	1.94%
2010	100.0%	0.23%	2.72%	23.24%	0.75%	7.32%	63.22%	2.52%

资料来源：《全国交通统计资料汇编》

注：不含航道投资

（三）铁路

我国铁路基本建设投资由铁道部完成投资和地方政府及路外企业完成的投资两部分构成。

长期以来，铁道部完成的投资在铁路基本建设投资中所占比例很高。1991—2007年，铁道部完成投资一直占铁路基本建设总投资的85%~90%，2009年降至72.25%，2010年又达78.28%。随着高速铁路建设规模的逐渐增大，铁路的总投资额以及铁道部的投资逐年大幅上升，"十一五"期间，铁道部完成的投资从2005年的328亿元增加到了2010年的4000亿元，年均增长达62%以上（表2-3-5）。

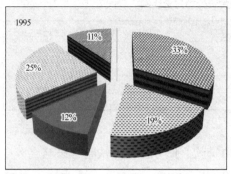
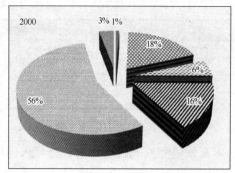
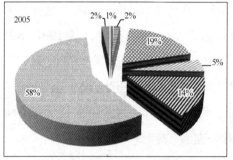
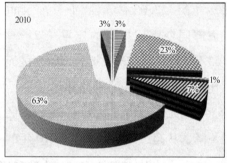

■ 国家预算内　　≡ 部专项资金　　▧ 国内贷款　　⋯ 利用外资

▨ 地方自筹　　▧ 企事业单位资金　　▩ 其他资金

图 2-3-1 "八五"时期以来特征年港口投资资金来源比例

"八五"以来特征年铁路投资资金来源构成　　（单位：亿元）　表 2-3-5

年份	合计	铁道部完成投资									地方政府及路外企业投资
		小计	建设基金	财政预算内资金	国内贷款	外资	债券	专项资金	资产变现资金	企事业单位自筹	
1995	365.5	328.2	188.6	2.9	88.3	11.6	15.3			21.6	37.4
2000	509.9	456.8	177.4	46.1	161.4	21.6				50.3	53.1
2005	880.2	743.3	345.0	60.0	157.0	36.4	50.7	52.9		41.3	136.9
2010	7074.6	5537.8	545.8	115.2	3217.7	16.9	836.8	349.7	382.7	73.0	1536.8

资料来源：《全国铁路统计资料汇编》。

地方政府和路外企业投资所占比重持续上升，从 1995 年 10% 增长为 2010 年的 22%（表 2-3-6）。

"八五"时期以来特征年铁道部与地方政府及合资公司投资比例　（单位：%）　表2-3-6

年份	铁道部完成投资	地方政府及路外企业投资
1995	89.78	10.22
2000	89.59	10.41
2005	84.45	15.55
2010	78.28	21.72

资料来源：《全国铁路统计资料汇编》。

在铁道部完成的投资中，近年来国内贷款、债券投资和铁路建设基金等3项合计所占的比例达到80%以上。国内贷款，从1991年的10.78亿元上升至2005年的157.03亿元，"十一五"期间迅速上升至2010年的3217.7亿元，占铁道部同期完成投资的比重从21%增长至58%；债券投资，从1991年的7.63亿元上升至2005年的50.65亿元，2010年显著增长为836.78亿元，所占比重达到了15%；铁路建设基金，从1991年的16.04亿元增长至2005年的345亿元，2010年达到了545.83亿元，但占铁道部完成投资的比例却有明显下降，从超过50%下降到2010年的10%左右（表2-3-7）。

"八五"以来特征年铁道部投资资金来源比例　（单位：%）　表2-3-7

年份	铁道部完成投资								
	合计	建设基金	财政预算内资金	国内贷款	外资	债券	专项资金	资产变现资金	企事业单位自筹
1995	100.0	57.47	0.87	26.89	3.52	4.66	—	—	6.58
2000	100.0	38.84	10.09	35.33	4.73	—	—	—	11.00
2005	100.0	46.41	8.07	21.13	4.90	6.81	7.11	—	5.56
2010	100.0	9.86	2.08	58.10	0.31	15.11	6.31	6.91	1.32

资料来源：《全国铁路统计资料汇编》。

（四）民航

"八五"以前我国机场建设主要是中央投资，"八五"以后地方政府投资加强。1994年起允许机场建设向外资和公众投资开放。2002年开始实施机场属地化管理后，资金来源多元化增加，地方政府也进一步加大了对机场的投入。目前，机场建设的资本金来源主要是中央投资、地方政府投资、机场企业自筹，中央政府投资中包括民航发展基金和国债。大体的投资结构是：资本金占50%

（其中，地方政府投资1/3，中央投资1/3，自筹1/3），债务融资占50%。

根据2011年全国民航规划暨机场工作会议上李家祥的讲话，"十一五"期间，全国机场基本建设项目投资合计1900亿元，其中机场自筹及其他投资1230亿元，地方政府投资340亿元，中央投资330亿元；在中央政府投资中，民航发展基金为240亿元，国债为90亿元。从中可以看出，地方政府投资已略超中央投资，按照机场建设银行贷款等债务性融资约占50%推算，银行贷款约为950亿元，机场自筹约为280亿元。投资结构比例见图2-3-2。

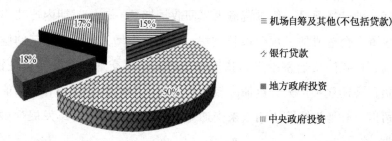

图2-3-2 "十一五"期间机场基本建设投资资金来源

以贵州省的在建机场资金来源结构为例，在国家对西部机场建设的资金支持力度要大于东中部发达地区的情况下，目前贵州省在建的4个机场项目总投资为61.8亿元，其中中央预算内资金10.6亿元，占概算总投资的17.2%，民航专项建设资金14.1亿元，占22.8%，地方政府出资15.9亿元，占25.8%（表2-3-8）。

贵州省在建机场项目资金来源结构　　　　　表2-3-8

项目名称	总投资（万元）	中央预算内资金		民航专项建设资金		省和市州地方政府出资		企业自筹、银行贷款	
		金额（万元）	比例（%）	金额（万元）	比例（%）	金额（万元）	比例（%）	金额（万元）	比例（%）
在建项目	618062	106094	17.2	140650	22.8	159429	25.8		
贵阳机场二期	364503	50000	13.7	55350	15.2	40000	11.0	200154	54.9
毕节机场新建	79386	14578	18.4	25000	31.5	50493	*		
六盘水机场新建	129888	31300	24.1	43300	33.3	55288	42.6		
遵义机场改扩建	44285	10216	23.1	17000	38.4	13648	30.8		

资料来源：贵州省"十二五"民航发展规划。
注：市州政府出资包括其从银行贷款投入的资金。
　　*包括了超概算部分，由地方政府承担。

第四节 各种运输方式的债务规模与偿债能力

我国交通基础设施建设的快速发展和巨大成就离不开政策和资金的支持。在大规模的资金投入中,有相当一部分是通过银行贷款、债券等多种债务性融资渠道借入的,逐年增长的大规模投入,使得累积的债务规模也逐年增大。由于交通基础设施项目一般投资额大、回收周期长,较短时期内连续集中的大规模投资,会造成债务规模增长过快,偿债压力增大,累积一定的偿债风险。目前,在我国交通基础设施快速发展过程中,交通运输业尤其是铁路、公路的负债规模逐年扩大,负债率较高。通过对当前债务规模和偿债能力的分析,可以更好地为统筹协调未来交通基础设施建设的可持续发展提供科学决策依据。

(一) 公路

1. 债务规模

到 2010 年年底,我国非收费公路里程达到 385.3 万公里,占 96.13%;收费公路里程为 15.5 万公里,占 3.87%,累计投资总额为 3.65 万亿元,其建设资金最主要来源为贷款,形成了较大债务规模。截至 2011 年 11 月,除西藏外的其他 30 个省份收费公路累计债务余额近 2.3 万亿元,其中银行贷款余额为 2.07 万亿元,债券、有偿集资等共 0.22 万亿元,总体资产负债率为 64%(表 2-4-1)。

据估算,除了已建成投入使用的收费公路形成的债务外,如果再加上在建的收费公路已撤销政府还贷二级公路、打捆贷款和地方融资平台配套资金等形成的债务,公路总的债务规模已超过 5 万亿元。

2. 偿债能力

从收入对偿债能力的分析,对应 2.3 万亿元债务的收费公路,2010 年的通行费的总收入为 2867 亿元,其中高速公路收费额约为 2444 亿元。全国还本付息为 1834 亿元,收费公路养护费用支出为 462 亿元,各种税费以及运营

全国各省区市收费公路财务状况　　　　　　表 2-4-1

序号	省区市	债务(元)	年收费额(元)	债务/年收入(%)	净收支赢亏	还贷比(%)
1	广东	22674351	3547963	6.39	+	51.7
2	浙江	16188028	2080433	7.78	-	56.4
3	陕西	14345846	1412443	10.16	-	66.7
4	河北	14090247	2032879	6.93	+	50.1
5	江苏	13381068	2345639	5.70	-	72.7
6	河南	13346182	1644377	8.12	-	59.4
7	云南	11153103	682332	16.35	-	90.1
8	山东	10805155	1893476	5.71	-	82.0
9	湖北	9801294	831454	11.79	-	52.6
10	福建	9629997	760722	12.66	+	46.5
11	四川	9068928	1012492	8.96	-	64.5
12	山西	8540768	1061421	8.05	+	53.0
13	重庆	6461071	476762	13.55	-	91.4
14	安徽	6280842	942709	6.66	-	57.3
15	江西	6262782	893298	7.01	-	56.9
16	内蒙	6260154	1121332	5.58	+	43.5
17	广西	6129631	667628	9.18	-	45.7
18	湖南	6030253	800659	7.53	-	58.7
19	吉林	4727159	218846	21.60	-	94.6
20	辽宁	4719274	914659	5.16	0	66.6
21	天津	4477631	545446	8.21	-	48.2
22	甘肃	4447621	383781	11.59	+	73.0
23	北京	4392268	597657	7.35	+	34.6
24	贵州	3642557	432720	8.42	-	75.9
25	黑龙江	3255707	255494	12.74	-	56.9
26	上海	3117111	383788	8.12	-	73.1
27	新疆	2521782	231586	10.89	-	73.7
28	宁夏	1474987	241767	6.10	0	64.5
29	青海	1293389	76717	16.86	-	79.8
30	海南	599409	104135	5.76	+	55.2
	全国	229118592	28594616	8.01	-	60.6

数据来源：李玉涛，收费公路政策的经济合理性分析，《综合运输》2012.03。

管理等支出为1149亿元，合计为3445亿元。也就是说，从全国范围看，目前的年收费额不足以担负偿还贷款和相应的支出，存在五六百亿元的缺口。随着新建收费高速公路的不断投入使用，这部分后建成的高速公路的交通量一般要小于先前建成的重要高速公路，交通量的增长也需要有一段时间，相应地收费额也不会很高。因此，公路偿债压力呈加大趋势。从各个省（自治区、直辖市）情况看，吉林、青海、云南、重庆、黑龙江的公路偿债压力较大，而辽宁、内蒙、江苏、山东、海南的偿债压力和风险相对较低。

我国收费公路的现金债务总额比❶大约为12.5%，一般企业设置的标准值为25%。然而由于债务总额大，在这种情况下，我国收费公路的债务压力已经相当可观。目前我国收费公路的年利息支出已经占到年偿还本息资金的56%（2.3万亿元债务），巨大的还本付息压力导致各地普遍采取借新还旧的做法。2011年6月审计署公布的全国地方政府债务审计报告显示，2010年全国高速公路中政府负有担保责任的债务和其他相关债务的借新还旧率达54.64%。

我国高速公路和普通公路的偿债能力有所不同。从总体来看，高速公路负债率较高，偿债能力不均，但全局风险可控；普通公路自身不具备解决债务问题的能力，需要中央财政给予更多补贴。

2009年1月1日，《国务院关于实施成品油价格和税费改革的通知》的施行开始了我国公路税费改革。一是"费改税"，取消原在交通系统内部循环的公路养路费等交通运输行业的"六费"，以提高成品油消费税单位税额的方式征税收，按原有基数比例测算的数额由中央财政通过规范的财政转移支付方式分配给地方。二是逐步有序取消政府还贷二级公路收费，国家每年从成品油价格和税费改革后新增的成品油消费税收入中安排260亿元专项补助资金，用于债务偿还、人员安置、养护管理和公路建设等。在债务偿还期间中央补助各省（自治区、直辖市）的资金总量，以其锁定的债务余额为基数，按照东部地区不超过40%、中部地区不超过50%、西部地区不超过60%的比例进行

---

❶ 现金债务总额比 =（年通行费现金净流入÷年末债务余额）×100%。

封顶控制。

按交通运输部相关课题研究测算，到2015年取消现有西部地区政府还贷二级公路收费，需要解决债务867亿元，中央补助资金520亿元；到2020年取消东中部地区政府还贷一级公路收费，需要解决债务617亿元，其中中央补助资金258亿元。

缺少了养路费作为担保，原有普通公路融资平台丧失，地方配套资金面临新的困难，积存债务处理也一定程度上增加了地方财政负担，地方政府更难拿出资金用于收费公路的还贷。

（二）铁路

1. 债务规模

2007年铁道部负债总额只有6587亿元，自2008年大规模兴建高铁以来，债务规模和负债率连连攀升。2008年增长32%，上升至8684亿元；2009年增长最大，负债总额从年初的8684亿元升至年末的13034亿元，仅一年就大幅增加50%；2010年负债总额再度大增45%，飙升至18918亿元。同样，铁道部的负债率也从2007年的42.43%一路猛涨到2010年末的57.44%，到2011年年底突破60%。截至2012年9月30日，铁道部总负债为26607亿元，负债率升至61.81%（图2-4-1）。

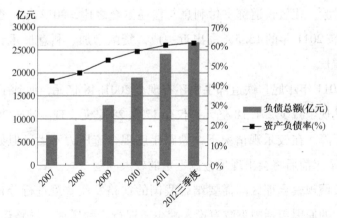

图2-4-1　2007年以来铁道部资产负债及增速

资料来源：本书作者整理。

2012年三季度末，铁道部利润总额为424.52亿元，扣除466.51亿元税后建设基金和43.42亿元所得税后，其税后利润转为负值，亏损85.41亿元。截至2012年9月30日，铁道部总资产为43044.16亿元，较2011年年末的39796.37亿元增长8.16%；总负债为26606.60亿元，较2011年年末的2.41万亿元增长10.28%，负债率达到62%；铁道部长期借款为21154.42亿元，较去年年底增加2898.20亿元。铁道部负债继续增长的主要原因是长期负债中的"国内借款"项造成的，三季度国内借款达20257.73亿元，较2011年末增长16.43%；同时流动负债下滑至5452.18亿元，较2011年末下降7.13%。

铁道部60%多的负债率与国外铁路企业的债务情况比较仍不算高，从铁路规划目标和建设发展趋势来看，其负债率可能还会进一步提高。近期有较多的客运专线项目将陆续建成运营，仅有京津、京沪、沪宁等少量处于经济发达地区的中短途线路能够较快实现盈利，其余的线路需要相对较长的运营多年后才有可能实现盈利。未来随着更多的客运专线项目开通，可能导致铁道部负债进一步增加。

2. 偿债能力

2011年全年铁道部还本付息2700多亿元，2012年还本付息额也将超过2000亿元。而一季度铁道部还本付息额仅284.3亿元，如按此数据计算，后三个季度将分期偿付1800～2000亿元的债务，这对铁道部的资金来源和安排是不小的考验。比较铁道部支付利息与偿还本金之比，2012年一季度达到了26.04%，较2011年的15.5%高出近一成，贷款增加、利息加重，本金偿还也在逐年增长。

截至2011年年底，铁道部手中还有现金2001.46亿元，而到了2012年一季度末，其现金减少231.18亿元，仅余1770.28亿元，现金流较2011年年底出现明显下降。在较乐观情况下，铁路年度现金流压力不大，但如果持续亏损，在2017年前后将会出现现金流不足的较大问题。

铁路负债规模合理区间需要结合我国的铁路发展政策进行分析。目前铁路债务增加的原因包括中央政府投入减少、银行贷款增加、铁路运价偏低等。如果这些相关因素发生变化，对铁道部的偿债能力则需要做出新的分析和判断。

从政府资金投入及政策支持情况看,2007—2010 年的 4 年间,全国铁路固定资产投资总额年均增长约为 49.52%,其中全国铁路基本建设的投资额年均增长约为 58.64%。在形成铁路基础设施建设跨越式发展的同时,也导致铁道部负债率上升。因此,需要政府给予铁路更多的支持。以高铁为例,作为长久性重大基础设施,政府对其建设投资和债务偿还应提供相应的支持性政策安排。高铁建设成本高,除了运营等直接收入以外有着大量的直接和间接的正外部性效益;同时,高铁项目一次性投资大,运量达到盈亏平衡点及以上规模需要有一个增长的时间过程。应根据其投资和现金流特点,制定相应的支持性政策,包括加大政府财政资金和政府债券投入比例、延长贷款期限和还款宽限期、财政贴息以及组建资产公司从技术上处理债务延期偿还问题等。尽管许多线路运营初期在偿还贷款本金上都将会遇到较大的困难,而随着运量的增长,往后的偿还能力将不断增强。因此需要政府在融资政策上给予高铁特殊的支持与协调,才能够安排与客流和收入现金流增长更加匹配的还款计划。

银行贷款的增减也是影响铁路偿债能力的重要因素。由于负债率较高以及铁道部贷款逼近集中度红线,多家商业银行已对铁路放慢或减少贷款。在铁路 2012 年的投资中,银行贷款所占比重降低。

铁路运价低、成本压力大,是铁道部亏损的主要原因之一。尤其随着更多客运专线的开通,运输成本会进一步增加。以 2012 年一季度情况论,铁道部亏损的主要原因,就是运输成本的大幅上升。长期低运价、高成本,不利于铁路获得合理的效益,做到可持续发展。鉴此,国家发改委、铁道部下发《关于调整铁路货物运输价格的通知》,明确从 2012 年 5 月 20 日起全国铁路货运统一上调运价,平均运价水平每吨公里上调一分钱,是上一次调整的 5 倍,这也是国家第七次上调铁路货运价格。此次调价对下游产业的影响不大,相关铁路基建公司和运输企业将获一定利好。

(三) 机场

1. 债务规模

截至 2011 年年底,我国共有颁证运输机场 180 个,合计盈利 53 亿元。在这些机场中，亏损的机场135个，其中中小机场占119个，亏损合计约为20亿元。从全国范围而言，我国机场处于盈利状态。从亏损的中小机场看，大多处于地市级城市，其服务覆盖了全国70%以上的县域，据有关机构测算对地区经济的贡献在3万亿以上。例如，四川九寨沟机场自2003年建成通航后，长期处于亏损状态。但九寨沟机场的建成通航使得成都到九寨沟原本一天的路程缩短到不到2小时，根本性地改善了当地的交通运输条件，使九寨沟、黄龙等世界级旅游资源得到更好开发，极大推动了当地经济社会的发展。因此，对此类机场不能仅仅从机场自身经营财务状况看，而更要从当地经济社会发展角度全面看待。

2. 偿债能力

大型机场、主要干线机场相对具有较好的收入和一定的盈利能力，部分建设投资大、吞吐量未达预测的机场经债务优化和重组后，维持正常经营基本没有问题。但许多支线机场需要地方政府补贴和民航发展基金支持，才能维持正常经营，而债务偿还在机场还未形成盈利的情况下，主要是依靠地方政府协调和通过其他渠道资金进行少部分偿还；随着机场航线的逐步培育成功和增加以及形成相应的较多条航线的运营，飞机起降数量和客货吞吐量达到一定规模水平后，运营状况和偿债能力才能真正有效改善。

（执笔人：宿凤鸣　罗仁坚）

第三章

交通运输与经济社会发展的关系

内容提要：交通运输与经济社会发展之间存在着相互促进的紧密有机关系，经济社会的发展牵引着交通运输的发展，并决定交通运输的发展水平；交通运输的发展保障、促进并引导着经济社会的发展。历史的发展充分证明，交通运输在城镇化发展、国土开发及生产力布局、区域一体化推进、提升国家竞争力等方面均起到了重要的作用。分析并进一步深刻理解交通运输与经济社会发展的关系，对把握我国交通运输发展所处阶段以及未来应采取的发展战略具有重要的意义。

第一节 交通运输与经济社会发展的相互促进关系

从功能性设施角度，交通是经济社会发展的重要基础设施；从生产和产业角度，交通运输是国民经济的部门之一。经济社会发展对交通运输的需求促使着交通运输的不断发展和提升，并在资金投入能力、高级技术使用、建造标准选择上为交通运输发展提供要素支持；交通运输的发展和水平的提高又进一步促进生产力水平的提高和经济社会的发展进步。

（一）经济社会发展的需求牵引着交通运输的发展

交通运输是现代社会生产、生活离不开的重要载体和纽带，也是生产性和消费性服务业,其发展受来自经济社会发展的需求所推动和牵引,需求的规模和对服务质量层次的要求是交通运输建设发展的基础和推动力。交通运输的发展由下部的交通基础设施系统和上部的运输服务系统组成,交通基础设施的网络规模、布局结构、技术水平是交通运输发展水平主要决定因素。一般说的对交通运输的需求,主要是从对交通基础设施的发展和通行能力出发的,具体的运输生产与服务的提供具有很强的市场化特点。

在经济社会发展的不同阶段,对交通运输能力、服务水平的需求随经济社会的发展而不断提高。

在经济总量规模较小,人民生活水平较低的条件下,经济社会发展对交通的需求总量规模较小,对交通运输服务的质量要求不高,具体体现在交通设施的基本连通和通达,满足走得了、运得出的基本要求。如在新中国建国之初,国家工业体系不健全,经济规模小,人民生活水平较低,对于交通运输的发展要求仅限于实现在一些干线上的铁路、公路连通,对于设施的等级没有特别要求,能实现人员、物资的基本运输即可。

随着经济总量规模、发展水平的提高,支撑经济发展的运输需求逐步增大,对运输服务的质量要求不断提高,体现为经济社会的发展对交通设施的能力提出更高的要求,并要求进一步完善通道布局,提高交通路网的连通度。这一点在改革开放后,我国经济社会发展和交通发展的关系上体现明显。改革开放后,我国经济出现了持续的快速增长,伴随着经济总量规模的提升,交通的能力缺口日益显现。以铁路为例,由于路网密度低,仅一些干线实现基本的通达,且线路等级低,运输能力缺口明显,长期处于满负荷运转,以致大量的企业无法通过铁路实现低成本的运输,这种运输能力的缺口一直在促使我国铁路建设速度必须加快推进。又如我国的沿海港口,在外向型经济迅猛发展的环境下,普遍出现港口压港压货的现象,大量进出口运输需求对港口能力提出了更高的要求,使得我国的沿海港口一定要加强建设。近三十年来,需求推动着我国交通基础设施获得了快速的发展,大量的港口、公路、铁路等基础设施获得新建和改扩建,设施网络不断加密,公路、铁路里程由1980年的88.8万公里、5.3万公里,增长为2010年的400万公里、9.1万公里,规模以上沿海港口泊位数由1980年的300余个增长为2010年的超过

5500个。

在经济发展达到较高水平的条件下，生产和生活对于运输质量、速度、舒适性的要求也不断提高，由此，推动高等级、高标准的交通基础设施迅速发展成为大势所趋。进入21世纪以来，我国经济发展总量不断提高，成为世界第二经济大国，人均国内生产总值2008年超过3000美元，2011年超过4000美元，进入城镇化、工业化加速发展，产业结构、消费结构加速转变的关键阶段，交通设施也向高标准、高等级发展。高速公路、高速铁路、民航机场等设施发展迅速，高速公路里程由2000年的1.6万公里，增长至2011年的8.5万公里。高速铁路由无到有，并进入迅猛发展阶段。

（二）经济社会发展实力决定着交通运输的发展水平

交通运输的发展需要有相应的资金和技术支持，经济社会的发展水平决定了全社会可投入交通领域的资金和技术能力，从而决定交通运输的发展水平。

首先，伴随经济发展，经济实力的提高，全社会可为交通基础设施建设提供更多的资金投入，促进交通运输加速发展。在改革开放初期，我国经济发展落后，经济总量较小。1980年，我国在交通领域投入的建设资金仅为19亿；而1980年至2010年之间，我国经济发展迅速，经济实力不断增长，2010年我国的交通领域投入建设资金超过2.3万亿。在庞大资金投入的有力支持下，一批重大基础设施项目得以实施，交通网络规模、通达深度有效提高，建设标准不断提升。

其次，经济社会发展所带来的技术积淀，是交通发展的重要基础。工业革命之前，社会要素所能形成的交通运输只能是低层次的道路和水路运输。材料上，交通设施由土路、石板路、砖路等构成；动力上，交通工具采用人力、畜力、风力等非机器动力。工业革命后，经济社会的发展带来的各种要素水平的革命性提升，使交通运输同样取得革命性发展。如蒸汽机等的发明，使火车、轮船等交通工具出现；化学工业的发展，使沥青道路取代土路等。近几十年来，随着信息技术的发展及其在交通运输中的应用，交通运输的组织水平和服务模式也发生了翻天覆地的变化，网络化的组织和融入生产活动的系统组织成为运输服务发展的特点和方向。

第三,在特定阶段,经济实力的提升,带来交通运输技术研发投入的增长,推动交通运输技术发展,加速先进技术的应用,提升交通运输发展水平。例如,我国高速铁路发展的初期,高铁技术在一些国家已经相对成熟,但我国尚不掌握,通过加大研发资金投入,采用集成技术创新的手段,成功消化国际先进技术,实现高铁技术的系统完善。

(三)交通运输的发展保障和促进经济社会的发展

交通运输担负着经济产业发展、生产流通过程中的人员运送,原材料、产品运输的服务功能,是经济社会发展的生产性基础服务业,对经济社会发展起到重要的保障作用。从经济总量与交通运输量的关系来看,每产生一个经济量都需要交通运输的匹配支持。在我国当前经济结构下,这种交通运输的基础支撑作用尤为明显,每万元 GDP 的产生,需要完成约 5000 吨公里货物的运输服务支持。我国的经济与交通发展历程中,不乏交通运输保障不足的情况。如多年来我国铁路运力持续紧张,很多企业无法获得廉价的铁路运输支持,或影响生产,或不得不采用高成本的公路运输。又如 20 世纪 90 年代港口压港现象层出不穷,影响生产发展。

交通的先行发展,有效促进人们交往、交流,加速信息流通,使先进的生产力、生产方式、生产组织模式在不同地区间传播,同时,也促进了市场的扩大,使一地容易在更大范围内获得发展资源和要素,为国民经济和社会发展创造了更有利的条件和环境,促进经济社会的加速发展。我国沿海地区由于有着天然的便捷海运通道与世界沟通,通过上千年以来的这种人员往来、经济生产上的沟通,促使那里的人们思想开放,易于接受新的事物,于是先进的生产方式最先在此得以生根和发展。由于可以充分利用国内国外的资源和市场,沿海地区在我国经济发展格局中一直处于引领发展的核心地位。

(四)交通运输对经济发展的引导性作用

交通运输条件是经济发展的重要基础,是构成区位条件、产业布局与生产条件、资源获取条件、产品市场竞争力等的重要因素,对经济发展起到引导的作用。

首先，地区交通条件的较大程度改善，可以获得更好的产业发展能力和承接转移吸引力。在经济全球化的背景下，交通条件的改善是形成国际产业布局的重要因素。海运是国际贸易的核心运输方式，拥有沿海优良港口的地区，往往获得更好的生产、贸易环境，在全球产业发展中具有成本优势。20世纪六七十年代日本等沿海国家，由于具有优良的港口条件，加上具备工业基础和劳动力素质，承接了大量的产业转移。随着改革开放政策推进，沿海港口基础条件不断改善，我国沿海地区承接了大量的国际加工产业，甚至成为世界加工厂。

其次，交通环境是区域经济发展的重要条件之一。通过改善交通条件，可以使一些发展落后地区克服区位劣势、运输成本劣势，吸引产业聚集，实现引导区域产业合理布局的发展效果。在我国的经济发展过程中，东部地区由于拥有良好的港口条件，成功实现了经济的先行发展。为实现区域经济协同发展的目标，我国提出了西部大开发等战略思路，通过促进西部、中部等内陆地区的交通发展，改善交通环境，缩小经济发展中的东西部经济运行的成本差异。近年来，我国交通基础设施投资不断向中西部地区倾斜，一大批铁路、高速公路、机场等交通基础设施项目得以实施，有效地加强了中西部地区与东部地区的沟通能力，降低了沟通成本，引导大量产业向内陆地区转移，初步形成产业合理布局、区域协同发展的良好格局。

第三，不同的产业发展，对于交通运输的要求不同，因此，通过改善交通运输的部分特点，如速度、能力、质量等，引导不同的产业发展，对于产业结构调整具有积极的意义。在我国产业结构调整，促进经济转型发展的背景下，不少地区通过提升交通运行质量，提升运输速度，有效地推动了产业的集约化、高端化转型发展。有的地区抓住高新技术产业、高附加值产业对于运输成本具有较高承受能力，但对运输时间要求较高的特点，通过发展航空运输、高速铁路运输等交通方式，创造良好的运输环境，成功实现了相关产业的聚集发展，推动产业结构的高端化。

第二节 交通运输在促进城镇化发展中的作用

交通运输的发展在促进人口、产业、资源要素向中心城市、城镇集聚发展的过程中起到重要的作用,是城市发挥集聚和辐射带动作用的支撑性载体。城市的形成以及城镇化发展的过程,体现着交通运输的重要作用。

(一)交通运输促进城市的形成和加快发展

历史上,城市的形成与城市的功能密切相关,在不同时期,城市具有不同的功能,交通运输对于城市形成和发展起到不同的作用。

在农耕时代的早期,人类开始定居,通常是在人口(贵族、部族首领)聚集区域,通过修建城墙,开展防御,形成城市的最初形态。在这一阶段,城市的功能主要是开展军事防御和举行宗教仪式等活动,人口的聚集环境是城市形成的主要因素。作为军事防御的地区通常都是具有战略意义的区域,本身就是或便于成为交通要塞,因此,交通条件对于城市的形成也具有一定的意义。

随着农业社会逐步成熟,工商业开始发展,真正意义上的城市才开始出现。所谓城市其实包含了两个含义,"城"是形态角度的概念,"市"则为商业的概念。在这一时期,市场(商业)是城市的核心功能,市场的存在以及围绕市场各种原始加工业的聚集所形成的商业繁荣,是城市形成的根本。基于交通运输的商品流通成为城市形成以及决定其发展规模的关键,由此,交通运输成为城市形成和发展的重要基础,一定程度上决定了城市的发展。在人类社会发展史上,由交通通道和枢纽的便捷条件促进市场形成,带动商业发展,带来人口聚集,形成城市并繁荣发展的案例比比皆是。如丝绸之路造就了沿线多个城市的形成和繁荣发展,如西安、张掖、敦煌、米兰、威尼斯等。以后海上通道的兴起和陆路商业通道的衰落,陆路通道沿线的城市发展趋缓,这些繁荣数百年的城市地位也逐渐下降,被泉州、宁波、广州、伦敦、里斯本等城市所取代。

当人类社会进入工业社会，社会化大生产出现，现代工业的聚集和发展成为城市形成和发展的重要依托。与传统手工业不同，工业革命后的大规模工业生产对于交通的要求苛刻。具有大能力的进出通道，便于对外运输的区域交通基础，成为城市发展的基础条件之一，交通对于城市的形成和发展重要性日益凸显。以港口为例，由于具备良好的对外运输条件，工业社会以来，以港兴市、港城一体发展的案例层出不穷。一批工业城市崛起，如伦敦、洛杉矶、上海等。还有一些铁路沿线的工业城市的形成，也反映出交通对城市形成和发展的重要作用。如20世纪初石家庄只是获鹿县的一个小村，其面积不足0.1平方公里，仅200户人家，600余口人。京汉、正太等铁路的开通，使石家庄成为重要的工商城市，并被称为"铁路拉来的城市"。

（二）城镇化的发展伴随着交通运输发展的支撑

交通的发展使处于交通网络节点上的城市对外交通条件获得改善，随着交通通道的延伸，有效地促进了支撑城市各类产业发展的资源要素向城市聚集，使城市获得更强的发展能力，推动城镇化的深入发展。在城市发展的过程中，交通支持城市资源聚集的案例随处可见。典型的如上海市，港口的发展和航线的支持，使上海成为区域甚至全球的资源集散中心之一，港口年吞吐量超过7亿吨，集装箱吞吐达到3000万标准箱左右，有效地支持了城市产业的发展。上海市对外陆上通道支持作用同样如此，从我国第一条高速公路建设，到现在数条高速公路通向周边，对外通道承载了数亿吨的陆上货运，有效地支持着城市发展的人口、原材料、产品等资源要素的集散。

交通运输的发展，为资源的流动、人们出行提供了更加便捷的条件，加速了要素的流动和转移，在区域、城乡发展不平衡的背景下，促使要素进一步向发达地区、中心城市流动，形成在区域内经济发达地区的城市化水平相对较高，同时一些中心城市规模不断扩大的发展格局。在我国范围内，东部地区经济发展历史基础较好，起点较高，随着交通网络条件的不断改善，劳动力和各种资源的流动更为便捷，在区域发展格局中获得的人口、资源等要素流入明显较多，城市化进程高于中西部地区。目前我国东部地区的城市化率大约在60%左右，如广东省达到约66%，浙江省达到61%，远高于全国平均水平的51%。在城市群范围内,也正是由于交通运输对资源流动的促进,使资源要素向个别核心城市聚集,出现了超大规模的中心城市,如长三角城市群的上海、珠三角城市群的广州等。

交通运输的发展,增强了主要中心城市的对外辐射能力,也使周边城市与中心城市的联系日益紧密,形成城市间产业协同发展、市场充分共享、劳动力流动快速的发展格局,促使连片延绵城市带、城市群的出现。以北京为例,作为我国的超大型核心城市,她拥有庞大的产业发展体系、巨大的市场需求,直接推动了其对外交通通道的发展,尤其是高速公路、城市轨道交通等设施的发展。周边50~100公里左右的多个小型城市,通过便捷的城际交通与北京的交通连接日益紧密,其中通过高速公路通行时间仅需约1小时,通过城市轨道或高速铁路则耗时更短(天津的武清至北京的高铁通行耗时仅10余分钟)。这些城市依托便捷的交通,纷纷提出融入北京都市圈的概念,并获得快速的发展。包括京北方向的河北怀来、逐鹿,京东方向的河北香河、大厂、三河,京南方向的河北固安、涿州,京东南方向的天津廊坊、武清等,已形成以北京为中心的城市群发展态势。

交通的发展和布局,为交通沿线地区在产业发展和人口聚集上带来优势,引导着城市空间和规模的延伸扩展,形成城市的空间布局形态。例如早先的北京城市核心区就在三环以内,伴随着外围的四环路、五环路的修建,四、五环地区的交通环境不断改善,引导着产业和人口向这些区域聚集,城市规模不断扩大,城市核心区扩展至四、五环地区,并形成了如今的北京市区整体形态布局。对外交通联络线的建设,使一些沿线的外围地区获得良好的与城市连接的条件,也逐步形成人口和产业的聚集。如京开、京津等高速公路和地铁大兴、亦庄等线路的修建,使南部大兴等地区人口和产业获得快速发展。又如京通快速、京沈高速、地铁八通线的修建,使东部通州地区获得快速的资源聚集。这些放射线的建设,改善着交通环境,在北京城区周边形成了多个繁荣的卫星城,是决定北京市整体城镇体系布局的重要影响因素。

交通运输的发展,优化城市空间布局结构、提升城市运行效率,提高了城市的产业、人口承载能力。工业化发展以来,城市人口、资源等要素的聚集使城市规模不断扩大,出现了城市人口超过千万、城市面积数千平方公里的超大规模城市，城市承载的要素聚集水平也发生了质的变化。交通运输的发展，是克服要素在城市内的集散效率的制约，维持城市发展的重要手段。在一些超大城市，由于人口的大量聚集，在拥堵时间段，城市人员要实现流动（如上下班出行）耗费的时间往往很多，降低了城市的运行效率。为了减缓拥堵，对于城市配送等货运需求往往只能作一些牺牲，如采取限制通行的办法等，这也影响了城市正常的生产要求。为在资源要素加大聚集的情况下，克服这些制约城市发展的问题，一方面通过交通线路的重新规划和建设，支持城市产业布局和整体布局的调整，形成更为科学、合理的人口、产业布局，以尽量少的要素的流动实现经济产出；另一方面，通过更为合理的交通基础设施和运行建设，如修建城市地铁、城市快速路等，提升交通服务的效率，最终提升城市承载资源的能力，支撑城市的发展。

第三节 交通运输对国土开发和生产力布局的作用

（一）交通运输与国土开发和产业布局的关系

1. 国土开发和生产力布局

国土开发是指以开采、垦殖、工程建设等手段开发利用国土资源，促进社会经济发展，满足人民日益增长的物质和文化的需要。此处所说的国土狭义上理解为特定国家的土地，广义上还包括国家所拥有的一切资源。生产力布局是指生产力在地理位置上的分布和配置，即在一定范围内生产力系统的空间分布与组合。

国土开发和生产力布局具有密切的相关性，国土开发的实质就是生产力在新的国土上进行布局和延伸，从本研究的出发点考虑，一定意义上二者可统一理解为以农业、工业、商贸业等产业发展为代表的经济发展和布局。

2. 交通运输与国土开发和生产力布局的关系

按照交通运输与经济社会发展的互动关系，交通运输的发展支持和引导国土开发和生产力布局，具体的支持程度、支持的模式与国土开发的深度、生产力自身内涵，以及交通运输发展水平密切相关。总体上，随着人类社会的发展，生产力所包含的内容越来越丰富，生产力组织日益复杂，交通运输的支持和引导作用越来越强。

由于交通运输对国土开发和生产力布局的作用，呈现随着生产力水平的变化，交通运输自身不断发展，其对国土开发和生产力布局作用日益加深的动态过程。因此，将生产力发展、交通运输发展作为一个系统，分阶段进行分析，可以更清晰地掌握交通运输对国土开发和生产力布局的作用。总体上看，交通运输对农业、工业、商业的支持和引导作用随着生产力的发展逐步变化，其中分水岭是在工业革命的前后。

（二）工业革命前，交通运输对国土开发和生产力布局的作用

工业革命之前，交通运输发展水平较低，在社会生产力以农业为主、商贸业为辅的格局下，交通运输对于国土开发和生产力布局主要起支持作用，特定情况下起到引导的作用。

1. 农业社会早期，交通运输对国土开发和农业生产力布局起辅助支持作用

交通运输对国土开发和农业生产力布局起辅助和支持作用是指，交通运输不是决定国土开发和农业生产力布局的因素，而是在国土开发和生产力布局发生的时候，逐步产生交通运输的需求，并对国土开发和生产力布局进行辅助支持。这是由交通运输自身发展水平、生产力布局的阶段特点共同决定的。

国土开发和农业生产力布局的特点。农业社会早期，生产力主要表现为农业生产的开展，一国的国土开发也主要表现为土地的农业开发。农业生产布局的核心要素包括两方面：一是土地、水资源、气候等自然要素，此类要素客观存在，不具有流动性；二是人口要素，人口以及部分生产资料向未开发土地进行迁移，是国土开发和生产力布局的关键。

交通运输的发展状况。农业社会早期，交通运输的发展长期较为单一，主要的交通形态为陆上道路运输，以及以自然水道为主的水上运输，运输工

具的特征是采用人力、畜力和风力等自然动力。在此发展阶段内，交通运输的特征表现为具有一定的可达性，但运输能力小、运输速度慢、运输范围有限。

交通运输起辅助作用的原理。农业社会早期，决定国土开发和生产力布局的土地、人口两大要素中，土地供给富足，人口增长缓慢，决定人口流动的因素不是交通因素，而是人口的自然增长。通常其发展过程是在区域内人口自然增长、饱和后，逐步向周边进行扩散和迁移，并由此逐步形成原始的交通运输条件。因此，交通运输不是生产力布局的决定因素，仅起到被动的辅助支持作用。

典型案例、实证。历史上四大文明古国均在自然条件好的江河流域发源，国家的疆域发展（体现为农业生产力的扩展）也是随人口的增长逐步扩散，当时的交通运输也是在人口扩散过程中，为了行政管理需要和人员、物资的少量流动而获得发展，仅作为国土开发和生产力布局的支持因素存在，历史发展过程基本体现了这一规律。

2. 农业社会发展成熟时期，交通运输对商贸业布局起重要支持作用，对国土开发和农业生产力布局起到特定方向上的引导作用

随着农业社会发展，生产力的内涵也发生了变化，商贸业逐渐成为重要的产业形态，农业生产中的资源和人口要素的供需关系也发生根本变化，交通运输的重要性逐渐加强，在特定方向上，交通运输的发展甚至起到生产力布局的引导性作用。

国土开发和生产力发展特点。这一阶段的生产力表现为，原始农业生产相对成熟，人口出现稳定增长，紧邻人口聚集区的土地资源开始紧缺，原始工业获得发展，社会物质相对丰富，贸易需求逐步显现，国土开发和生产力布局核心还是农业生产力的布局，但工商业在社会经济发展中的重要性逐渐提升。

交通运输发展状况。在农业社会发展到一定程度后，随着冶炼等原始工业获得一定的发展，人类对于交通运输技术有了新的认识和发展，人工开凿运河、远洋航海等交通运输行为逐步出现。

交通运输作用的原理。商贸业特征决定其发展需要交通运输在线路通达和能力供给上的支持,交通运输是商贸生产力布局的核心因素。对农业生产力布局而言,在传统的适宜开展农业生产地区的土地资源紧张、人口膨胀等条件下,交通运输支撑的人口大范围迁移,成为农业生产力在更广泛范围内进行布局的重要条件。

典型案例、实证。历史上,在世界范围内,交通运输对商贸业布局以及国土开发和农业生产力布局产生重要影响的案例包括,丝绸之路的开辟、大航海时代美洲大陆的发现等。此外,茶马古道等是对区域范围内具有较大影响的交通运输通道,京杭大运河对我国生产力布局也产生了重要的影响。

(1)丝绸之路的开辟

丝绸之路并不是具体指那一条线路,而是广泛指中国与西亚、欧洲进行商贸的通路,由于以丝绸为代表的纺织品是这条通道的特色和主要交易品种而得名。丝绸之路的存在自秦代起,上下跨越历史2000多年,涉及陆路与海路(图3-3-1和图3-3-2),陆上丝路因地理走向不一,又分为"北方丝路"与"南方丝路"等。具有代表性的陆路线路为西汉时期,由张骞出使西域开辟的以长安(今西安)为起点,经甘肃、新疆,到中亚、西亚,并联结地中海各国的通道。丝绸之路的开辟本质是交通运输领域内的通道发现问题。

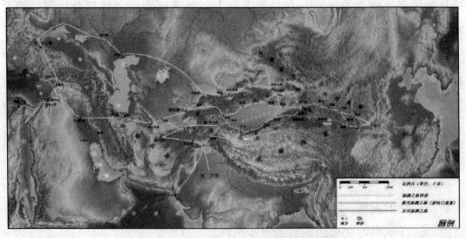

图3-3-1 陆路丝绸之路示意图

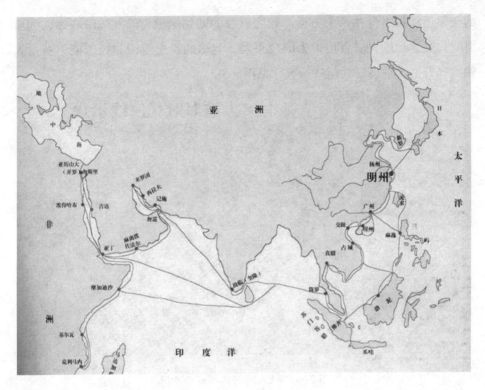

图 3-3-2 海上丝绸之路示意图

丝绸之路的开辟，对包括政治、文化、经济各种领域的人类文明发展具有深远的意义。体现在对国土开发和生产力布局方面包括以下两个方面：一是从商业布局角度，陆上丝绸之路促进了中国与西亚、欧洲等地的商贸业交流，使通道两端和沿线的诸多城市成为商贸业布局的中心，如长安、伊斯坦布尔、敦煌、楼兰等城市。海上丝绸之路在不同的时期分别成就了广州、泉州等港口城市的商贸繁荣和发展。二是从国土开发和农业生产力布局角度，丝绸之路促进了人口的流动，使我国对西部大量国土的开发和管理趋于稳定，农业生产也获得开发。

（2）大航海时代及美洲大陆的发现

大航海，又被称作地理大发现，是指15世纪末到16世纪初，由欧洲人开辟横渡大西洋到达美洲、绕道非洲南端到达印度的新航线，以及第一次环球航行的成功。大航海在交通领域的本质表现为全球海上通道较全面发现及掌握，和以远洋技术提高（指南针的广泛应用及多桅船舶的制造技术）为特征的交通运输技术变革两个方面。较之以往的陆路运输，以及陆海联运，大航海时代交通运输发展直接带来的成果是，运输的投送范围和投送能力获得大幅度提升。大航海时代航线情况详见图3-3-3。

图3-3-3 大航海时代航线示意图

大航海时代的交通运输成就，对于当时世界整体生产力格局的形成具有重要的影响，这种影响的深远性甚至延续至今，其中较为直接的影响具体体现在以下三个方面。

首先，全球航线的发现，改变了欧洲乃至世界商贸业的总体格局。大航海时代之前，世界主要商贸通道为传统的海上和陆路丝绸之路，其中海上丝绸之路一条从红海接入印度洋。另一条是从波斯湾接入印度洋。丝绸之路带来的世界商贸格局是以中国、印度、欧洲的地中海为核心，其中欧洲和西亚商业布局主要集中在地中海西岸地区，核心城市包括君士坦丁堡、罗马等。随着从大西洋东岸出发绕道非洲好望角前往印度、中国航线的开辟，以及横渡大西洋到达美洲航线的发现，大西洋西岸地区成为全球远洋航运最为通达的地区，建立了欧洲与亚洲、非洲，甚至美洲之间的商业往来。欧洲乃至世界的商路、商业中心由地中海向大西洋沿岸转移，地中海沿岸以意大利商业城市为中心的商业地位日趋衰落，里斯本、安特卫普、伦敦等城市日益繁荣。

其次，在文化背景、生产力发展水平存在较大地区差异条件下，交通运输的发展，包括航线的发现和交通投送能力的提高，带来了殖民地掠夺的行为，直接导致了世界生产力的地区布局格局变化。西欧多国在非洲、美洲、亚洲的殖民地掠夺，使其财富获得迅速积累，生产力发展进一步加快，奠定了资本主义首先在西欧发展的基础，对英、法等国成为世界生产力布局的核心起到基础性和关键性作用。

第三，交通运输的发展，客观支持了世界范围多处土地的开发，美洲新大陆农业生产获得推动。大航海时代之后，欧洲人口逐步开始向美洲新大陆转移，尽管转移的方式充斥着殖民主义的暴力，但欧洲较为先进的农业生产力逐步取代美洲原始的印第安农业，客观上为美洲的生产力发展提供了动力。

(3) 茶马古道的开辟

茶马古道源于古代西南边疆和西北边疆的茶马互市，兴于唐宋，盛于明清，二战中后期最为兴盛。茶马古道分川藏、滇藏两路，连接川滇藏，延伸入不丹、尼泊尔、印度境内，直到西亚、西非红海海岸。该通道的开辟，促进了我国西南方向商贸业布局格局的形成，多个区域商贸中心城市逐步兴起。如藏区的打箭炉在元代尚为荒凉的山沟，明代开碉门、岩州茶马道后，逐渐成为大渡河以西的集散之地。清代开瓦斯沟路，建泸定桥，于其地设茶关后，打箭炉迅速成为区域内商业核心城市。又如昌都，由于是川藏、滇藏、青藏三条茶马古道的交通枢纽和物资集散地，亦随着茶马贸易的发展而成为康区重镇和汉藏贸易的又一中心。此外，通过贸易的发展，人口的交流，文化的交融，该通道还直接带来我国西南方向的国土开发及稳定效应。

(4) 京杭大运河的开凿

京杭大运河北起北京(涿郡)，南到杭州(余杭)，途经北京、天津两市及河北、山东、江苏、浙江四省，贯通海河、黄河、淮河、长江、钱塘江五大水系，全长约1794公里，开凿到现在已有2500多年的历史，至今仍在发挥交通运输的功能。大运河的开凿直接带来了沿岸的国土开发，促进了我国南北经济、文化交流，使我国东部地区的生产力呈现南北带状发展的布局态势，促进了国土的均衡开发。

茶马古道及京杭大运河趋向见图3-3-4。

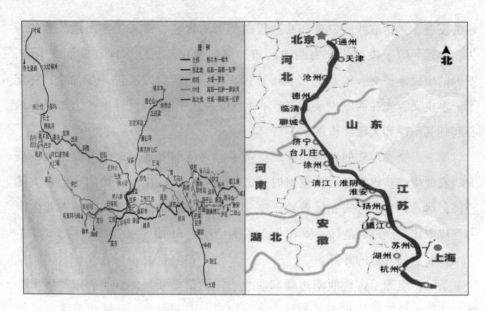

图 3-3-4 茶马古道及京杭大运河

(三) 工业革命后, 交通运输对国土开发和生产力布局起引导作用

工业革命后,工业成为生产力布局和国土开发中的关键因素,世界经济发展的模式、生产力的内涵发生了根本变化,交通运输成为引导生产力合理布局的重要因素,在国土开发和生产力布局中的作用日益突显。

1. 工业革命后,国土开发和生产力布局的特点

工业革命后工业生产在经济体系中取代农业生产占据了核心位置。工业生产的核心特点表现为高效率的机械化大生产,并因此带来了商品经济模式和人员聚集的社会化大生产。要一是高效率的生产需要大规模的原材料、资源在特定地区的集中;二是商品需要通过在广泛区域内甚至全球进行贸易以获取价值。生产力布局是以获取原材料及各类资源、组织生产、产品最终完成贸易全过程实现利润最大为根本原则。

2. 工业革命后,交通运输的发展

工业革命后,交通运输发生了革命性的变化。这种变化既受益于工业革命带来的技术成果的支持,同时也是生产力发展后的需求导致。

18 世纪 60 年代起,以内燃机应用为标志的第一次工业革命带来了运输工

具动力的根本性变化,开始出现各种蒸汽动力的火车机车(1814年)、轮船(1807年)等运输工具,铁路运输和远洋运输由此兴起,交通运输呈现运输能力大、速度较快、运输范围广的新发展趋势。

19世纪70年代后,以电的应用和电动机、内燃机的发明为主要标志的第二次工业革命,带来了交通工具动力的再次革命。内燃机车、电力机车、电气化铁路相继问世,蒸汽机车的性能也在不断改进和提高,汽车、飞机等全新的运输工具开始出现,交通运输呈现运输能力不断增大、速度不断加快、运输范围进一步拓展、运输灵活性逐步增强的特点。

20世纪50年代以来,以信息技术和自动化技术为主要标志的第三次工业革命,使现代高新技术不断被应用到交通运输领域,公路、铁路、民航、管道等运输方式均得到迅速发展,以高速铁路、超级海轮等工具的应用为代表,交通运输在能力、速度、范围等各个方面均获得了颠覆性发展。

3. 工业社会,交通运输对国土开发和生产力布局产生影响的原理

商品经济条件下,交通运输被纳入生产、贸易的过程之中,并通过市场竞争进行产业链的综合比选和自然淘汰,不仅是贸易实现的手段,实际上已经成为生产力布局的一个内在的影响因素。这一点在地理经济学中有理论的相关阐述。

最早研究产业布局问题的是20世纪初的德国地理经济学家韦伯。他从部门布局的优化出发,提出了工业生产布局的区位论,认为影响工业生产布局包括5个主要因素:生产要素(原材料、燃料动力)的供应状况、劳动力的供应状况、运输费用的多少、产品销售市场和产业的集聚状态。在其《工业布局学》一书中,他把交通运输条件等空间变量纳入影响产业布局和区域经济增长的因素加以分析。特定条件下,如当某产业部门的生产成本的地区差异主要是由交通运输成本(运输费用)的高低决定时,则这类产业的最佳布局应定位在运输成本最低点上。

此外,美国经济学家埃德加.M.胡佛研究经济活动区位时非常重视交通运费的影响。胡佛在韦伯工业区位论的基础上,认为交通运输条件的变化,往往直接改变工业布局。胡佛通过对运输方式、运费结构的研究,指出运费是影响经济活动的重要因子。交通运输条件的变化直接影响运费,进而进一步影响到经济活动区位选择和产业布局变化。

4. 典型案例、实证

（1）总体布局格局——交通运输与世界生产力布局部分特征

首先，全球工业生产力布局基本都是沿海布局。以美国、日本、中国为例，美国的工业聚集区主要包括三大区域，分别是传统的东北部五大湖工业区、南部工业区、西部工业区（见图3-3-5），三大工业区的工业总产值占美国工业总产值的80%以上，其中五大湖区、南部工业区位于大西洋沿岸，西部工业区位于太平洋沿岸；日本的工业区主要分布于太平洋沿岸和濑户内海沿岸；我国的工业发达地区也大都位于东部沿海，山东、上海、江苏、浙江、广东等五省市工业总产值占全国工业总产值的约50%。虽然导致全球工业生产力沿海布局的因素众多，包括人口、历史发展基础、技术等，但以便捷、低廉的远洋运输为代表的交通条件因素是其中的重要方面。

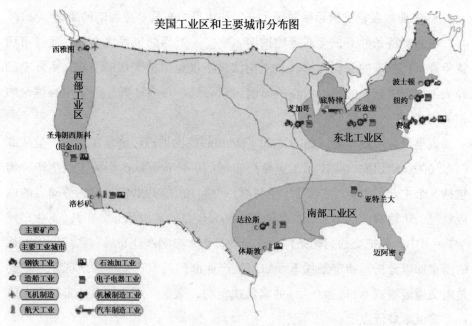

图3-3-5 美国工业布局示意

其次，全球贸易中心基本布局于沿海地区，贸易中心城市基本都是国际航运中心或重要的海港城市。早在农业社会时期，大航海时代之前，国际上的商贸中心位于欧亚大陆交通通道的陆路重要节点上，如中国的长安、西亚的伊斯坦布尔、欧洲的罗马等。大航海时代之后，随着支持世界贸易主要交通运输方式的变化，海上运输的重要节点港口城市成为国际贸易的核心环节。在交通运输因素与其他各种国家环境、产业发展、自然条件等因素共同作用下，世界上主要的贸易中心城市包括，纽约、伦敦、香港、东京、上海等，均是位于沿海地区的港口城市。

第三，全球主要的城市带呈沿海布局。工业和商贸业的沿海布局带来了国土开发中城市带的聚集。美国西南部太平洋东岸城市带，从旧金山、奥克兰、圣何塞，到拉斯维加斯，到洛杉矶、长滩、圣迭戈，构成了美国西部大开发后最辉煌的城市产品系列。欧洲西北部沿海城市带由大巴黎地区城市圈、莱茵－鲁尔城市圈、荷兰－比利时城市圈构成，主要城市有巴黎、阿姆斯特丹、鹿特丹、海牙、安特卫普、布鲁塞尔、科隆等。城市带10万人口以上的城市有40座，总面积14.5万平方公里，总人口4600万，是欧洲最重要的沿海城市带。日本太平洋沿岸城市带，从千叶向西，经过东京、横滨、静冈、名古屋，到京都、大阪、神户的范围，分为东京、大阪、名古屋三个城市圈，面积3.5万平方公里，人口将近7000万，占全国总人口的61%.，是日本经济的核心命脉区域。

（2）以具体产业为例——交通运输与钢铁产业布局变化

工业革命后，世界钢铁产业布局发生了多次结构性的变化，其中均包含了交通运输因素的引导。

工业革命初期，钢铁产业均使用以煤炭为原料的蒸汽机提供动力，效率较低，需要消耗大量的煤炭。为减少煤炭运输量除低成本，钢铁产业大多采用就近生产的模式，靠近煤炭产地布局。随着科学技术的发展，机器的能源效率不断提升，钢铁生产中所需的煤炭总量逐渐减少，铁矿运输所占的成本比重不断加大，成为产业布局成本的主导因素，于是钢铁工业开始向铁矿石产地靠近。上述两种类型均称为"资源型"，其本质就是临近资源产地，降低生产中的运输成本，典型的布局案例包括：英国的伯明翰、德国的鲁尔区，法国的洛林地区，美国的五大湖工业区，中国的鞍山、本溪钢铁工业等。

20世纪50年代以后，随着远洋航运技术的发展，尤其是其中最具代表性的远洋船舶大型化，导致远洋运输单位成本大幅下降。同时，钢铁工业生产的集中化程度也不断提高，出现了全球性的企业（需要全球范围大量的资源和原材料供应，同时产品销售也覆盖全球）。这种对交通运输的需求特点，和交通运输供给能力的变化，使全球的钢铁工业开始布局在海港周边。典型的布局地区包括日本的太平洋沿岸，意大利的塔兰托，法国的敦刻尔克，中国的上海等。当然这种布局的形成不仅仅是因为交通运输因素的影响，还有众多其他因素，如技术、人才、历史延续、社会效率等，但不可否认的是，交通运输是其中的重要引导因素。

（3）以具体交通运输发展为例——孟菲斯等航空城的开发

航空运输基本不受地理条件的限制，在任何地区进行布局带来运输差异性很小。在20世纪中期航空运输快速发展之后，其灵活布局、快速、长距离的运输特征在特定的生产力布局中发挥了独特的作用。

孟菲斯的发展。孟菲斯位于美国的东南中部地区，属于内陆城市，早期生产力主要以重化工业为主，与沿海地区以及资源丰富地区相比不具有竞争力，工业发展缓慢。随着第三次工业革命的兴起，高新技术产业在生产力中逐渐占据了重要地位，同时，现代物流中的快递服务业成为经济发展中的重要环节。依托航空运输，孟菲斯的航空快递运输迅速崛起，高新技术产业不断发展。目前，孟菲斯机场航空货运量居全球首位，远超过第二位的香港，信息及通信科技、生物医药科技及相关的科研教育产业集中布局。

成都相关产业的布局。成都位于我国西南中部地区，是典型的内陆城市。近年来，在我国高新技术产业以及快递业、网购商贸的快速发展的大背景下，成都市以双流机场为依托，同步引入富士康平板电脑生产线等高新技术产业，网购商贸企业以及快递服务商，打造西部航都，取得了明显的成效。目前双流机场的货邮吞吐量已经超过深圳宝安机场和上海虹桥机场，成为我国第四大航空城市。在IT生产上，全球2/3的iPad生产能力在成都布局。同样，临近的重庆市也经历着类似的发展轨迹，依托机场条件，全球约1/3的笔记本电脑生产力在重庆布局。

第四节 交通运输在区域一体化发展中的作用

（一）区域一体化的内涵和交通运输促进区域一体化的原理

1. 区域一体化的出现

区域一体化最初是指一些地缘临近的国家或地区，在平等互利的基础上，为了谋求地区的共同利益联合起来，使部分或全部生产要素在成员国之间自由流动，使资源在成员国内得以优化配置，实现产业互补和共同经济繁荣的过程。国际上比较典型且较为成功的区域一体化案例是欧盟一体化，其他的包括东盟、非盟等，以及多个区域自由贸易区。这些都是区域一体化的推进形态，只不过受制于区域内发展水平和政治、文化的差异，一体化的推进程度不同而已。

2. 区域一体化内涵的拓展

在一国之内，由于不同行政区划之间也存在需要整合的各种要素，区域一体化中的区域内涵也可包括非国家间的特定区域。如我国有长三角区域一体化，珠三角区域一体化，甚至一些更小的区域，如长株潭区域一体化等。此外，还有一些其他的概念，如城市群发展概念，也是区域一体化的特定表现形式。事实上，区域一体化的范围发展是由小及大逐步拓展的。从一定意义上，区域一体化是由一国范围内的区域一体化，向一定区域内多国之间的一体化，甚至向全球化发展的历程，其本质是相同的，仅范围不同而已。

3. 区域一体化的本质

区域一体化发展的表现形式包括区域经济的融合、互补，区域文化的密切交流、交织、融通，区域内人员的顺畅交流等各个方面。概括而言，它包括经济、文化、政治等各个领域，且各方面不是割裂的关系，而是密切联系、相辅相成的关系。其中，区域经济一体化既是区域一体化的出发点，也是区域一体化的核心内容，其本质在于生产要素在区域内的自由流动。

4. 交通运输促进区域一体化的原理

区域一体化的核心在于经济一体化，经济一体化的本质在于经济要素跨越空间的障碍实现便捷的自由流动。经济要素跨越空间流动的代价是，运输费用的增加和运输时间延长。因此，要素的空间流动水平与空间距离成反比。交通运输方式的变革及交通网络的拓展与完善，从降低运输费用、缩减运输时间等方面减少了经济要素空间流动的阻力，其实质是在运输经济的概念上缩短了空间距离，从而促进了区域经济要素的流动，强化了区域内的经济联系。在特定的环境下，这种联系的加强由量变到质变，由经济延伸至文化、管理、政治，最终促进区域的一体化发展。

（二）交通运输在区域一体化中的具体作用

交通运输在区域一体化中的具体作用体现在以下以几个方面：在经济领域，交通运输的发展有效地促进统一市场的形成，并推动区域经济的合理分工和协作；在文化领域，交通运输的发展促进了文化交流载体的流动；在管理和政治领域，交通运输的发展促进了管理的协同。

1. 交通运输发展，支撑和促进统一市场的形成

区域统一市场既包括一般商品市场，也包括区域内的人才等经济要素市场。交通运输的发展从速度、运输能力、运输成本、运输稳定性等方面缩短了区域的时空距离，使区域内各种资源流动过程中成本和时间均大为缩减，不考虑国家间的关税等因素，相关经济要素在一定区域内的供给能力、价格等差异日益缩小，形成统一的市场，推动区域经济一体化的发展。

如欧盟国家间由于没有关税，交通运输的发展使经济要素在各国之间的差异很小，最为明显的通过同一网站进行购物，最终到达德国、意大利、英国等不同国家的消费者手中的商品仅有很小的运输价格差异。与此同时，随着欧洲高速铁路网的覆盖面日益广泛，人员的流动在时间和成本上也逐渐可忽略不计。在我国的长三角、珠三角、京津冀等地区，这种情况也很明显。如京津地区随着高速铁路的开通，京津之间的人员流动所需时间由原先的1～2小时缩短为20余分钟，运输组织的完善也使乘客到站等待时间很短即可上车，极大地消除了人口流动的阻力，逐步形成统一的经济要素市场。

2. 交通运输发展，支撑和促进区域经济合理分工和紧密协作

区域分工是产业链延伸发展的产物，也是经济发展梯度转移的体现。区域经济的发展按照产业发展水平由高向低发展，产业结构的布局也会呈现出按照产业发展水平变化的趋势。经济发展水平较高地区将低技术含量、低附加值的产业向经济水平较低地区转移，这样逐级的向下转移，形成区域内产业按照产业链形态的合理搭配和紧密协作。其中，交通运输的发展通过成本和时间效率等因素，促进要素的流动，对产业转移起到加速作用。

以长三角产业转移为例，上海作为区域内的核心城市，在经济发展中产业水平最高。在发展过程中，浙江北部、江苏南部最早提出了对接上海的经济发展思路，而思路的首要手段就是从交通领域顺畅的与上海接轨，通过多条高速公路的发展，苏南和浙北地区以自身劳动力相对低廉、土地供给充足等优势，利用交通带来的地区空间成本、时间差异降低，顺利的从上海承接了大量的产业，成为两省相对发展较快的地区，与上海形成产业发展的互动的区域一体化发展格局。

经过多年发展之后，苏南、苏北经济形成较大的发展差距，根本原因就在于长江作为南北的分割，阻碍了苏北地区与相对发展水平较高的苏南及上海的经济要素流动。采用同样的思路，苏北地区各级政府通过加强跨江交通基础设施的建设，包括建设润扬、苏通、崇启等多座长江大桥，极大地加强了苏北地区与产业发展水平较高的上海、苏南地区的联系，促进了经济要素的流动。近年来江苏北部地区也获得了快速的发展，成为长三角一体化发展的重要组成部分。

3. 交通运输发展，支撑和促进区域内文化交流

地区间文化交流的载体是人以及物品的流动、沟通。在现代的电话、网络等交流方式没有出现之前，交通运输是区域间文化交流的唯一渠道，即使在网络等现代手段出现之后，人、物的实体流动仍是文化交流的核心载体。

历史发展证明了交通运输发展有效带动区域文化深入交流，促进区域一体化发展。汉朝时期，丝绸之路的开辟启动了中西方文化交流的序幕，通过

商路上商贸活动的繁荣发展,我国的丝织品及部分工艺流入中亚、西亚、欧洲等地,而西方的宗教、音乐、绘画等文化因素也流入中国。唐代,依托丝绸之路的拓展,双方(包括我国的瓷器、丝绢、造纸术、西方的佛教、回教等各种文化因素)交流进一步深入。此后历代王朝虽实施禁海等不利于交通往来的措施,但陆上通道依然存在,海上通道仍有广州口岸等交流的节点,中西方文化交流仍在不断发展。基于交通通道带来的文化交流,使我国西部部分地区与中亚、西亚等地在文化上具有共通之处。如伊斯兰教、回教在区域内的广泛传播,使东南亚多国与我国也存在各种文化上的融合,这些文化的融通有效地促进了区域一体化各个方面的推进。

4. 交通运输发展,促进区域管理的协同和接轨

区域一体化过程中,交通运输作为区域联系的核心载体和手段,直接担负人和实物的跨境过程,也直接面对不同地区和国家的各项法律、法规和管理。为使运输效率达到更优,往往区域内的国家间首先对跨境运输的管理问题进行协调,促使区域内使用标准化的运输装备和技术,加强对运输管理的对接。这种运输管理上的接轨启动了区域管理的一体化发展,带动了其他管理的一体化发展,如海关、边检等。

这一点上世界海运的发展具有代表性。海运是最广泛沟通区域、世界的交通运输方式,海运业的世界性组织和公约是最为完善的。如1924年8月25日签订的《统一提单的若干法律规则的公约》(即海牙规则),至今已得到50多个国家的承认;1968年2月23日签订《修改统一提单的若干法律规则的国际公约》(即维斯比规则);1978年3月31日通过《1978年联合国海上货物运输公约》(即汉堡规则);2010年签订《全球航运业防污公约》等。这些公约基本内容一致,主要差异体现在船东和货主责任的多少。各国自己的行业规则均与国际公约相接轨,从管理上体现了一体化的内容。

(三)发展交通运输,推动区域一体化的案例

1. 欧盟构建一体化交通,推动区域一体化发展

欧盟是区域一体化发展的典范,其一体化的进程首先是从具体产业的协同发展开始的。1952年,法国、德国、意大利、荷兰、比利时、卢森堡等6国成立欧洲煤钢共同体。其后，欧洲一体化逐步向其他经济领域拓展。1957年6国签署《欧洲经济共同体条约》和《欧洲原子能共同体条约》，1967年成立欧洲共同体，1994年正式易名为欧洲联盟。目前，欧盟有27个成员国，总人口超过4.8亿，国民生产总值超过12万亿欧元。欧盟的一体化推进较为深入，涉及经济、政治、文化等各个方面，有统一的组织机构（包括欧洲理事会、欧盟理事会、欧盟委员会、欧洲议会、欧洲法院、欧洲审计院等），实现了经济与货币的联盟，有共同的外交与安全政策、司法与内务合作。

欧洲一体化的推进是包括经济、文化、地缘政治以及历史等多种因素作用的结果。交通运输作为支持和促进地区内各国交流的重要载体，在欧盟一体化的进程中起到了重要的作用。

时至今日，欧盟已经形成了较为完善的交通网络，较好的连接欧盟各国。但作为一体化的重要支撑，欧盟仍在致力于区域内一体化的交通运输发展。2012年3月，欧盟交通运输理事会通过了旨在推进欧洲核心交通运输网建设的跨欧洲交通运输网指导规则，其目的是努力取消制约跨境运输的瓶颈，提升基础设施，优化跨境人员与物资运输的流程等，从而将欧洲现有的公路、铁路、机场和运河等零散的交通手段整合成统一的交通运输网。按照这一规则，欧盟将在2030年前完成欧洲核心交通运输网，包括86个主要港口、37个机场、1.5万公里高速铁路（主要是对现有铁路升级改造）、35个制约运输瓶颈的跨境项目等。

2. 中国、东盟加强跨境交通发展，推动自由贸易区发展

中国－东盟自由贸易区是世界上人口最多的自由贸易区，也是发展中国家间最大的自由贸易区，涵盖11个国家、19亿人口，GDP总额达6万多亿美元。中国－东盟自由贸易区的构想由朱镕基总理于2000年首先提出。2002年我国与东盟10国签署《中国与东盟全面经济合作框架协议》，提出到2010年建成中国－东盟自由贸易区的目标，正式启动了建设自由贸易区的进程。2010年1月1日，中国与东盟自由贸易区正式成立。

交通作为贸易的载体，是自由贸易区建立的基础性内容，得到区域内各国的极大重视。在筹备建立自由贸易区的10年内，各国签署了大量的交通运输双边和多边的协议，为自由贸易区建立奠定了基础。这些协议包括2000年《澜沧江—湄公河商船通航协定》，2003年《大湄公河次区域六国便利运输协定》，2004年《亚洲公路网政府间协定》、《中国－东盟交通合作谅解备忘录》，2007《中华人民共和国政府与东南亚国家联盟政府海上运输协定》、《中国与东盟航空合作框架》等。

按照相关协议，中国与东盟各国加强了交通基础设施的建设，初步构建了连通多国的路网框架。目前正在既有通道的基础上，不断提升等级，改善交通条件。几条主要的通道分别是：由云南瑞丽口岸往曼德勒、皎漂港方向，和由瑞丽口岸往曼德勒、仰光方向的中缅通道；由云南磨憨口岸往万象、曼谷方向的中、老、泰通道；由云南河口口岸往河内、海防方向，和由广西凉山口岸往河内方向的中越通道。此外，澜沧江—湄公河国际航道流经缅、老、泰、柬、越5个国家，也是区域内重要的大通道。

我国与东盟部分国家陆上主要通道见图3-4-1。

图 3-4-1 我国与东盟部分国家陆上主要通道

第五节　交通运输在提升国家竞争力方面的作用

现代国家竞争力是以经济竞争力为核心的涵盖经济、政治、文化、军事等领域的综合竞争力。竞争力是一个相对概念，是指本国相对于其他国家的比较优势或劣势。良好的交通运输对于改善一国经济发展质量，提升政治文化影响力等软实力，提高军事战备水平，均具有积极的作用。总的来看，发达国家无一不具有良好的交通运输发展水平。

（一）有利于提升国家经济运行质量

工业革命后，交通运输成为现代经济模式下，产业组织的必须环节。运输费用是产业发展成本的一个构成方面，运输服务水平的提升体现在运输能力的提升、运输可达范围的扩展、运输成本的下降、运输速度的提高、运输可靠性的加强等方面，均对经济发展的质量起到重要作用。

1. 运输能力的提高，有效支撑国家经济体量的增长

经济的增长总是伴随着运输量的增长，我国的经济总量由1990年的18598亿元，增长至2000年的88190亿元，按可比价格增长257%，其间全社会货物周转量也由26207亿吨公里，增长至44452亿吨公里，增长170%。在重化工业化发展条件下，运输对经济体量增长的支持尤为重要。由于交通基础设施、运输装备发展相对滞后，我国在2000—2008年经济快速增长的情况下，出现了大量的煤电油运的紧张，对经济增长产生了一定的消极影响。

2. 运输成本的下降，有利于降低产业链成本，提高产业竞争力

现代工业企业的竞争力很重要的一个方面体现在企业组织生产的成本上。而交通运输是企业成本中的重要部分，运输成本的高低直接影响到企业的竞争能力。交通运输的服务水平，直接关系到运输的价格。通过运输技术的革新，运输网络的优化，运输组织水平的提高，运输服务的单位成本不断下降，对于产业竞争力提升提供了有力的支撑。以煤炭、铁矿石等大宗货物运输为例，公路煤炭运输每吨公里成本在0.3~0.4元间，而铁路运输的成本只有

0.1元多，并且随着汽油价格的上涨，铁路和公路运输的成本差距将进一步拉大。随着我国铁路网络布局完善，对煤炭需求较大的企业运输成本将不断降低。同样，在远洋运输中，船舶大型化的发展，使单位运输服务的价格持续下降，如1吨铁矿石，由澳大利亚运输至上海，采用5万吨的船舶和20万吨船舶的运输成本相差约1/4（从技术角度比较的价格）。这种运输成本的下降直接扩大了企业的盈利空间，有力支撑企业竞争力的提升。

3. 运输速度的提高、运输可靠性的加强，有利于提升产业组织效率

运输速度的提高，直接降低企业生产组织中的资金压力，从而加快资金周转效率；同时，运输可靠性的加强，也使企业可以降低安全库存，减少资金积压，降低物流总费用。如对江西的煤炭需求企业而言，正在修建的蒙西至华中地区煤炭运输铁路一旦投入使用，企业的在途货煤炭时间可以缩短5~10天，资金压力明显降低。同时，与海运相比，铁路不受天气等因素的制约，具有更高的可靠性，企业的安全库存可以减少一半以上。这些都成为提高企业竞争力的重要方面。

4. 运输可达范围的扩展和运输网络的合理布局，有利于引导区域内产业的合理布局和区域经济的协同发展，促进国土的全面、合理开发

我国长三角、珠三角、京津冀等区域经济整体发展水平较高的地区，其发展是经历以个别城市为主带动发展的过程，交通运输在区域整体发展中起到了关键的作用。如长三角地区，在上海作为核心城市依托良好的港口条件丰富的人力资源发展起来之后，借助发达的交通网络，使上海各类产业链逐步向周边延伸。同时，随着上海市产业不断升级，部分产业也向周边转移，最终形成区域经济整体发展、产业链整体竞争力提高的格局。再比如我国的西部大开发，也是以交通等基础设施建设为先行手段，以交通可达范围不断扩展，交通成本逐步降低，承接产业的能力不断提升，引导产业梯次发展，最终达到地区的开发和国家的均衡发展。

5. 交通运输提升国家经济运行质量的案例

历史上不乏交通运输发展提升国家经济运行质量的案例，其中最为典型的是英国铁路的发展，有效支持工业化发展的案例。在工业化进程中，第一次工业革命后，铁路首先在英国得到了发展。较低的运输成本，支持了大工业生产对资源的大量聚集要求，使英国工业生产的竞争力领先于世界，成为全球最具竞争力的国家。当然，英国的成功不能仅归结于铁路的应用，但铁路发展对英国竞争力的加强具有重要的意义。

（二）有利于提升国家参与区域合作的水平

1. 良好的对外交通运输，有利于利用区域、全球资源和市场

历史上，通过良好的对外交通开展促进经济发展的案例众多，其中最为明显的是大航海时期的国际海路通道发现为欧洲国家带来了经济发展。葡萄牙人达·伽马开辟了从非洲好望角前往印度、中国的国际海运航路，从而在印度获取了大量的利益，促进了本国经济的发展；西班牙人哥伦布发现了大西洋往西到达美洲的国际海运航路，为西班牙的海外掠夺和殖民统治奠定了基础。当时西班牙几乎独占整个美洲，葡萄牙的势力范围在亚洲和非洲广大地区，这就是世界上第一次瓜分殖民地。其后，英、法、荷、西、葡等国均着力发展海上军事、运输能力，并不断发生海上战争，目的之一就是争夺海上交通的控制权，使本国具有远距离、大运量的经济、军事投送能力，结果英国成为海上的霸主，建立日不落帝国，在全球获取了最大的利益。

工业革命后，在商品经济条件下，一国的经济发展更离不开全球的资源和全球的市场，交通运输则是经济发展中利用全球资源和市场的基础。以当前世界总量排名第三的日本经济发展模式为例，由于缺乏资源，其工业生产的原料均从全球采购，产品销往全世界，而正是海运交通技术发展带来的大运量、低成本等保证这一切顺利运行。

2. 良好的对外交通运输，有利于提升国家软实力

国家软实力是一国综合国力的重要体现，实际上就是指文化实力，涉及到文化、教育、法律环境、制度建设、执政能力、管理能力、国民心态、国民形象等方面。它又分为内部软实力和外部软实力，其中外部软实力包括国家的创造力、思想影响力、观念文化的亲和力及文化传播和辐射能力。软实力的基础是自身具有真实的领先性实力。要更好发挥软实力，需要推动文化的走出去，实现并扩大影响力。交通运输作为加强国家对外人员往来、经济合作的重要基础，对于促进国家外部软实力具有重要的作用。

历史上，中国在经济繁荣、国家稳定的阶段，推行积极的对外交流政策，扩展对外交流渠道，国家的影响力相对较大。以汉唐时期为例，国家积极拓展对外交流的交通渠道，丝绸之路的发展迅速，一方面推动了广泛的文化交流，使中国吸收世界各地的精华，经济、文化繁荣发展；另一方面，中华文化也传播到周边国家包括中亚、西亚、东亚甚至欧洲，形成极强的软实力。尤其在汉朝，这种软实力甚至体现为边疆的管理官员，可以不经国家发动，直接号召周边国家机器对敌对势力进行打击。同样是经济繁荣的时期，历史上的元、明、清等朝代，实施禁海政策，阻碍了对外交通的发展，国家对外的文化交流削弱，不能充分接受世界其他先进文化的影响，导致国家整体竞争力迅速下降，国家的对外影响力也不断被削弱，国家软实力衰落。

历史上的欧洲，通过大航海时期远洋航运的发展和基于远洋运输的各项经济控制手段，同样大大提升了国家软实力。英国、法国等第一次工业革命的先行国家，经济实力增强的同时，通过强大的海上投送力量，在世界各地建立殖民地，其政治、文化影响力一直延续到现在。如世界上英语成为通用语言，并成为很多国家的官方语言，还有很多国家采用法语、葡萄牙语、西班牙语作为本国的通用语言；再如西欧的政治体制、价值观也被世界上很多国家接受和采用等。这种影响力也是国家竞争力的重要体现。

（三）有利于提高国防建设保障水平

交通设施具有经济和国防的双重意义，既是国民经济的基础产业，也是保障军事作战的生命线。良好的交通运输水平，有利于在突发事件中大量、快速、及时投送军事力量，从而保障军事行动的有效。

交通网络的覆盖范围、等级，对于保障军事力量的投送、军事后勤的补给等国防建设要求具有重要的意义。如20世纪60年代中印边境战争，由于西藏高海拔地区交通条件落后，我军的后勤补给存在很大问题，战争虽然取胜，但后勤的困难对战争的持续性支持不够。假设战争时期，青藏铁路已经修建，依靠铁路的大能力、快速、稳定运输，我国的后勤能力将发生根本变化，战略态势也将会大大不同。

交通工具的保有水平，是潜在军事实力的重要方面。战争时期，交通运输工具通常都有战略用途。如各国都将远洋运输船队视为战时的重要后备力量，即使在市场化广泛推进的现代，大国一般都不轻易放弃本国的远洋船队建设。二战时期的敦刻尔克撤退，英法动员大量的海上商船，成功转移大量士兵，保存了战争实力，就是交通运输对国防建设的重要支撑案例。

对外交通的发展，是保障国家海外利益的重要支持。全球化的发展使一国的经济利益通常不局限在本国范围之内，当海外的国家利益受到不正当威胁的时候，军事力量也是保障海外利益的手段之一，发达的对外交通网络及运输水平，是保障军事力量发挥保障功能的基础。如当前我国面临的钓鱼岛、南海岛屿领土争端之所以重要，其实质在于以下两个方面：一方面是主权以及岛屿主权划分带来的经济利益问题；另一方面，也是岛屿控制权对于我国经济、军事的对外交通控制力问题。其中，加强对南海岛屿的管理和控制，有利于我国提升对相关国际航道，包括马六甲海峡的控制力；加强对钓鱼岛的实际控制，有利于我国各类力量打破美国岛链封锁，前出太平洋，从而保障经济发展所需要的航路安全。

（执笔人：陆成云）

第四章

"十二五"末的交通基础设施发展水平

内容提要：改革开放以来，我国交通运输事业快步发展，交通基础设施整体面貌发生了巨大改变。2011年7月，国务院颁布了《"十二五"综合交通运输体系规划》，描绘出一幅更为宏伟的交通网络蓝图。准确把握和预判"十二五"末期我国交通基础设施总体水平，对于科学谋划未来更长远时期我国交通基础设施建设与发展，实施适宜的投融资政策，具有重要意义。

第一节 交通基础设施现状水平

改革开放以来，特别是近年来我国交通基础设施建设步伐明显加快，交通运输基础设施整体面貌发生巨大改变，"瓶颈"制约问题基本消除，部分领域实现了跨越式发展。截至2011年年底，我国交通基础设施线路网络总里程达到440.7万公里（不含民航航线、海运航线里程），交通基础设施线路网络密度达到每百平方公里45.9公里，分别是1978年的4.1倍和2000年的2.3倍。其中，东部地区路网密度超过每百平方公里91公里，中部地区路网密度超过每百平方公里49公里，西部地区路网密度超过每百平方公里28公里，分别比2005年增长50%、30%和130%以上。以"五纵五横"综合运输大通道为主骨架，由铁路、公路、水路、民航和管道共同组成的综合交通基础设施网络框架初步形成。建国以来我国主要交通线路基础设施发展情况如表4-1-1所示。

新中国建立以来我国主要交通线路基础设施发展情况 （单位：万公里） 表4-1-1

年份	铁路	公　路		内河航道	管道
		合计	高速公路		
1949	2.2	8.1	—	7.4	—
1978	5.2	89.0	—	13.6	0.8
1992	5.8	105.7	0.1	11.0	1.6
1998	6.6	127.9	0.9	11.0	2.3
2001	7.0	169.8	1.9	12.2	2.8
2002	7.2	176.5	2.5	12.3	3.0
2003	7.3	181.0	3.0	12.4	3.3
2004	7.4	187.1	3.4	12.3	3.8
2005	7.5	334.5	4.1	12.3	4.4
2006	7.7	345.7	4.5	12.3	4.8
2007	7.8	358.4	5.4	12.4	5.4
2008	8.0	373.0	6.0	12.3	5.9
2009	8.6	386.1	6.5	12.4	6.9
2010	9.1	400.8	7.4	12.4	7.9
2011	9.3	410.6	8.5	12.5	8.3

资料来源：2012中国统计年鉴摘要。
注：2005年开始公路总里程数据统计包含农村公路。

（一）铁路

随着铁路建设进程的加快、路网的完善以及等级的提高，铁路在综合交通网络中的骨干地位日益突出。"十一五"以来，我国铁路客运专线、区际干线及西部铁路大规模开工建设。

截至2011年年底，我国铁路线路网络总里程9.3万公里，位居世界第二位，铁路网络密度达到97.1公里/万平方公里。铁路线路网络总里程分别是1978年的1.78倍和2000年的1.35倍。西部地区铁路营业里程达到3.6万公里，占铁路线路总里程的38.71%。铁路复线里程3.9万公里，复线率达到42.4%；电气化里程4.6万公里，电气化率达到49.2%，铁路复线率和电气化率如图4-1-1所示。

铁路线路网络中，快速铁路运营里程已超过2万公里(含既有线路改造里程），超过铁路线路总里程的 22%。按照国家中长期铁路网规划，"四纵四横"快速客运网络正在加速构建，北京—天津、武汉—广州、郑州—西安、上海—南京、上海—杭州、北京—上海等一批时速 300 公里左右的线路投入运营，其中，全长 1318 公里的京沪客运专线是世界上一次建成、线路最长、标准最高的高速铁路线，对我国铁路建设具有"里程碑"式的重要意义。

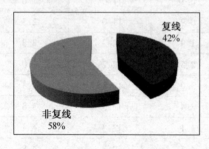 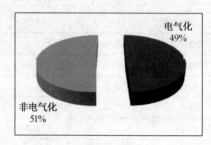

图 4-1-1　2011 年我国铁路复线率、电气化率情况

此外，铁路运输站场发展也取得了重大进展。截至 2011 年年底，我国铁路客运站约 2000 个，铁路货运站约 3400 个。目前，多种运输方式有效衔接的 6 大铁路枢纽客运中心、10 大区域性客运中心和 18 个集装箱中心站建设正在快步推进，北京南站、上海南站、广州南站、深圳北站、南京南站等一大批现代化、高标准、一体化的铁路客运枢纽以及上海、重庆等多个铁路集装箱中心站投入运营。

（二）公路

交通基础设施网络框架中，公路网络规模最大、覆盖范围最广、通达程度最高。进入 21 世纪之后，我国加快构建以国家高速公路为骨干，以普通公路为基础的覆盖全国的公路网络。目前，我国国家高速公路网主骨架已初具形态，国省干线与农村公路构成的基础网络也正在形成之中，"五纵七横"国道主干线、西部开发八条公路干线建成通车，农村公路通达和通畅水平显著提升。

截至 2011 年年底，我国公路网络总里程达到 410.64 万公里，分别是 1978 年的 4.61 倍和 2000 年 2.44 倍。其中，高速公路总里程达到 8.49 万公里，位居世界第二位。高速公路中国家高速公路 6.36 万公里，高速公路里程超过 3000 公里的省份达到 14 个（如表 4-1-2 所示）。公路网密度 42.77 公里/百平方公里，高速公路网密度 88.44 公里/万平方公里，部分省份公路网密度和高速公路网密度已达到或超过发达国家水平（见表 4-1-3 和表 4-1-4）。

公路网络中，二级及以上公路里程 47.36 万公里，占公路总里程的 11.5%。农村公路里程 356.40 公里，占公路总里程的 87.5%。乡镇和建制村的通公路率分别达到 99.97% 和 99.38%，乡镇和建制村通沥青（水泥）路比例分别达到 97.18% 和 84.04%。公路网等级结构情况如图 4-1-2 所示。

2011 年我国高速公路超过 3000 公里的省份　　　　　表 4-1-2

排名	省份	里程（公里）	排名	省份	里程（公里）
1	河南	5196	8	陕西	3803
2	广东	5049	9	黑龙江	3708
3	河北	4756	10	江西	3603
4	山东	4350	11	浙江	3500
5	江苏	4122	12	辽宁	3500
6	湖北	4006	13	安徽	3009
7	山西	4005	14	四川	3009

资料来源：2011 年公路水路交通运输行业发展统计公报。

我国部分地区公路网密度与其他国家对比情况　　　　　表 4-1-3

地区	密度值（公里/百平方公里）	地区	密度值（公里/百平方公里）
全国平均	42.77（2011 年）	日本	316.8（2006 年）
上海	190.5（2010 年）	德国	180.6（2006 年）
山东	149.5（2010 年）	法国	172.5（2006 年）
河南	146.8（2010 年）	英国	163.2（2006 年）
江苏	146.5（2010 年）	意大利	161.1（2006 年）
重庆	139.6（2010 年）	西班牙	134.7（2006 年）
天津	134.5（2010 年）	印度	101.4（2006 年）
北京	125.6（2010 年）	美国	69.0（2007 年）
湖北	110.9（2010 年）	巴西	20.5（2004 年）
浙江	108.0（2010 年）	澳大利亚	10.6（2004 年）
安徽	106.9（2010 年）	加拿大	10.5（2006 年）
广东	105.6（2010 年）	俄罗斯	5.5（2006 年）

资料来源：根据中国统计年鉴 2011、2008 中国道路运输发展报告、《综合运输》2009.3 交通运输部李盛霖部长 2011 年全国交通运输工作会议讲话等中的数据计算而得。

我国部分地区高速公路网密度与其他国家对比情况　　表4-1-4

地区	密度值（公里/万平方公里）	地区	密度值（公里/万平方公里）
全国平均	88.44（2011年）	德国	322.7（2007年）
江苏	395.6（2010年）	意大利	229.8（2007年）
浙江	331.7（2010年）	法国	186.7（2007年）
河南	300.4（2010年）	西班牙	179.2（2007年）
山东	278.6（2010年）	日本	170.9（2007年）
广东	268.8（2010年）	英国	135.3（2007年）
河北	229.5（2010年）	美国	94.7（2007年）

资料来源：根据中国统计年鉴2011、2010年公路水路行业发展统计公报、世界主要国家交通统计资料等数据计算。

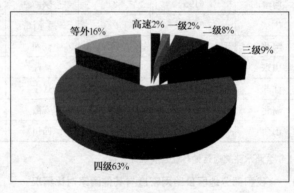

图4-1-2　2011年我国公路网络等级结构情况

与此同时，依据《国家公路运输枢纽布局规划》确定的179个公路主枢纽，我国公路运输枢纽的建设步伐不断加快，进入新一轮建设完善期。截至2011年年底，我国共拥有各类公路客运站20万个左右，其中四级以上客运站超过9000个，所占比重约为5%；公路货运站（场）超过3000个，其中二级以上货运站超过500个，所占比重约为17%。

（三）水运

1. 港口

"十一五"以来，我国港口建设速度进一步加快，一批煤炭、原油、铁矿石、集装箱等专业化码头相继投入运营。截至2011年，我国港口（或港区）数量已超过400个，其中规模以上港口数量超过96个。

截至2011年年底，全国港口共拥有生产用码头泊位31968个，分别是1978年和43.49倍和2000年的3倍左右。其中，沿海港口生产用码头泊位5532个，内河港口生产用码头泊位26436个。按照能力划分，全国生产用泊位中万吨级及以上泊位1762个，其中，沿海港口万吨级及以上泊位1422个，内河港口万吨级及以上泊位340个。全国万吨级及以上泊位中，专业化泊位942个，通用散货泊位338个，通用件杂货泊位322个。

2011年，我国货物吞吐量超过亿吨的港口由2010年的22个增加到26个。其中，沿海亿吨港口17个，内河亿吨港口9个。集装箱吞吐量超过100万TEU的港口由2010年的18个增加到19个。其中，沿海港口15个，内河港口4个。2011年我国货物吞吐量超过亿吨和集装箱吞吐量超过100TEU的港口分别见表4-1-5和表4-1-6。

2011年我国货物吞吐量超过亿吨的港口 （单位：亿吨） 表4-1-5

排名	港口	吞吐量	排名	港口	吞吐量
沿海港口					
1	宁波－舟山港	6.94	10	日照港	2.53
2	上海港	6.24	11	深圳港	2.23
3	天津港	4.53	12	烟台港	1.80
4	广州港	4.31	13	厦门港	1.57
5	青岛港	3.72	14	连云港港	1.56
6	大连港	3.37	15	湛江港	1.55
7	唐山港	3.13	16	北部湾港	1.53
8	秦皇岛港	2.88	17	黄骅港	1.13
9	营口港	2.61			
内河港口					
1	苏州港	3.80	6	泰州港	1.20
2	南京港	1.73	7	镇江港	1.18
3	南通港	1.73	8	重庆港	1.16
4	湖州港	1.47	9	嘉兴内河港	1.07
5	江阴港	1.29			

资料来源：2011年公路水路行业发展统计公报。

2011 年我国集装箱吞吐量超过 100 万 TEU 的港口　（单位：万 TEU）　表 4-1-6

排名	港口	吞吐量	排名	港口	吞吐量
沿海港口					
1	上海港	3174	9	连云港港	485
2	深圳港	2257	10	营口港	403
3	宁波－舟山港	1472	11	烟台港	171
4	广州港	1425	12	福州港	166
5	青岛港	1302	13	泉州港	157
6	天津港	1159	14	日照港	140
7	厦门港	647	15	汕头港	110
8	大连港	640			
内河港口					
1	苏州港	469	3	南京港	184
2	佛山港	292	4	江阴港	112

资料来源：2011 年公路水路行业发展统计公报。

2. 内河航道

目前，我国以长江、珠江等水系和京杭运河为主体的内河水运格局基本形成，"两横一纵两网十八线"的高等级航道网络框架建设快步推进，对沿江产业布局与发展发挥了重要的引导、支撑作用。

截至 2011 年年底，内河航道通航总里程达到 12.46 万公里，通航里程位居世界第一位。等级航道 6.26 万公里，占总里程的 50.3%，三级及以上航道 9460 万公里，占航道总里程的 7.6%。具体而言：一级航道 1392 公里，二级航道 3021 公里，三级航道 5047 公里，四级航道 8291 公里，五级航道 8201 公里，六级航道 18506 公里，七级航道 18190 公里（所占比例见表 4-1-3）。各水系内河航道通航里程分别为：长江水系 64052 公里，珠江水系 15995 公里，黄河水系 3488 公里，黑龙江水系 8211 公里，京杭运河 1439 公里，闽江水系 1973 公里，淮河水系 17264 公里。

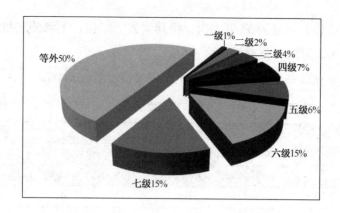

图 4-1-3 2011 年我国内河航道等级结构情况

（四）民航

"十一五"以来，我国枢纽和干、支线机场建设有序推进。截至 2011 年年底，民用航空机场达到 180 个（不含香港和澳门，下同），是 1978 年的 2.3 倍。其中，定期航班通航机场 178 个，定期航班通航城市 175 个。这些机场覆盖了全国超过 91% 的经济总量、76% 的人口和 70% 的县级行政单元。按区域划分，西部地区拥有机场 90 个，东部地区拥有机场 46 个，中部地区拥有机场 25 个，东北地区拥有 19 个（所占比例见表 4-1-4）。

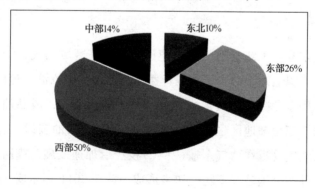

图 4-1-4 2011 年我国各区域机场数量结构情况

2011 年，我国民用航空机场中年旅客吞吐量达到 100 万人次以上的达到 53 个，其中，北京、上海和广州三大城市机场旅客吞吐量占全部机场旅客吞吐量的 31.9%；年货邮量 1 万吨以上的运输机场达到 47 个，其中，北京、上海和广州三大城市机场货邮吞吐量占全部机场货邮吞吐量的 54.9%。北京首都机场完成旅客吞吐量7867万人次,位列世界第二位;上海浦东机场完成货邮吞吐量308.5万吨,位列世界第三位。

新中国建立以来我国主要港口和机场发展情况见表4-1-7。

建国以来我国主要港口和机场发展情况 (单位:个)　　表4-1-7

年份	港口泊位数					民用运输机场数
	共计	沿海港口		内河港口		
		合计	万吨级	合计	万吨级	
1949	161	161	0	—	0	—
1978	735	311	133	424	0	78
1992	4318	1007	342	3311	30	98
1998	9814	1321	468	8493	47	144
2005	35242	4298	847	30944	187	142
2008	31050	5119	1157	25931	259	158
2009	31429	5320	1261	26109	293	166
2010	31634	5453	1774	26181	318	175
2011	31968	5532	1422	26436	340	180

资料来源:《新中国交通五十年统计资料汇编》、《全国交通统计资料汇编》2006—2010《从统计看民航》1983—2010、2011年公路水路行业发展统计公报。

(五)管道

随着西气东输等干线管道的加快建设,我国跨区域油气骨干管网已初具规模,管道在能源运输中的骨干地位日益凸显。目前,原油管道已经在东北、西北、华北、华东和中部地区形成了区域性的输油管网;成品油管道已在西北、西南和珠江三角洲地区建成骨干管网,形成了"西油东运、北油南下"的总体格局;天然气管道在西气东输(一线)投产后加速发展,横跨东西、纵贯南北、连通海外的全国输气管网已初步形成。截至2011年年底,我国管道总里程达到8.33万公里,分别是1978年的10.38倍和2000年的3.36倍。

(六)城市轨道

轨道交通在城市公共交通网络中的作用初步显现,北京、上海、广州等城市轨道交通初步成网,网络效应逐步显现;天津、深圳等城市轨道交通已建成骨干线路。目前,我国大陆地区已有北京、上海、天津、广州、长春、大连、武汉、深圳、重庆、南京等14个城市陆续建成地铁及轻轨线路,并投入运营。此外,上海还建成我国第一条磁悬浮线路。截至2011年年底,我国城市轨道交通运营线路已达56条,运营线路总里程1714公里。全国有4个城市的城市轨道运营里程超过100公里,分别是上海464.9公里、北京372.8公里、广州221.1公里和深圳176.4公里。

2011年我国14个城市的城市轨道交通里程情况 (单位:公里) 表4-1-8

序 号	城 市	里 程
1	北京	372.8
2	上海	464.9(不含世博专线)
3	广州	221.1
4	天津	78.4
5	深圳	176.4
6	南京	84.8
7	重庆	74.8
8	长春	45
9	武汉	28.9
10	大连	63.5
11	沈阳	49.8
12	成都	18.5
13	佛山	14.8
14	西安	20.5
合计		1714.2

资料来源:中国城市轨道交通年度报告2011。

第二节 "十二五"交通基础设施发展规划目标及建设重点

2012年7月,国务院颁布的《"十二五"综合交通运输体系规划》,明确提出到"十二五"期末"初步形成交通网络设施配套衔接、技术装备先进适用、运输服务安全高效的综合交通运输体系,总体适应经济社会发展需要"的总体目标,也进一步明确提出"十二五"时期主要交通基础设施建设的具体目标。与此同时,铁道部、交通运输部等颁布的《铁路"十二五"规划》、《交通运输"十二五"规划》、《中国民用航空发展第十二个五年规划》、《道路运输业"十二五"发展规划纲要》等行业专项规划,进一步细化了"十二五"时期各类交通基础设施的建设目标和重点任务。

(一) 发展目标

1. 总体目标

到 2015 年,基本建成以"五纵五横"为主骨架的综合交通运输网络,总里程达 490 万公里(不含民航航线、国际海运航线里程),基本建成国家快速铁路网和国家高速公路网。

加强各类运输枢纽建设,重点强化综合交通枢纽建设。到 2015 年,基本建成 42 个全国性综合交通枢纽。

2. 具体目标

(1) 铁路

"十二五"时期,铁路网规模进一步扩大,服务能力进一步提升。到 2015 年,铁路营业总里程达到 12 万公里,复线率 50%,电气化率 60%;基本建成国家快速铁路网,快速铁路里程达到 4.5 万公里,运输服务基本覆盖 50 万人口以上城市;区际干线进一步完善,运输服务基本覆盖大宗货物集散地和 20 万人口以上城市;重载货运网进一步强化,煤炭运输能力达到 30 亿吨。

(2) 公路

公路线网。"十二五"时期,公路网规模进一步扩大,技术质量明显提升。到 2015 年,公路通车里程达到 450 万公里;基本建成国家高速公路网,高速公路总里程达到 10.8 万公里(其中,国家高速公路总里程 8.3 万公里),覆盖 90% 以上的 20 万以上城镇人口城市;二级及以上公路里程达到 65 万公里;国省道总体技术状况达到良等水平,国道二级及以上公路里程比重达到 70% 以上;农村公路总里程达到 390 万公里,基本覆盖所有乡镇和建制村,乡镇通沥青(水泥)路率达到 98%,建制村通沥青(水泥)路率达到 90%。

公路客运站场和综合客运枢纽。到 2015 年,国家公路运输枢纽地级市至少拥有2个一级客运站,非国家公路运输枢纽地级市至少拥有1个一级客运站。县及县级市至少拥有1个二级客运站。在全国建成100个左右铁路、公路、城市交通集约布置、立体化布局综合客运枢纽,全面支撑人民群众的便捷出行。

物流园区和公路货运枢纽。"十二五"时期,在全国196个公路运输枢纽城市,建设200个左右的具有综合物流服务功能的物流园区或公路货运枢纽。在21个全国性物流节点城市每个城市至少建成2个,17个区域性物流节点城市每个城市至少建成1个功能较为完善的综合型物流园区。

农村客运站场。"十二五"期,全国共建设15万座农村客运站。85%的乡镇建有等级客运站(每个重点镇建成一个等级客运站),农村等级客运站比例达到20%,90%的行政村建有停靠点或招呼站。

(3)水运

沿海港口。"十二五"时期,进一步完善煤炭、进口油气和铁矿石、集装箱、粮食运输系统,海运服务通达全球。到2015年,形成布局合理、保障有力、服务高效、安全环保、管理先进的现代化沿海港口体系,港口码头结构进一步优化,深水泊位达到2214个,能力适应度(港口通过能力/实际完成吞吐量)达到1.1。

内河航道。"十二五"时期,内河航道通航条件显著改善,内河水运得到较快发展,运输优势进一步发挥。到2015年,"两横一纵两网十八线"1.9万公里高等级航道70%达到规划标准,高等级航道里程达到1.3万公里。

(4)机场

"十二五"时期,进一步扩大和优化民用航空网络,整体提高民用航空保障能力。到2015年,初步建成布局合理、功能完善、层次分明、安全高效的机场体系,运输机场数量达到230个以上,80%以上的人口在直线距离100公里内能够享受到航空服务,大型机场容量饱和问题得到缓解。

(5)管道

"十二五"时期,推进管道网络化发展,形成跨区域、与周边国家和地区紧密相连的原油、成品油和天然气运输网络。到2015年,输油(气)管道里程达到15万公里。

（6）城市轨道

"十二五"时期，加强大城市轨道交通建设，强化城市公共交通网络。到2015年，城市轨道交通线路总里程达到3000公里。

我国"十二五"主要交通基础设施建设目标见表4-2-1。

"十二五"主要交通基础设施建设目标　　　　表4-2-1

名　　称		单　位	2015年目标
综合交通网总里程（不含民航航线、国际海运航线里程）		万公里	490
铁路	营业总里程	万公里	12
	快速铁路里程	万公里	4.5
公路	通车总里程	万公里	450
	二级公路里程	万公里	65
	高速公路里程	万公里	10.8
	农村公路里程	万公里	390
内河航道	高等级航道里程	万公里	1.3
管道	总里程	万公里	15
城市轨道	总里程	公里	3000
全国性综合交通枢纽城市		个	42
沿海港口深水泊位数量		个	2214
机场数量		个	230

资料来源：根据《"十二五"综合交通运输体系规划》、《铁路"十二五"规划》、《交通运输"十二五"规划》、《中国民用航空发展第十二个五年规划》、《道路运输业"十二五"发展规划纲要》等整理而得。

专栏　《"十二五"综合交通运输体系规划》的发展目标

"十二五"时期，综合交通运输体系发展的主要目标是：

——初步形成以"五纵五横"为主骨架的综合交通运输网络，总里程达490万公里。

——基本建成国家快速铁路网，营业里程达4万公里以上，运输服务基本覆盖50万以上人口城市；加强煤运通道建设，强化重载货运网，煤炭年运输能力达到30亿吨；建设以西部地区为重点的开发性铁路；全国铁路运输服务基本覆盖大宗货物集散地和20万以上人口城市。

——基本建成国家高速公路网，通车里程达 8.3 万公里，运输服务基本覆盖 20 万以上人口城市；国道中二级及以上公路里程比重达到 70% 以上；农村公路基本覆盖乡镇和建制村，乡镇通班车率达到 100%、建制村通班车率达到 92%。

——完善煤炭、进口油气和铁矿石、集装箱、粮食运输系统，海运服务通达全球；70% 以上的内河高等级航道达到规划标准，运输效率和服务水平显著提升。

——扩大和优化民用航空网络，80% 以上的人口在直线距离 100 公里内能够享受到航空服务。

——形成跨区域、与周边国家和地区紧密相连的原油、成品油和天然气运输网络。

——强化城市公共交通网络，市区人口 100 万以上的城市实现中心城区 500 米范围内公交站点全覆盖。

——基本建成 42 个全国性综合交通枢纽。

——增强邮政普遍服务能力，发展农村邮政，实现乡乡设所、村村通邮。

资料来源：《"十二五"综合交通运输体系规划》

专栏　　《铁路"十二五"发展规划》的发展目标

"十二五"铁路发展的总体目标是：路网布局更加完善、技术装备先进适用、运输安全持续稳定、创新能力不断增强、信息化水平全面提高，运输能力和服务水平大幅提升、经营效益和职工收入同步增长。到 2015 年，全国铁路营业里程达到 12 万公里左右，其中西部地区铁路 5 万公里，复线率和电气化率分别达到 50% 和 60%。初步形成便捷、安全、经济、高效、绿色的铁路运输网络，基本适应经济社会发展的需要。

——基本建成快速铁路网，营业里程达 4 万公里以上，基本覆盖省会及 50 万人口以上城市，区域间时空距离大幅缩短，旅客出行更加便捷、高效和舒适。

——大能力区际干线和煤运通道进一步优化完善，煤炭运输能力达30亿吨以上，重点物资和跨区域货运服务能力显著增强，大幅提升铁路对经济发展的支撑和保障能力。

——加快构建与其他交通方式紧密衔接的综合交通枢纽及综合物流中心，提高服务效率，促进综合交通运输体系建设。

资料来源：《铁路"十二五"发展规划》

专栏 《交通运输"十二五"发展规划》的发展目标

一、总体目标

到2015年，基础设施网络更趋完善，结构更加合理，交通运输供给能力明显增强，运输装备进一步改善，运输组织不断优化，运输效率和服务水平明显提升，创新能力不断增强，科技进步和信息化水平不断提高，行业监管能力明显加强，以低碳为特征的交通运输体系建设取得成效，资源节约型、环境友好型行业建设取得明显进展，交通安全监管体系逐步完善，应急反应能力进一步加强，安全保障能力明显提高。便捷、安全、经济、高效的综合运输体系初步形成，基本适应国民经济和社会发展的需要。

二、基础设施具体目标

——公路网规模进一步扩大，技术质量明显提升。公路总里程达到450万公里，国家高速公路网基本建成，高速公路总里程达到10.8万公里，覆盖90%以上的20万以上城镇人口城市，二级及以上公路里程达到65万公里，国省道总体技术状况达到良等水平，农村公路总里程达到390万公里。

——沿海港口布局进一步完善，服务功能明显拓展。形成布局合理、保障有力、服务高效、安全环保、管理先进的现代化港口体系，港口码头结构进一步优化，深水泊位达到2214个，能力适应度（港口通过能力/实际完成吞吐量）达到1.1。

——内河航道通航条件显著改善。"两横一纵两网十八线"1.9万公里高等级航道70%达到规划标准,高等级航道里程达到1.3万公里,内河水运得到较快发展,运输优势进一步发挥。

——民用航空保障能力整体提高。初步建成布局合理、功能完善、层次分明、安全高效的机场体系,运输机场数量达到230个以上,大型机场容量饱和问题得到缓解。

——邮政服务范围进一步扩大,能力进一步增强。基本建成覆盖城乡、惠及全民、水平适度、可持续发展的邮政普遍服务体系,邮政普遍服务局所总数达到6.2万个。

——运输枢纽建设取得明显进展。建成100个左右铁路、公路、城市交通有效衔接的综合客运枢纽,建设200个功能完善的综合性物流园区或公路货运枢纽。

资料来源:《交通运输"十二五"发展规划》

专栏 《中国民用航空发展第十二个五年规划》的发展目标

到2015年,航空运输持续安全,基础保障能力全面增强,服务能力基本满足需求,转变发展方式取得成效,竞争能力和国际影响力显著提高,在国家综合交通运输体系中的作用更加突出,对国家经济社会的贡献明显增大。

——安全水平稳步提升。初步建成具有中国特色的行业安全管理体系和运行机制,运输航空每百万小时重大事故率低于0.20。

——保障能力整体提高。运输机场数量达到230个以上,初步建成布局合理、功能完善、层次分明、安全高效的机场体系。空域不足的瓶颈有所缓解,空管保障能力稳步提高,保障起降架次达到1040万架次。

——运输能力显著增强。运输总周转量达990亿吨公里,旅客运输量4.5亿人,货邮运输量900万吨,年均分别增长13%、11%和10%。航班正常率高于80%,公众对民航服务基本满意。

——通用航空规模快速扩大。基础设施大幅增加，作业领域不断扩展，运营环境持续改善，标准体系初步建立，作业量和飞机数量翻番。

——节能减排全面推进。能源节约和污染排放控制取得明显成效，吨公里能耗和二氧化碳排放量五年平均比"十一五"下降3%以上，新建机场垃圾无害化及污水处理率均达到85%。

资料来源：《中国民用航空发展第十二个五年规划》

（二）建设重点

"十二五"时期是我国交通运输基础设施建设与发展的战略关键期，按照《"十二五"综合交通运输体系规划》，我国将围绕区际、城际、城市、农村4个层级重点推进各类交通基础设施的建设与发展。

1. 完善区际交通网络

重点统筹各种运输方式的发展，建设黑河至三亚、北京至上海、满洲里至港澳台、包头至广州、临河至防城港等5条南北向综合运输通道，建设天津至喀什、青岛至拉萨、连云港至阿拉山口、上海至成都、上海至瑞丽等5条东西向综合运输通道，优化结构、提升能力，形成覆盖全国的区际运输网络。

（1）铁路

科学推进铁路建设。加快构建大能力运输通道，形成快速客运网，强化重载货运网，打造覆盖范围广、通道能力强、服务质量高的发达完善铁路网。

发展高速铁路，基本建成国家快速铁路网，建设相关辅助线、延伸线和联络线。新线建设与既有线改造相结合，扩大快速铁路客运服务覆盖范围。加快区际干线、西部干线建设，强化煤炭运输等重载货运通道；建设港口后方铁路集疏运系统，推进集装箱运输通道建设。加强改造既有线，配套建设客货运设施。

（2）公路

有序推进公路建设。贯通国家高速公路网，加强国省干线公路改扩建，发挥高等级公路快速通达的效益。

基本建成国家高速公路网。适度建设地方高速公路。加大国省干线公路改造力度，提升技术等级和通行能力。实施县通二级公路工程，基本实现具备条件的县城通二级及以上标准公路。加强省际通道和连接重要口岸、旅游景区、矿产资源基地等的公路建设。

（3）水运

积极发展水路运输。提升沿海港口群现代化水平，推进航运中心建设，加快实施长江等内河高等级航道工程。

推进环渤海、长江三角洲、东南沿海、珠江三角洲、西南沿海港口群协调发展。加强港口深水航道、防波堤等公共基础设施和集疏运系统建设。加快上海、天津、大连等国际航运中心建设，推进重庆、武汉等长江航运中心建设。加快长江干线航道系统治理，推进西江航运干线扩能和京杭运河航道建设工程，加快建设长江三角洲和珠江三角洲高等级航道网。加快内河主要港口规模化港区建设。

（4）民航

推进民用航空发展。优化空域资源配置，提升空中交通网络运行能力。加强机场建设，形成层次清晰、功能完善、结构合理的机场布局。

加快推进北京、上海、广州机场建设，完善国际枢纽功能。改扩建繁忙干线机场，积极发展支线机场，调整布局、优化结构，支持有条件的中西部干线机场发展成为内陆航空枢纽。加快通勤和其他通用机场布点，积极稳妥建设通勤机场，促进通用航空产业发展。加强边远地区和交通不便地区机场建设。

（5）管道

合理布局管网设施。统筹油气进口运输通道和国内储备体系建设，加快形成跨区域、与周边国家和地区紧密相连的油气运输通道。

加快西北、东北和西南三大陆路进口原油干线管道以及连接沿海炼化基地与原油接卸码头之间的管道建设。完善环渤海、长江三角洲、西南、东南沿海向内陆地区和沿江向腹地辐射的成品油输送管道，加强西北、东北成品油外输管道建设。加快西北、东北和西南三大陆路进口天然气干线管道建设。

2. 建设城际快速网络

以轨道交通和高速公路为骨干，以国省干线公路、内河水运、通勤航空为补充，加快推进城市群（圈、带）多层次城际快速交通网络建设，适应城市群发展需要。

建成京津冀、长江三角洲、珠江三角洲三大城市群以轨道交通为主的城际交通网络。推进重点开发区域城市群的城际干线建设，构建都市交通圈。加快中心城市到区域主要城市的城际快速通道建设，发展较快的城市群区域，以轨道交通和高速公路为主；尚处于形成初期的城市群区域，以高等级公路为主。进一步完善区域中小城市及城镇间公路网络。充分利用区际通道运输能力，服务城际交通。优先考虑利用新建铁路客运专线和既有铁路开行城际列车，提高综合交通运输的效率和效益。准确把握城际轨道交通功能定位和技术标准，线路、车站应尽量覆盖规划人口 10 万以上的城镇，最大程度拓展吸引范围和辐射半径。

3. 强化城市交通系统

实施公共交通优先发展战略，满足市民基本出行和生活需求。逐步建设规模合理、网络完善、结构优化、有效衔接的城市综合交通系统。统筹区域交通、城市对外交通、市区交通以及各种交通方式协调发展，加快智能交通建设，合理引导需求，提升城市综合交通承载力，支撑城市可持续发展。

优先发展公共交通，积极发展多种形式的大容量公共交通，提高线网密度和站点覆盖率。根据不同城市规模和特点，制定差别化的轨道交通发展目标，有序推进轻轨、地铁、有轨电车等城市轨道交通网络建设。统筹规划，优化城市道路网结构，改善城市交通微循环。合理分配城市道路资源，落实地面公共交通路权优先政策，加快公共交通专用道建设，规范出租车健康、有序、合理发展。完善机动车等停车系统及与公共交通设施的接驳系统。有效引导机动车的合理使用，推进自行车、步行等交通系统建设，方便换乘，倡导绿色出行。统筹考虑城市内多种轨道交通方式的衔接协调发展。充分利用既有铁路资源，结合铁路新线建设和枢纽功能优化调整，统一规划和布局，鼓励有条件的大城市发展市郊铁路，解决中心城区与郊区、郊区与郊区、卫星城镇、城市带及城市圈内大运量城市交通需求问题。

4. 改善农村交通设施

统筹城乡交通一体化发展，加快农村交通基础设施建设，提高农村公路的通达深度、覆盖广度和技术标准。

继续实施以通沥青（水泥）路为重点的通达、通畅工程，形成以县城为中心，覆盖乡镇、村的公路网络。实施县乡道改造和连通工程，提高农村公路网络水平。实施农村公路的桥涵建设、危桥改造以及客运场站等公交配套工程，加强农村公路的标识、标线、护栏等安全设施建设，切实落实农村公路的养护和管理。开发利用偏远农村地区水运资源，加快推进重要支流和库区的航运开发，延伸航道通达和覆盖范围，加强乡镇渡船渡口设施的更新改造。

5. 发展综合交通枢纽

按照零距离换乘和无缝化衔接的要求，全面推进综合交通枢纽建设。加强以铁路、公路客运站和机场等为主的综合客运枢纽建设，完善客运枢纽布局和功能。依托客运枢纽，加强干线铁路、城际轨道、干线公路、机场等与城市轨道交通、地面公共交通、私人交通、市郊铁路等的有机衔接，强化枢纽和配套设施建设，提高综合客运枢纽的一体化水平和集散效率。加强以铁路和公路货运场站、主要港口和机场等为主的综合货运枢纽建设，完善货运枢纽布局和功能。依托货运枢纽，加强各种运输方式的有机衔接，建立和完善能力匹配的铁路、公路等集疏运系统和邮政、城市配送系统，实现货物运输的无缝化衔接。加大铁路在港口货物集散中的比重，降低公路集疏运对城市交通的影响。推进集装箱中转站建设。

第三节 "十二五"发展的影响因素及目标的实现程度

（一）"十二五"规划发展的影响因素

交通基础设施的建设是一项工作任务繁重的系统工程，受多重因素的影响。"十二五"时期，影响交通基础设施规划建设节奏、实施进度以及目标完成情况的主要因素，包括经济社会总体形势与发展趋势（如我国经济发展方式的加快转变大形势、受国际经济形势影响而导致的经济下行趋势、区域协调发展趋势、城镇化快步推进趋势等）、建设资金的保障情况（包括既有融资渠道变化情况等）、资源环境约束情况以及其他情况等。

1. 经济社会形势

经济社会发展是交通运输需求产生之本源，是决定交通运输发展的关键性因素。经济社会发展的阶段特点及整体态势，直接影响交通运输基础设施的建设规模、布局结构及其发展节奏。"十二五"时期我国经济发展方式的加快转变以及区域协调发展、城镇化快速发展等，必将对作为基础和纽带的交通运输提出新的发展要求，也对这一时期交通运输基础设施的建设与发展产生重要影响。

（1）转变经济发展方式以及国际经济形势下行调整，使得交通基础设施建设面临较为复杂的经济环境

在加快转变经济发展方式的大背景下，在"后金融危机时代"特别是欧洲主权债务危机的影响下，我国经济结构正在经历着深度调整，整体经济态势较"十一五"时期发生了一定的变化。按照《国民经济和社会发展第十二个五年规划》的目标，"十二五"时期，经济增长速度将有所放缓，国内生产总值年均增长率目标下调至7%；经济结构调整方面要取得重大进展，农业基础进一步巩固，工业结构继续优化，战略性新兴产业发展取得突破，服务业增加值占国内生产总值比重提高4个百分点。

从目前的发展实际来看，受国际经济形势影响以及自身经济发展方式和经济结构调整等影响，我国经济总体呈现出明显的下行态势。2012年1—9月，完成国内生产总值35.4万亿元，按可比价格计算，同比增长7.7%，但增速明显放缓，其中，一季度增长8.1%，二季度增长7.6%，三季度增长7.4%。出口增速大幅回落，2011年全国出口增长20.1%，而2012年1—9月同比增长仅为6.2%，增速比2011年同期回落18.4个百分点。经济增速的放缓，在很大程度上影响运输需求，特别是货物运输需求的增长。以港口货物吞吐量为例，2012年1—9月，规模以上港口完成货物吞吐量72亿吨，同比增长6.3%，增速较2011年同期放慢7.4个百分点，这对交通基础设施的建设会产生一定的负面影响。

然而，从另一个角度，经济增速的放缓也可能对交通基础设施产生"拉动效用"的预期与依赖，即将交通基础设施建设投资作为刺激内需、解决就业、拉动经济增长的强力引擎，最终带来交通基础设施新一轮的建设和发展机遇。

（2）我国区域协调发展以及城镇化快步推进，对交通基础设施建设提出更高要求

根据《国民经济和社会发展第十二个五年规划》，"十二五"时期，我国将着力实施区域发展总体战略，坚持走中国特色城镇化道路，把实施西部大开发战略放在区域发展总体战略优先位置，充分发挥各地区比较优势，促进区域间生产要素合理流动和产业有序转移，在中西部地区培育新的区域经济增长极，增强区域发展的协调性。到2015年，东中西部区域、城乡区域发展的协调性进一步增强，城镇化率提高4个百分点。

我国区域协调发展战略的实施以及城镇化的快步推进，将对交通基础设施建设产生重大影响，特别是城镇化的快速推进对交通基础设施建设的影响将更为深远。交通基础设施是城镇化发展的基础，在城镇化空间格局形成过程中发挥着重要作用。一方面，其作为城镇和产业发展的先导和纽带，引导着城镇空间开发、产业布局以及整体空间格局的形成；另一方面，其作为高沉没成本社会公共设施，具有长期性，对于在一定时期内锚固城镇化空间格局形态也具有显著效果。

据相关预测，未来10年的新型城镇化过程中，我国城镇化率将有望提高10~15个百分点，这意味着将会有1.5亿左右的农村人口迁移到城镇，将对交通基础设施的网络化发展及其规模等级提出更高的要求。

顺应我国城镇化发展趋势和要求，"十二五"时期，国家将着力构建以"两横三纵"为主骨架，以国家优化开发和重点开发的城镇化地区为主要支撑，以轴线上其他城镇化地区为重要组成的城镇化空间战略格局。其中，"两横三纵"主骨架均以跨区域综合运输通道为依托，"两横"即以沿陆桥和沿长江运输通道为两条横轴，"三纵"即以沿海、京哈京广、包昆运输通道为三条纵轴。围绕"两横三纵"主骨架，我国将形成环渤海、长江三角洲、珠江三角洲三个特大城镇群，形成成渝、长江中游、哈长、江淮、海峡西岸、北部湾等多个大城镇群，以及若干个区域性城镇化地区。这些地区将成为促进我国经济增长和市场空间由东向西、由南向北拓展的重要引擎。

这也就要求我们应当按照各主体功能分区的人口、经济规模和产业结构，适度超前且有所差异地把握交通基础设施的建设规模、布局结构和网络密度，

统筹各种运输方式发展，宜密则密，宜疏则疏，宜陆则陆，宜水则水，宜空则空，更好地支撑、引导并锚固以"两横三纵"为主骨架的城镇化战略空间格局。

2. 资金保障情况

（1）交通基础设施建设资金总体保障情况不容乐观，特别是铁路领域资金压力较为突出

交通运输基础设施的资本密集性、高沉没成本性等特征，决定了资金在其建设发展方面至关重要。根据《"十二五"综合交通运输体系规划》，"十二五"时期，我国将新建58万公里综合交通线网基础设施，其中，铁路近3万公里，公路近50万公里（含国家高速公路2.5万公里），内河高等级航道近3万公里，输油（气）管道近7万公里，城市轨道1600公里；新建沿海港口深水泊位440个，新建民用运输机场55个。巨大的交通基础设施建设规模，需要充足的资金予以支撑和保障。据测算，完成"十二五"时期交通运输基础设施建设任务，需要12万亿元左右的建设投资。从目前的发展实际来看，交通基础设施建设在资金的保障方面存在较大压力。

铁路方面，受多种因素影响，"十二五"初期铁路发展速度整体放缓，建设投资大幅下降。2011年全国铁路完成固定资产投资5906亿元，与2010年8427亿元相比下降了30%，尽管投资大幅减小，但仍然完成了"十二五"时期年度投资计划目标。2012年铁路资金紧张问题仍旧持续，1—9月铁路累计完成固定资产投资3441.6亿元，比2011年同期减少512.8亿元，同比下降13%（1—6月投资额同比下降36.1%）。其中，基本建设投资2920.5亿元，比2011年减少548.3亿元，同比下降15.8%（1—6月投资额同比下降38.6%）。2012年铁路部多次调整年度投资计划，固定资产投资计划由年初的5160亿元增加至6300亿元。其中，基本建设投资也由年初的4060亿增加到5160亿。增加的1000亿投资中，40%来自财政资金。同时，国家发展改革委也批准发行1500亿元的铁路建设债券。因此，从资金的保障情况来看，2012年应该可以完成年度计划。但客观而言，铁路部门面临的资金压力还是较为严重，特别是在铁路政企不分的管理体制下，铁路融资渠道不畅、融资能力有限等问题仍将会长期存在。

公路方面，受燃油税费改革、政府收费还贷二级公路取消收费等政策影

响，传统的公路建设融资平台与融资模式也发生一定改变，加之目前尚未建设的公路项目建设条件越来越差、成本越来越高，未来公路建设的资金压力也日渐增大。但就"十二五"时期而言，公路建设的资金保障能力还是较为乐观。2011年公路建设投资在高位上进一步增长，达到1.3万亿元，比2010年增长了9.7%，超额完成"十二五"年度投资计划目标。其中，高速公路建设完成投资7424.1亿元，农村公路建设完成投资2010.1亿元，分别比2010年增长8.2%和4.5%。从2012年1—9月完成情况来看，尽管投资总额有所下降，但总体投资额仍然较为稳定，合计建设完成投资8533亿元，同比下降3.3%（其中，高速公路建设完成投资4710亿元，同比下降12.8%）；国省道改造完成投资2086亿元，同比增长15.6%；农村公路建设完成投资1409亿元，同比增长16.1%。

水运方面，总体建设也面临一定的资金问题。从2011年完成情况来看，内河及沿海建设完成投资1404.9亿元，比上年增长19.9%（其中，内河建设完成投资397.9亿元，沿海建设完成投资1007.9亿元，分别比2010年增长18.9%和20.3%），与"十二五"年度投资计划相比，稍有差距。2012年1—9月，内河建设完成投资326亿元，同比增长25.3%，表明国家加快内河水运发展战略得到有效落实；沿海建设完成投资698亿元，同比下降1.3%。

民航方面，相对比较稳定。2011年完成民航基本建设和技术改造投资687.7亿元，比2010年增长6.4%，基本完成了"十二五"年度投资计划目标。

城市轨道交通方面，资金保障情况相对较好。尽管受多方面因素影响，2011年我国城市轨道交通总体建设步伐放缓，但2012年9月国家发展改革委一次性批复石家庄、太原、兰州、沈阳、厦门、常州、哈尔滨多个城市的22个城市轨道交通项目，总投资高达8426.7亿元，这对城市轨道交通建设无疑将产生巨大助推作用。

（2）地方政府对交通基础设施建设仍持有较高热情，在一定程度上有助于缓解交通设施的资金压力

尽管受到地方融资平台清理整顿的影响，地方政府的融资渠道与融资能力受到一定的约束，同时，受铁道部资金紧缩等影响，地方政府与铁道部之间通过"省部合作"模式推进快速铁路等的建设也受到一定的冲击。但从目前

的发展情况来看,地方政府对高速公路、城际铁路、高速铁路、支线机场等交通基础设施建设仍然持有较高热情。特别是中西部一些近年来经济增长迅速的省区,如河南省、内蒙古自治区等,都在"十二五"时期制定了庞大的交通基础设施建设规模目标。内蒙古自治区提出"十二五"时期,要使全区铁路营业总里程达到1.6万公里,公路总里程达到17万公里(其中高速公路6000公里),全区支线以上机场总数要达到16个等。而且,各地方政府也在着力通过深度利用既有的合理合法的融资方式以及加快融资模式创新等,为交通基础设施建设提供相应的资金支持和保障。这在一定程度上对于缓解我国交通基础设施的资金压力,特别是中央财政压力,发挥了积极作用。

3. 资源环境情况

资源环境是交通基础设施建设与发展重要的外部约束,既包括资源支撑能力,也包括着环境的承载能力。我国陆地国土空间面积广大,居世界第三位,但山地多,平地少,约60%的陆地国土空间为山地和高原。适宜工业化城镇化开发的面积有180余万平方公里,但扣除必须保护的耕地和已有建设用地,今后可用于工业化、城镇化开发及其他方面建设的面积只有28万平方公里左右,约占全国陆地国土总面积的3%。生态脆弱区域面积广大,脆弱因素复杂,中度以上生态脆弱区域占全国陆地国土空间的55%,其中极度脆弱区域占9.7%,重度脆弱区域占19.8%。水资源总量丰富,达到2.8万亿立方米,居世界第六位,但人均水资源量仅为世界人均占有量的28%。能源和矿产资源虽然比较丰富,品种较为齐全,但主要化石能源和重要矿产资源的人均占有量大大低于世界平均水平。

在这样的资源环境条件下,"十二五"时期,我国交通基础设施建设与发展将会面临十分严峻外部约束。而在诸多的资源环境约束因素中,土地资源的供给与保障问题最为突出,既包括土地贫瘠地区的土地保障问题,也包括既有人口密集区的土地供应问题,而这其中又尤以人口密集区的土地供应问题更为棘手。

因此,要确保"十二五"交通基础设施建设目标得以实现,必须按照绿色发展的基本原则,强化交通运输领域的节约环保,切实推进绿色交通系统建设,加大资源节约、节能减排力度,全面提高交通基础设施可持续发展能力与水平。

4. 其他影响因素

除上述因素之外，交通基础设施建设与发展，还受到其他一些政治因素的影响，包括政府对于交通基础设施建设的意志、决心等。"十二五"时期，新一届政府在交通基础设施建设方面的积极性等，也会极大影响建设的进度以及预期目标能否实现。

（二）"十二五"目标实现情况预判

从目前的完成情况来看，国家高速公路建设进度较快，2011年度规划目标完成度达到24%，已经提前完成"十二五"规划分年度目标。公路网和城市轨道建设基本按照"十二五"规划分年度目标推进，2011年目标完成度分别达到19.91%和18.69%。铁路、管道以及机场建设等，在"十二五"开局之年建设进度稍显缓慢，2011年目标完成度不到10%。2011年我国交通基础设施建设进度及情况见表4-3-1。

2011年我国主要交通基础设施建设完成情况 表4-3-1

类别	单位	2010实际值	2011实际值	2015目标值	2011年目标完成度(%)
铁路营业里程	万公里	9.1	9.3	12	6.90
公路通车里程	万公里	400.8	410.6	450	19.91
国家高速公路里程	万公里	5.8	6.4	8.3	24
内河高等级航道里程	万公里	1.02	—	1.3	—
管道输油气里程	万公里	7.9	8.3	15	5.63
城市轨道交通里程	公里	1400	1699	3000	18.69
沿海港口深水泊位	个	1774	—	2214	—
民用机场	个	175	178	230	5.45

根据目前我国基础设施建设进度，结合之前影响因素，综合判断，"十二五"时期我国交通基础设施建设基本能够上完成《"十二五"综合交通运输体系规划》及其他专项规划的既定目标和主要任务。

（执笔人：樊一江）

第五章

"十三五"和"十四五"持续较快建设的必要性

内容提要：交通基础设施是经济社会发展的重要基础，在促进城镇化发展和区域一体化发展中起到重要的作用，其发展支持和引导着国土开发和生产力布局，也对国家竞争力的提升有着积极作用。改革开放以来尤其是近十多年，我国交通基础设施建设快速发展。但是，从当前和今后一个时期我国经济社会发展趋势及交通运输自身发展规律看，我国仍处于交通基础设施大规模建设、加快网络完善的重要发展时期。为了适应我国未来运输需求较大幅度的增长，增强覆盖和完善交通网络，支撑城市群和区域一体化发展，优化结构以及满足多样化交通运输需求，并适度超前发展和降低建造成本，需要持续建设交通基础设施。

改革开放以来尤其是近十多年，我国交通基础设施建设快速发展。到2012年年底，全国铁路营业里程达9.8万公里，居世界第二，其中高速铁路里程达9356公里，居世界第一；高速公路里程达到了9.7万公里，居世界第一（不含各国地方高速公路）。到2012年年底，万吨级及以上泊位达1700多个，货物吞吐量亿吨以上港口中的8个港口货物吞吐量进入世界港口前十位，6个港口集装箱吞吐量进入世界港口前十位；全国民用机场数达到180个，北京首都国际机场旅客吞吐量排名世界第二。经过多年建设，交通运输基础设施不足、运输能力紧张的"瓶颈"状况大为改观，交通运输已逐步发展到与经济社会发展需要基本适应的水平，对国民经济和工业化、城镇化持续快速发展的支撑力度大幅增强。但是，从当前和今后一个时期我国经济社会发展趋势及交通运输自身发展规律看，我国仍处于交通基础设施大规模建设、加快网络完善的重要发展时期。主要表现在：一是交通基础设施数量规模仍然不足，交通网络还很不完善，而且地区间发展很不平衡，运力供给区域性结构矛盾比较突出。二是运输能力对需求的适应刚性强、富余弹性小，难以满足客货运输进一步持续增长的需求。三是高等级交通基础设施所占比例小，尚未形成有效的网络覆盖，难以较大范围地适应人们生活水平提高对交通服务质量的要求。四是综合运输体系的方式间网络结构以及方式内网络层次结构还有待进一步优化，目前还未能通过有效供给引导运输需求结构变化以及满足多样化、多层次的交通出行需求。

第一节 适应未来运输需求较大幅度增长的发展要求

我国正处于工业化、城镇化加快发展的时期，虽然部分地区和产业发展已具有后工业化的某些特征，但总体仍处于工业化中期和中后期的发展阶段，全面实现工业化和进入后工业化阶段还有相当一段时间。按照"十六大"提出的发展目标，到2020年我国基本实现工业化，而推进城镇化也还有相当长的一段路要走。因此，未来相当长一个时期的交通运输需求还将继续保持较快增长的趋势。

（一）改革开放以来交通运输量增长与经济增长的关系

我国交通原有基础非常薄弱，数量和能力均不足，发展水平低。尽管改革开放以来加大了建设发展力度，但始终与经济社会发展需求存在一定距离。即使在许多既有的和潜在的运输需求被抑制的情况下，交通运输需求仍然随经济的不断发展始终保持着旺盛增长。

1980—2010年，我国GDP和人均GDP年均增长率分别达到10.06%和

8.93%。同期，客货运量和客货周转量也呈现快速增长态势，年均增长率分别为7.82%、6.11%和8.7%、8.57%。2000—2010年与1990—2000年相比，客货运需求增长相对于GDP增长的弹性系数有上涨趋势，表明我国的交通运输需求增长速度有所上升(表5-1-1)。

1980-2011年各时期交通运输量增长 VS 国民经济增长　　表5-1-1

年份	旅客周转量（亿人公里）	客运量（万人次）	货物周转量（亿吨公里）	货运量（万吨）	GDP指数	人均GDP指数
1980	2281.3	341785	12027	546537	116.0	113.0
1985	4436.4	620206	18365	745763	192.7	175.5
1990	5628.3	772682	26208	970602	281.7	237.3
1995	9001.9	1172596	35909	1234938	502.3	398.6
2000	12261	1478573	44321	1358682	759.9	575.5
2005	17466.7	1847018	80258	1862066	1210.4	887.7
2010	27894.3	3269508	141837	3241807	2058.9	1471.6
年份	年均增长率					
1980—1990	9.45%	8.50%	8.10%	5.91%	9.28%	7.70%
1990—2000	8.10%	6.70%	5.39%	3.42%	10.43%	9.26%
2000—2010	8.57%	8.26%	12.34%	9.09%	10.48%	9.84%
1980—2010	8.70%	7.82%	8.57%	6.11%	10.06%	8.93%
年份	旅客周转量弹性系数	客运量弹性系数	货物周转量弹性系数	货运量弹性系数		
1980—1990	1.02	0.92	0.87	0.64		
1990—2000	0.78	0.64	0.52	0.33		
2000—2010	0.82	0.79	1.18	0.87		
1980—2010	0.86	0.78	0.85	0.61		

资料来源：中国统计年鉴。

（二）长期以来对交通需求增长的估计不足

交通运输需求的增长与社会经济发展状况、生产力布局、市场开放程度、交通条件、人们的收入水平和生产生活方式以及观念等密切相关。由于受计划经济和保守思维方式的影响，往往对上述各种因素变化之于交通运输需求增长的影响认识不够，在预测下一时期交通运输需求时偏于保守，低于实际发生的运输量，加之多年来实际经济增长率高于计划/规划的预期增长率，也导致交通运输需求的预测数据与实际发生交通运输量之间的差距更大。尤其是1992年邓小平视察南方谈话后，兴起了新一轮改革开放和经济发展热潮，交通运输需求的增长远远超过预期。

根据历次"五年计划"各种运输方式客货运量预测值与实际值的比较（表5-1-2、表5-1-3），城际间交通运输需求的量往往高于预测值。以高速公路为例，随着我国经济的快速发展，高速公路的交通量逐年递增，由于早期修建高速公路时对交通需求的迅猛增长估计不足，一些营运量大的高速公路已经呈现出交通量饱和的态势，致使高速公路本身所应具备的高速、快捷、畅通的服务优势大打折扣。例如，沪宁高速公路在可研阶段对2007年的交通量预测值为每日33581辆标准小客车，而实际交通量达到每日39151辆标准小客车。

交通运输量（客运）预测 VS 实际增长　　　　表5-1-2

			1980	1985	1990	1995	2000	2005	2010
实际客运量	客运量（亿人次）	合计	34.17	62.01	77.25	117.22	147.82	184.63	326.95
		铁路	9.22	11.21	9.57	10.27	10.51	11.56	16.76
		公路	22.28	47.65	64.81	104.08	134.74	169.74	305.27
		水运	2.64	3.07	2.71	2.35	1.90	1.95	2.24
		民航	0.03	0.07	0.17	0.51	0.67	1.38	2.68
	旅客周转量（亿人公里）	合计	2281.34	4433.61	5624.86	8994.56	12254.91	17458.11	27894.30
		铁路	1383.16	2416.14	2612.64	3545.70	4532.59	6061.96	8762.20
		公路	729.50	1724.88	2620.32	4603.10	6657.40	9292.10	15020.80
		水运	129.12	175.87	161.42	164.46	94.38	59.12	72.30
		民航	39.56	116.72	230.48	681.30	970.54	2044.93	4039.00
预测客运量	客运量（亿人次）	铁路			14.00		15.00		15.00
		公路					134.00	180.00	240.00
		水运			2.99			1.80	2.50
		民航					0.8		2.70
	旅客周转量（亿人公里）	铁路							8000.00
		公路						9500.00	15000.00
		水运							
		民航							

交通运输量(货运)预测 VS 实际增长　　　　表 5-1-3

			1980	1985	1990	1995	2000	2005	2010
实际货运量	货运量（亿吨）	合计	54.22	73.91	96.12	121.97	133.57	181.35	324.18
		铁路	11.13	13.07	15.07	16.60	17.86	26.93	36.43
		公路	38.20	53.81	72.40	94.04	103.88	134.18	244.81
		水运	3.84	5.67	7.07	9.79	9.94	21.96	37.89
		民航	0.00	0.00	0.00	0.01	0.02	0.03	0.06
		管道	1.05	1.37	1.58	1.53	1.87	3.10	5.00
	货物周转量（亿吨公里）	合计	8494.70	12797.01	18066.78	23792.15	27247.66	41706.73	82608.50
		铁路	5717.53	8125.66	10622.38	12870.25	13770.49	20726.03	25239.00
		公路	764.00	1693.00	3358.10	4694.90	6129.40	8693.20	37188.80
		水运	1520.76	2371.20	3451.10	5614.70	6661.50	49672.30	68427.50
		民航	1.41	4.15	8.20	22.30	50.27	78.90	126.20
		管道	491.00	603.00	627.00	590.00	636.00	1088.00	2022.00
预测货运量	货运量（亿吨）	铁路		12.00	16.00	16.50	21.00		35.00
		公路		6.50	9.00		128.00	126.00	160.00
		水运		4.60	6.00			14.00	29.00
		民航					165.00		570.00
		管道							
	货物周转量（亿吨公里）	铁路		6600.00					2700.00
		公路						8000.00	12000.00
		水运		5661.00				31800.00	66000.00
		民航							
		管道							

资料来源：中国统计年鉴、各运输方式"九五"、"十五"、"十一五"计划、二零零零年中国公路运输发展战略研究报告。

　　城市人口急剧膨胀，尤其是私人汽车拥有量的快速增长，造成交通出行量大幅度增加。相关研究预测 2010 年我国汽车保有量将达到 6500 万辆，而事实上我国汽车保有量从 2000 年的 1609 万辆增长至 2010 年的 7801 万辆。由于对此估计不足，道路建设滞后于日益增长的交通需求。2005—2010 年间，城市道路铺装面积年增长率仅为 5.2853%，而民用汽车增长率达到了 19.79%，我国人均城市道路面积甚至从 2005 年的 10.92 平方米下降到 2010 年的 10.44 平方米。而且城市路网容量的增长，未能与城市路网功能结构、路网等级结构和路网布局结构实现协调发展。主干道、次干道和支路间没有形成综合的道路网络系统，规模比例和结构功能不够优化；交通量分布不均衡，集中在部分主干线上；线路标准不一，容易形成交通"瓶颈"。尤其是特大城市近几年新建城市道路，主要分布在新开发的市区和郊区，而中心区的道路面积率相对略有下降。这些问题，是大中城市普遍交通拥堵的重要原因。

长期以来，不仅仅对城际、城市交通的总体需求增长估计有所不足，也有很多具体大型工程项目预测远远低于实际需求量，对运输通道能力的发挥形成了极大制约。例如，对三峡过坝的运输量预测仅仅为双向5000万吨，但在2008年的运量即超过5000万吨，2011年已经达到1亿吨了。三峡船闸通过能力远远低于长江中上游航运过坝需求，极大制约了长江航道能力的发挥，更对公路形成了较大压力。

（三）发达国家的交通运输量发展规律

运输需求的产生主要取决于经济社会发展水平。尤其是工业化的不同阶段对应着不同的产业结构，相应客货运输需求的特征也不同。

发达国家在第一次工业革命后进入工业化时期，历经二次工业革命，在20世纪六七十年代后进入后工业化时代，城市化也进入更为注重质量提升的时期。在工业化时期，发达国家的现代交通运输业经历了由以现代水运为主到以铁路为主、由以铁路为主到公路及航空的多次发展转型，各种不同交通运输方式的基础设施以及运输装备制造业都得到迅猛发展，基本形成了颇具规模的网络体系。在这一过程中，客货运量的曲线一直呈比较陡峭的上升态势。进入后工业化时代，运输需求数量层面的增长趋于稳定，质量层面的要求不断提高，旅客运输要求高速舒适便捷，货物运输要求准时专业高效。

下面根据美国、日本、英国20世纪六七十年代之后的客货周转量变化对发达国家在工业化后期和后工业化阶段的客货运输需求变化规律进行分析。

美国、日本两国货物周转量曲线显示（图5-1-1和图5-1-2），自20世纪80年代中后期货物周转量逐年增长，但增长率略有下降，即在工业化后期和后工业化阶段货运总量规模虽继续有所增加，但增长幅度减小，货运量逐步趋于平稳。

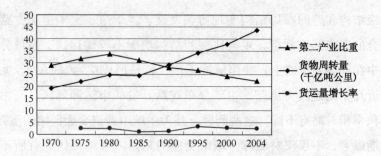

图 5-1-1 美国产业结构及货物周转量变化情况
资料来源：罗仁坚等著《综合运输体系构建的基本性问题与"十二五"建设发展》。

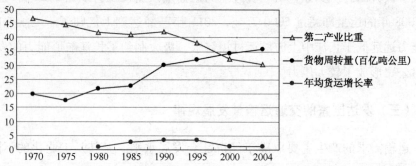

图 5-1-2 日本产业结构及货物周转量变化情况
资料来源：罗仁坚等著《综合运输体系构建的基本性问题与"十二五"建设发展》。

同期，工业化伴随着城镇化，带动旅客运输需求增长。对美国、日本 20 世纪后期旅客周转量变化曲线分析（图 5-1-3）可以看出，在工业化及相应的城镇化发展过程中，客运量呈持续增长趋势。

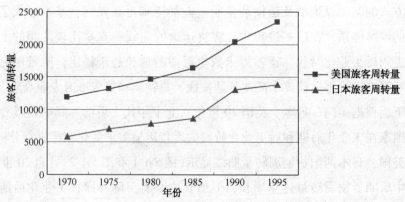

图 5-1-3 美国、日本旅客周转量增长情况（单位：10 亿人英里）
资料来源：罗仁坚等著《综合运输体系构建的基本性问题与"十二五"建设发展》。

英国也是如此(图5-1-4),在其工业化后期和后工业化阶段,公路周转量总量仍然保持增长,而年增长率总体呈下降趋势。

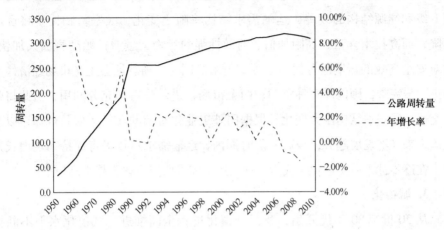

图5-1-4 英国公路历年周转量及增长率(单位:10亿车英里)
资料来源:英国政府统计数据。

(四) 我国未来交通运输需求增长趋势

在可预见的未来,我国国民经济将保持持续快速协调健康发展,工业化、城镇化、全球化等进程的加快必将使全社会客、货运输需求总量持续增长。

1. 未来我国经济增长

目前,我国经济总量规模已超日本居世界第二位,有预测到2030年将有可能超过美国,成为第一大经济体。但我国目前人均GDP的水平还很低,增长的人均基数还较小,未来低基数基础上的高增长是国民经济成长的重要趋势。从东亚一些国家和地区经济增长的经验看,以目前我国人均GDP水平,我国经济还将会继续保持较快速度增长。据预测,2010—2020年经济将会继续保持7%~8%以上的增长速度。到2020年全面建成小康社会,之后10年的经济还很有可能保持6%~7%的增速。全面小康社会的居民收入增长和消费结构升级,将在更大范围产生更多的交通出行需求,并对交通服务的多样性提出更高的要求。

2. 工业化

我国目前总体处于工业化中期向中后期发展的阶段。由于我国幅员辽阔,在一个时间截面内囊括了工业化进程的所有阶段,区域间工业化进程的差异巨大，不仅有处于后工业化阶段的上海、北京等大城市，还有处于前工业化阶段的西藏等地区。中国特色新型工业化道路仍然漫长。随着产业结构的转型升级和能源结构的改善，运输需求结构将随之变化，大宗货物比重将逐步下降，而高技术含量、高附加值、时效性强的货物运量增长幅度将加大加快，这对安全高效的运输服务提出了更高要求。同时，随着社会主义市场经济体制的进一步完善，国内外两种资源、两个市场将进一步得到充分利用，由此将带来交通运输需求结构巨大变化。根据国外工业化时期的客货运增长规律，以及我国未来经济发展趋势，今后一段时期内，运输需求总量仍将保持一定增长速度。在逐步进入后工业化时代后，国内运输需求曲线将逐步趋于高位平稳。

3. 城镇化

从20世纪80年代开始，我国城镇化进程全面推进，城镇化水平不断提高。预计到2020年，中国人口规模将达14.5亿以上，其中城市人口将达到9亿左右。在这一过程中产生的人口持续转移将带来城市规模和数量的扩大，由此产生大量城市交通需求，对交通运输建设发展产生巨大影响。对客运需求而言，随着城镇化水平不断提高，居民的旅行出行次数增多、出行目的及要求更为多样化，包括日常出行、休闲度假、旅游探亲等各种出行。同时，汽车进入百姓家庭趋势加快，个性化出行比例提高。"十一五"民用汽车保有量年均增速超过20%，预计到"十二五"末民用汽车保有量将超过1.5亿辆。对货运需求而言，城镇化的发展将带来以城市为中心的产业带的形成和较大规模的发展，由此必然带来区域内外部原材料、产品等货运量的大幅增多。此外，随着城市及周围地区人口的增多，各种物品消耗增多，零售消费性物品的运输需求也会增多。

我国城镇化进程加快，不仅使单个城市产生巨大变化，还使城市之间的社会、经济、文化等联系和交流更为紧密。目前，已经逐步形成初具形态的多个大城市群，包括长江三角洲城市群、珠江三角洲城市群、京津冀城市群等。按照"十二五"规划，我国将构建以陆桥通道、沿长江通道为两条横轴，以沿海、京哈广、包昆通道为三条纵轴，以轴线上若干城市群为依托、其他城市化地区和城市为重要组成部分的城市化战略格局，分别在东部地区和中西部地区打造和培育若干城市群。城市群内部各个城市之间人员、物资、信息等的交流极其频繁紧密，这就直接增加了区域城际间交通运输的刚性需求。尤其是城际客运呈周期性、高频率的特点，主体为商务旅客和探亲旅客，通勤流与经商流、探亲流、旅游流等相结合，形成城际间巨大的客运需求量。以沪杭铁路线为例，2002年客流密度为1658万人；2007年最大区段货流密度2141万吨，客流密度2467万人。根据铁道第四勘测设计院所做的《新建铁路沪杭城际客运专线预可行性研究报告》，到2020年和2030年铁路客流密度将分别达到4379万人和6892万人。另以英国为例，2010—2011年度，以伦敦为中心的英国东南部大城市连绵区的铁路客运量为9.18亿人次，其他地区内部的铁路客运量为3.18亿人次，城际客运占全国铁路客运量的91.3%。

4. 全球化

经济全球化正在深入发展，我国将继续实行以开放促发展、促改革、促创新战略，坚持扩大开放与区域协调发展相结合，协同推进沿海、内陆、沿边开放，以期形成优势互补、分工协作、均衡协调的开放格局。随着国际交流贸易往来的日益密切，国与国之间的依赖程度不断加深，必然带来区域间干线通道运输和国际运输需求持续增长和范围扩张。同时，对全面提升运输服务质量提出了更高要求，交通运输将继续向国际化、标准化方向发展。

5. 未来10~15年交通运输需求增长总体态势

虽然因基数增大、发展水平提高，交通运输需求总量（包括客运和货运）与国民经济增长的弹性系数会逐步有所下降，但仍会继续保持较高增速。据《综合运输体系构建的基本性问题与"十二五"建设发展》预测，未来10年内我国全社会客运量年均增长速度基本保持在5.5%~6%，到2020年我国客运量规模在540亿~590亿人次；未来我国货物运量增长率将由2000年以来的8.5%逐步下降到3.5%左右，货物周转量增长率将由13%逐步下降到2.7%左右；到2020年，货运量和货物周转量（不含远洋）将分别达到455亿吨和13.3万亿吨公里。

以京沪高铁为例，2011年6月30日开通至2012年6月29日，累计开行旅客列车56614列，日均154.6列，发送旅客5259.5万人次。2012年4月份以后，日平均客座率保持在73%以上。2012年5月1日，发送旅客29.4万人次。五一小长假累计发送旅客105.5万人，日均26.38万人，累计客票收入（包括跨线车）2.678亿元，日均6695万元。

第二节 增强覆盖和完善交通网络布局的发展要求

虽然我国交通基础设施总体数量已达较大规模，但相对于我国的国土面积、人口规模和分布、产业和产业结构的社会经济地理特征等因素所产生的对交通运输网络和运输能力的需求，相对于交通网络完善、结构优化、系统高效的发展目标还有较大差距。

（一）网络密度低于发达国家及部分发展中国家水平

与发达国家以及部分发展中国家相比，我国交通基础网络密度差距明显（表5-2-1）。目前我国铁路网密度每百平方公里只有0.95公里，仅相当于英国的14.66%，美国的60.51%，印度的45%；公路网密度每百平方公里为41.75公里，仅相当于英国的25.80%，美国的61.69%，印度的40%。在机场、管道、城市交通基础设施规模和密度等方面，我国也明显低于主要发达国家的水平。如果按照人均交通基础设施拥有量水平，我国相关指标水平更低。我国铁路网密度每万人只有0.68公里，仅相当于英国的26.36%，美国的13.82%；公路网密度每万人为29.89公里，仅相当于英国的46.41%，美国的14.08%。按照运输网络承担的客货运量密度计算，我国交通基础设施承担的运输压力远远大于欧美国家，铁路客货运输密度分别达到每公里960.77万人、每公里3031.15万吨，分别是英国的2.57和22.56倍。

各国交通运输网络密度　　　　　　　　　　　　　　表5-2-1

	按面积计铁路网密度（公里/百平方公里）	按人口计铁路网密度（公里/万人）	按面积计公路网密度（公里/百平方公里）	按人口计公路网密度（公里/万人）	铁路旅客运输密度（万人/公里）	铁路货物运输密度（万吨/公里）	公路旅客运输密度（万人/公里）	公路货物运输密度（万吨/公里）
中国	0.95	0.68	41.75	29.89	960.77	3031.15	37.48	108.25
美国(2009)	1.57	4.92	67.68	212.30	38.38	1631.39	104.58	
英国	6.48	2.58	161.81	64.41	373.96	134.37	190.02	43.92

(二)现状与国家中长期交通发展规划、地方规划目标还有较大距离

"十一五"期间,我国交通运输基础设施建设发展保持较快速度。尤其是2008年金融危机后,我国的交通运输业迎来了又一次大发展。据《2010年铁道统计公报》,至2010年年末全国铁路营运里程达到9.1万公里,其中复线里程3.7万公里,电气化里程4.2万公里。至2011年年底,新建高铁运营总里程达6494公里。据《2010年公路水路交通运输行业发展统计公报》,2010年年底全国公路总里程达到400.82万公里,全国公路密度每百平方公里为41.75公里。全国高速公路达到7.41万公里,其中国家高速公路5.77万公里,"五纵七横"12条国道主干线提前13年全部建成。全国内河航道通航里程12.42万公里,等级航道6.23万公里,其中三级以上航道9280公里。全国沿海港口万吨级及以上泊位1661个,内河港口万吨级及以上泊位318个。据《2010年民航行业发展统计公报》,2010年运输机场达到175个,五年新增33个,覆盖全国91%的经济总量、76%的人口和70%的县级行政单元。旅客吞吐量超过1000万人次的机场数量翻番,达到16个。

到"十一五"末,交通运输业发展的水平与各中长期规划中的2010年目标相比较,发展水平基本较为超前,但与国家中长期交通发展规划、地方规划的目标还有较大距离。

《综合交通网中长期发展规划》提出2020年综合交通网总规模为338万公里以上(不含空中、海上航线、城市内道路和农村公路村道里程)。综合交通网构成为:公路网总规模达到300万公里以上(不含村道),其中二级以上高等级公路65万公里,高速公路10万公里左右;铁路网总规模达到12万公里以上,复线率和电气化率分别达到50%和60%,其中铁路客运专线和城际轨道交通线路1.5万公里以上;城市轨道交通线路2500公里;内河航道里程达到13万公里,其中国家高等级航道1.9万公里,五级以上航道2.4万公里;民用机场数量达到244个;沿海主要港口25个;输油气管道达到12万公里;沿海港口货物吞吐能力达到65亿吨以上,其中集装箱吞吐能力达到2.4亿标准箱,沿海及沿江港口煤炭吞吐能力达到12亿吨以上,港口的铁矿石接卸转运能力达到3.5亿吨以上。

《中长期铁路网规划》(2008年调整)提出,到2020年,全国铁路营业里程达到12万公里以上,复线率和电化率分别达到50%和60%以上。建设客运专线1.6万公里以上。规划建设新线约4.1万公里。规划既有线增建二线1.9万公里,既有线电气化2.5万公里。

《国家公路网规划》(征求意见稿)规划到2030年,普通国道总规模约26.5万公里;调整国家高速公路约为11.8万公里,另规划展望线约1.8万公里。

《民航机场布局规划》提出,至2020年,布局规划民用机场总数达244个,其中北方机场群54个,中南机场群39个,西南机场群52个,西北机场群50个。

地方的规划目标总量还远远高于国家规划。根据地方"十二五"交通运输规划,以高速公路里程为例,下列22个省的"十二五"规划总目标就达到了9.7万公里(表5-2-2)。

地方"十二五"交通运输规划目标　　　　　　　　表5-2-2

地方	铁路通车里程(公里)	公路总里程(万公里)	高速公路里程(公里)	四级及以上高等级航道里程(公里)	民用机场总数(个)
安徽省		15.5～16.5	4200－4500	1505	8
福建省	5000	10.5	≥5000		11
重庆市		≥12.2	≥3000	≥1600	
广西省		11.5	≥6000	2022	
贵州省		16	≥4500		
海南省			≥850		
河北省	8000	16	≥7000		7
河南省		25	≥6600	1643	
湖北省		26.3	≥6500		
湖南省		25	6643～7200	971	
江苏省	3300	15	≥4800	2100	
内蒙古		17	6000		
宁夏	1770	3.32			3
青海		7	3000		
山东省		24.5	6000	1500	

续上表

地方	铁路通车里程（公里）	公路总里程（万公里）	高速公路里程（公里）	四级及以上高等级航道里程（公里）	民用机场总数（个）
山西省		14.2	6300		
陕西省	6000	>15	5500		
云南省		22.3	4500	389	
四川省	6000	30	6350	544（三级以上）	14
西藏		7			
新疆					22
浙江省		11.5	4200	300	

资料来源：作者整理。

如果把我国交通运输基础设施现状与规划数据作一比较，不难发现，其间差距还是明显的。

（三）区域协调发展、国土资源开发，要求加快布局重要交通基础设施

我国区域发展不平衡、不协调，交通是重要的影响因素之一。交通问题阻碍着西部等欠发达地区的要素吸引、产业发展、产品市场竞争力提高以及人们生活水平的改善。无论是发挥发达地区的辐射带动作用，还是充分利用西部地区的资源优势加大产业发展，都需要进一步大幅改善内外交通，克服地理区位偏远和"运输成本高"的劣势，提高通达性、便捷性，缩短时空距离。

在2010年中央西部大开发工作会议上，胡锦涛总书记指出，实施西部大开发战略，是党中央、国务院在世纪之交作出的重大决策，是贯彻落实邓小平同志"两个大局"战略构想、"三个代表"重要思想和科学发展观生动而具体的实践，是对中国特色社会主义理论的丰富和发展，是我国改革开放和社会主义现代化建设全局的重要组成部分。深入实施西部大开发战略是实现全面建设小康社会宏伟目标的重要任务，事关各族群众福祉，事关我国改革开放和社会主义现代化建设全局，事关国家长治久安，事关中华民族伟大复兴。

西部大开发以来特别是"十一五"时期，西部地区经济社会发展取得长足进步，但与东部地区发展的绝对差距仍在扩大，交通基础设施落后、水资源短缺和生态环境脆弱的瓶颈制约仍然存在，经济结构不合理、自我发展能力

不强的状况仍然没有根本改变，贫困面广量大、基本公共服务能力薄弱的问题仍然突出，加强民族团结、维护边疆稳定的任务仍然繁重。西部地区仍然是我国区域发展的"短板"，是全面建设小康社会的难点和重点。必须从全局和战略高度认识西部地区特殊重要的战略地位和承担的特殊使命，把深入实施西部大开发战略放在区域发展总体战略优先位置，给予特殊政策支持。（引自《西部大开发"十二五"规划》）

加快西部地区对外对内交通基础设施的建设发展是深入贯彻西部大开发战略的重要基础和关键，是促进区域协调发展和西部地区将资源优势转化为经济发展胜势、提升经济社会发展能力的必要条件。2010年，西部地区铁路、公路（含村道）、机场的平均密度分别仅为东部地区的24.79%、23.84%、24.74%，中部地区的26.55%、26.90%、50.25%（见表5-2-3）。相比东部地区出海距离平均不到200公里，西部地区大部分省（自治区、直辖市）离主要出海口的距离都在1300公里以上，青海和新疆等更是超过2000公里，西部地区的铁路、高速公路等对外通道不足、技术标准低，是影响西部地区加强与中东部地区联系和便捷通达沿海港口的主要制约因素。

2010年东中西地区铁路、公路、机场平均密度   表5-2-3

	2010年密度					
	铁路(公里/百平方公里)	西部与之比例(%)	公路(公里/百平方公里)	西部与之比例(%)	机场(个/万平方公里)	西部与之比例(%)
东部	2.12	24.79	96.29	23.84	0.48	24.74
中部	1.98	26.55	85.34	26.90	0.24	50.25
西部	0.53	100.00	22.95	100.00	0.12	100.00

在《中共中央国务院关于深入实施西部大开发战略的若干意见》中，明确提出了"继续把基础设施建设放在优先地位"的要求。在国务院正式批复的《西部大开发"十二五"规划》中，关于基础设施的表述是：继续把基础设施建设放在优先位置，加快构建适度超前、功能配套、安全高效的现代化基础设施体系。完善综合交通运输网络，强化西部地区全国性综合交通枢纽建设，全面加强水利、能源通道和通信等基础设施建设。建立西部大开发重大项目储备库，每年新开工一批重点工程。铁路营业里程新增1.5万公里，道路交通、

通信基础设施进一步完善，重点城市群内基本建成两小时交通圈，基本实现乡乡通油路，村村通公路。重点建设西部地区连接长三角、珠三角和环渤海地区的出海通道，以及西南地区连接西北地区的南北通道。有序推进重点城市群城际轨道交通建设。加快形成西部地区铁路路网主骨架，路网规模达到5万公里左右，复线率达到50％以上，电化率达到60％以上。

在交通运输部颁布的《深入实施西部大开发战略公路水路交通运输发展规划纲要（2011—2020年）》中，明确提出了骨架公路高速化、干线公路高等级化、基本公共服务均等化、水运发展现代化的发展目标，以及"突出重点，全面发展；适度超前，差异化发展"等基本原则。到2020年，现有国家高速公路网中的西部地区路段基本建成；"八纵八横"骨架公路基本建成；基本实现有条件的县城（团场）和国家一类口岸通二级及二级以上公路；实现所有具备条件的乡镇、建制村通沥青（水泥）路通班车；国家公路运输枢纽基本建成。

根据以上规划，在"十二五"、"十三五"持续加大建设后，西部地区的交通基础设施网络还未达到基本完善的要求，为了更有力地配合国土资源的战略开发，还需对交通基础设施持续建设10～15年。

第三节　支撑城市群和区域一体化发展对交通先导性的要求

高效便捷的交通基础设施网络和交通运输服务，是城市群、都市圈形成与区域一体化发展的重要载体和基础性支撑。重要交通轴线和网络的布局及其组合方式、功能强度，是引导城市化地区空间结构和布局形态最重要的影响因素。

（一）城际轨道交通正在步入快速发展时期

国家主体功能区规划以及城镇化规划（城市群布局见图5-3-1）确定的我国城市化发展战略是：环渤海、长江三角洲、珠江三角洲三大优化开发区域将发展形成具有全球影响力的特大城市群，进一步健全城镇体系，促进城市规模结构的合理化，推进城市间功能互补和经济联系，引导人口均衡、集聚分布，实现人口规模适度增长，提升区域整体竞争力；其他18个重点开发区域将成为全国重要的人口和经济密集区，全国经济增长的重要增长极，将进一步扩大城市规模，促进人口加快集聚，尽快形成辐射带动力强的中心城市，发展壮大其他城市，推动形成分工协作、优势互补、集约高效的城市群。

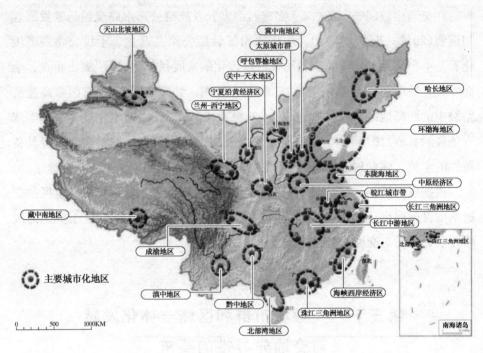

图5-3-1 全国城市群布局图

构建以轨道交通和高速公路为骨干、以国省干线公路为补充的城市群内多层次城际快速交通网络，是实现以上城市化发展战略的重要支撑，是引导和促进区域整体空间结构布局优化、大中小城市协调发展、产业区域一体化发展的先行条件和最重要的基础设施，是区域各城市发展到一定水平后进一步发展提升的内在要求。在以往城市化发展水平较低的情况下，各城市主要采取以自身为主、围绕各自行政区划进行空间布局的发展模式，相互之间更多的是对要素投入的竞争。近十几年来，在经济全球化发展不断深化的背景下，在国家相关的改革开放政策的推动下，对发挥中心城市的辐射带动作用、促进区域一体化发展、以区域整体发展增强竞争力正在形成广泛共识，各地区、各城市的主动性、积极性不断提高，区域整体性规划、一体化发展已成为不可逆转的发展模式。

然而，目前全国绝大多数城市化地区还未建成有效支撑这一发展要求的城际交通体系。即使是像京津冀、长三角、珠三角、武汉城市圈等这些经济发展水平、城市化发展水平相对较高的城市群地区，也仅是刚刚建成少数几条作为主轴通道的城际铁路。至2011年年底，全国建成的城际铁路约600多公里，在建1300公里。按照国家已经批准的长三角、珠三角、环渤海地区三大城际客运系统以及武汉、郑州、西安等都市圈的城际轨道交通建设规划，至2020年规划的轨道建设里程为5681公里。估计未来城际轨道总的数量规模将远远大于现有规划。现在大多数城市群和都市圈的城际轨道规划正在编制或上报过程中，预计未来15年全国城际轨道总建设规模需求将达到1.5万公里。为尽早发挥轨道交通的引导性作用，应加快主要经济区和都市圈城际轨道线网规划的编制以及审批工作，已批准规划的城际交通基础设施的建设应适度超前，以构建有效支撑和引领区域一体化发展的发达、便捷、高效的城际交通运输系统。

（二）城市轨道交通将持续较大规模建设

随着城市规模的不断发展，特大城市、超大城市的数量不断增多，建设以城市轨道交通为骨架的大城市公共交通体系，成为支撑城市发展和解决交通拥堵问题的必然选择。随着私人汽车的快速普及以及城市政府经济实力的增强，发展城市轨道交通的迫切性日益突显，投入建设力度越来越大。达到或接近规模要求的大城市几乎都在建或规划建设城市轨道交通线网，"地铁时代"的特征越来越明显。

截至2011年年底，全国有14个城市（未含台湾、香港）开通了城市轨道运营，分别为北京、上海、广州、深圳、重庆、南京、天津、沈阳、长春、大连、成都、武汉、佛山、西安，共拥有54条城市轨道运营线路，总长1688公里（见表5-3-1）；2012年4月底又增加了1个城市，苏州地铁1号线（全长25.7公里）正式开通。未开通城市轨道运营线路的在建城市14个，包括杭州、哈尔滨、长沙、郑州、福州、昆明、南昌、合肥、南宁、贵阳、东莞、宁波、无锡、青岛等；尚在规划城市轨道交通的城市26个。不仅一线大城市在建设城市轨道交通，而且轨道交通正在快速地向二、三线主要城市发展，如佛山、苏州、无锡等三线城市。

2011年年底已开通轨道运营的城市及里程　　　　表5-3-1

城　市	第一条轨道开通年份	运营轨道条数	总轨道里程(公里)
北京	1969	15	372.44
上海	1995	11	425.5
广州	1999	8	221.07
长春	2002	2	45
大连	2002	1	63.4
天津	2003	2	76.2
武汉	2004	1	28.9
深圳	2004	5	178.83
重庆	2005	3	74.75
南京	2005	2	84.8
沈阳	2010	2	59.8
成都	2010	1	31.6
佛山	2010	1	14.8
西安	2011	1	20.5

资料来源：《都市快轨交通》2012.1。

根据轨道交通中长期发展规划，"十二五"期间将建设2500公里左右的轨道交通，年均500公里左右；"十三五"期间将建设3000公里左右，年均600公里，届时将约有40个城市、7000公里左右的城市轨道交通。2012—2020年以及随后的10年将是我国城市轨道交通迅速发展的重要时期。

对于城市轨道交通发展态势，有人认为可能超前了。笔者认为，在中国的城市化快速发展、人口快速积聚过程中，前瞻性地做好未来的交通体系规划并投入建设，加强交通对城市发展的空间布局和土地开发利用的引导，形成交通与土地相互利用的紧密关系，是对城市未来的科学空间布局、TOD发展模式的重要保障。这不仅对于现有特大城市非常必要，即使对许多快速发展、有望跻身特大城市的那些二三线城市也非常必要。这样做有利于打造未来良好的城市空间形态，避免现在许多城市难以控制的蔓延式、摊大饼式的发展。被联合国评选和世界很多专家公认的公共交通典范城市——巴西的库里蒂巴市，就是在城市处于初始发展阶段就开始城市空间发展与交通模式规划的典型例子。

> **专栏**　　库里蒂巴市交通引导城市空间发展的例子
>
> 　　库里蒂巴市现为巴西东南部巴那州的首府，人口160万人，是一个以快速公交系统为主要支撑和沿5条轴线不断发展壮大的城市。该城是中国城市公交发展学习和举例最多的城市之一。
>
> 　　20世纪40年代，库里蒂巴还只拥有15万人口时，德国城市规划师阿加什为其拟定了城市空间设计，确定城市中心由环状及放射状的城市干道组成，此后的规划都是在此基础和思想上不断深化，使城市沿轴向发展和实现土地开发利用与公共交通一体化不断融合。在连任三届市长和两届州长规划师出身的杰米·勒纳的不懈努力下，库里蒂巴市坚定地选择了以快速公交系统（BRT）为主满足全市居民的交通出行需求和实现了城市"沿轴向线型增长"的发展模式。其早期规划和较早地建立快速公交系统，并以快速公交所在道路为轴向的发展模式，使得城市空间沿着每条交通轴线有序演变发展，有效避免了像其他城市那样蔓延式扩张。

　　我国东部地区城市密集，发展地铁已不仅仅限于城市中心内部和本城市区域，地铁与周边紧邻城市的连接，将会极大促进"同城化"和城市间的整合。如广州至佛山的城际地铁广佛线的建成开通，将使两个中心城区之间的交通出行时间缩短为半个小时。长三角也将迎来地铁的"跨省时代"。按照规划，上海、苏州、无锡城际地铁轨道交通线路将形成相连格局，这无疑将大大助推长三角地区一体化发展。

　　城市轨道交通建设将大幅度刺激经济和土地效益增长，从而创造城市立体经济脉络。地铁的开通将促进沿线的商业、商务、居住、娱乐设施的发展和聚集，形成新的商业区、工业区以及新城中心。在土地资源紧缺的情况下，地铁成功地让商业实现"向地下要空间"，与地铁车站同步设计的集餐饮、休闲、娱乐、购物于一体的商业综合体，以及地铁车站连通的地下商业空间，将会伴随着地铁的开通运营而逐渐繁荣发展。香港的铜锣湾四处可见上下打通的大型商业联体就是最好例证。虽然地铁本身不盈利，但它是城市未来发展的重要交通支撑，对土地升值、商业拓展等其他方面的贡献很大，具有较强的经济驱动力。因此，各地政府对于建设地铁的积极性将会继续发酵和持续相当的时期。

第四节 结构优化和多样化需求对持续较快发展的要求

交通运输结构优化是构建综合运输体系的主要目标之一，是实现资源节约、减少环境污染、提高运输效率的重要途径和手段，是转变交通发展方式的根本要求。满足多样化的交通运输需求，是交通运输发展以人为本和服务于人们生活质量不断提高的重要体现。结构优化与满足多样化的交通运输需求是辩证的统一，就是在发挥各种运输方式优势，以适应经济社会发展及人们生活对交通运输发展要求的同时，通过节约型的供给组合结构引导人们对使用交通的选择，以促进社会更广泛地形成绿色环保、可持续发展的交通消费理念和生活方式。

我国是一个人口大国，无论是在城市还是在城际、区际通道上产生的客货流规模都非常大，受资源和环境的约束，无法做到各种运输方式能力均充分供给，也不可能像美国那样成为"车轮上的国家"。目前我国交通基础设施规模与达到成熟完善程度的最终规模还有较大差距，仍处于发展时期。在这个时期，应大力实施结构优化战略，注重资源节约和集约化发展，利用有限的资源最大化地有效满足不断增长的运输需求，实现我国交通运输可持续发展。

（一）交通运输结构优化的任务仍然非常艰巨

供给和基础达到一定规模和水平后，结构优化可促进资源效益最大化。在交通基础设施和运输能力严重供给不足阶段，政策的重点主要是通过各种途径促进各种运输方式加快发展以及解决不同运输方式间发展的不协调问题，以快速增加总体供给，解决网络覆盖、通达等严重不足的基本交通问题，满足经济社会发展对交通网络覆盖、运输能力的基本需求。同时，由于各种运输方式分属于不同的部门主管，基本上是按照各自目标和规划进行布局和建设。由于基本网络规模不足和经济社会快速发展，各种运输方式的发展和布局空间很大，优化问题并不凸显，关键是解决"量"和"有无"问题。

通过几十年的持续快速发展，目前我国各种运输方式的网络规模和运输能力显著增长，交通基础条件显著改善。全国公路、铁路、航空总体网络规模和布局已实现基本覆盖和连通，干线骨架基本形成，相当一部分省（自治区、直辖市）的网络密度达到较高水平，形成了比较发达的交通网络。港口已完成高速发展阶段；高速公路、现代化机场已达相当数量规模，对一定人口规模以上城市覆盖的网络骨架已基本形成；高速铁路里程也已初具规模，进入快速发展阶段。总体运输能力不足的紧张状况初步消除，"走得了、运得出"的基本需求总体上得到满足，各种运输方式之间的运输市场竞争以及发展替代性增强，一定范围和程度上提供了多样化的交通出行选择，为贯彻综合运输体系结构优化战略，大力进行交通运输结构的优化创造了很好的基础和条件。

交通基础设施结构的优化是交通运输结构优化的主要内容。与其他生产性产业的结构调整有所不同，它不是减少或淘汰某一类（或几类）运输方式既有的设施，去发展或增加发展另一种运输方式，而是在保有、充分利用各种运输方式既有存量的基础上，在总体规划和综合运输发展政策的指导与约束下，通过增量的差异化发展以及对既有基础设施的改造提升逐步实现结构优化，即在总量增加和各种运输方式发展过程中，实现各种运输方式之间"量"的结构优化，以及各种运输方式内部不同层次"质"的结构优化。

目前交通运输的供需仅是暂时的相对平衡，刚性很强。一方面是综合运输体系的网络布局还不完善，总运输能力不够充裕；另一方面是方式间结构远未达到与国情相适应的优化要求，方式内质量结构与集约化、现代化发展要求还有较大差距，而且区域间发展和结构不平衡问题比较突出。这些问题都需要通过未来持续的发展建设才能解决。尤其是在经济社会持续较快发展和工业化、城镇化水平不断提高的大背景下，未来的交通运输需求还将会继续较快增长，如果不通过持续的建设，实现鼓励发展的交通基础设施（主要是轨道交通）在布局和能力上的优势供给和较高的市场竞争力，将难以改变需求结构的原有发展趋势，结构优化将成为空谈。同样，在提高"质"的结构及区域间的发展平衡上，更多的也是要通过增加新建高等级的线路和设施，才能实现整体结构水平的提升和运输总能力较大规模增加，满足近期和远期的发展要求。因此，交通运输结构的优化应以交通基础设施持续的发展建设为前提。我国以往各种运输方式完成运输量比重及高等级设施比重变化分别见表5-4-1、表5-4-2。

以往各种运输方式完成运输量比重的结构变化　　表5-4-1

		1980年		1990年		2000年		2005年		2010年	
客运量（亿人次）	合计	34.17	100.0%	77.27	100.0%	147.86	100.0%	184.70	100.0%	326.95	100.0%
	铁路	9.22	27.0%	9.57	12.4%	10.51	7.1%	11.56	6.3%	16.76	5.1%
	公路	22.28	65.2%	64.81	83.9%	134.74	91.1%	169.74	91.9%	305.27	93.4%
	水运	2.64	7.7%	2.72	3.5%	1.94	1.3%	2.02	1.1%	2.24	0.7%
	民航	0.03	0.1%	0.17	0.2%	0.67	0.5%	1.38	0.7%	2.68	0.8%
旅客周转量（亿人公里）	合计	2281.34	100.0%	5628.34	100.0%	12261.03	100.0%	17466.79	100.0%	27894.30	100.0%
	铁路	1383.16	60.6%	2612.64	46.4%	4532.59	37.0%	6061.96	34.7%	8762.20	31.4%
	公路	729.50	32.0%	2620.32	46.6%	6657.40	54.3%	9292.10	53.2%	15020.80	53.8%
	水运	129.12	5.7%	164.90	2.9%	100.50	0.8%	67.80	0.4%	72.30	0.3%
	民航	39.56	1.7%	230.48	4.1%	970.54	7.9%	2044.93	11.7%	4039.00	14.5%
货运量（亿吨）	合计	54.22	100%	96.12	100%	133.57	100%	181.35	100%	318.39	100%
	铁路	11.13	21%	15.07	16%	17.86	13%	26.93	15%	36.43	11%
	公路	38.20	70%	72.40	75%	103.88	78%	134.18	74%	244.81	77%
	水运	3.84	7%	7.07	7%	9.94	7%	17.11	9%	32.09	10%
	民航	0.00	0%	0.00	0%	0.02	0%	0.03	0%	0.06	0%
	管道	1.05	2%	1.58	2%	1.87	1%	3.10	2%	5.00	2%
货物周转量（亿吨公里）	合计	8494.70	100%	18066.78	100%	27247.66	100%	41706.73	100%	95838.20	100%
	铁路	5717.53	67%	10622.38	59%	13770.49	51%	20726.03	50%	27644.10	29%
	公路	764.00	9%	3358.10	19%	6129.40	22%	8693.20	21%	43389.70	45%
	水运	1520.76	18%	3451.10	19%	6661.50	24%	11120.60	27%	22428.50	23%
	民航	1.41	0%	8.20	0%	50.27	0%	78.90	0%	178.90	0%
	管道	491.00	6%	627.00	3%	636.00	2%	1088.00	3%	2197.00	2%

数据来源：《中国统计年鉴》，《全国铁路统计资料汇编》，《全国交通统计资料汇编》，《中国民航统计年鉴》，《中国交通运输发展改革之路》。

高等级设施比重的变化　　　　　　　　表5-4-2

年份	铁路营业里程（万公里）	国家铁路电气化里程（万公里）	高等设施比例（%）	公路里程（万公里）	高速公路（万公里）	高等设施比例（%）
1980	5.33	0.17	3.19	88.83		
1985	5.52	0.41	7.43	94.24		
1990	5.79	0.69	11.92	102.83	0.05	0.05
1995	6.24	0.97	15.54	115.7	0.21	0.18
2000	6.87	1.49	21.69	140.27	1.63	1.16
2005	7.54	1.94	25.73	334.52	4.1	1.23
2010	9.12	3.27	35.86	400.82	7.41	1.85

数据来源：《中国统计年鉴》，《全国铁路统计资料汇编》，《全国交通统计资料汇编》，《中国民航统计年鉴》，《中国交通运输发展改革之路》。

（二）满足多样化的交通运输需求

交通运输是提供生产性和消费性服务的部门，既是现代社会"行"赖以实现的基础，也是现代社会"吃、穿、住"得以实现和改善的重要保障，是影响人们生活方式和反映生活质量的重要物质组成。随着经济社会的发展和人们生活水平的提高，对交通运输的消费品质的要求也不断提高，逐步由"走得了"向"走得好"、"便捷化"、"自由化"发展，对便捷性、舒适性及个性化等方面的要求逐步增强。提供多样化的交通运输供给，既有利于促进运输市场竞争，提高效率和降低成本，又有利于满足不同人群对交通运输的消费需求。而且，交通运输的发展水平是一个国家发展能力和竞争力的重要基础，是支撑强国发展和提升国际竞争力的必要条件。因此，我国交通运输在基本适应了经济社会发展后，应注重以可持续发展为基本原则，集约利用资源，在加强引导、突出主导型运输方式发展优化供给结构的同时，以承担得起的资源和成本消耗为基础，增加提供多方式的交通出行选择，满足人们的多样化交通运输需求。

1. 收入水平提高，交通消费支出增加，交通需求总量持续增长

1990—2010年全国城镇居民人均收入增长了近13倍，交通通信消费支出增长了近48倍，占消费支出比重从1.2%提高到了14.73%。农村居民人均收入增长了7.2倍，交通通信消费支出增长了58.5倍，占消费支出比重从

1.44%提高到了10.52%(表5-4-3、表5-4-4)。

城镇居民收入、交通通信支出及其占消费支出比重　　　　表5-4-3

项目 年份	人均年收入 （元）	人均支出 （元）	人均消费性支出 （元）	交通通信占人均 消费性支出百分比(%)
1990	1516.21	1413.94	1278.89	1.20
1995	4279.02	4102.94	3537.57	5.18
2000	6295.91	6147.38	4998	8.54
2005	18858.09	17248.3	12264.55	13.72
2010	21033.42	18258.38	13471.45	14.73

数据来源：《中国统计年鉴》。

农村居民收入、交通通信支出及其占消费支出比重　　　　表5-4-4

项目 年份	人均年收入 （元）	人均支出 （元）	人均消费性支出 （元）	交通通信占人均 消费性支出百分比(%)
1990	990.38	903.47	538.05	1.44
1995	2337.87	2138.33	1310.36	2.58
2000	3146.21	2652.42	1670.13	5.58
2005	7115.57	6333.89	2134.58	9.59
2010	8119.51	6991.79	4381.82	10.52

数据来源：《中国统计年鉴》。

2. 高端交通出行增长迅速

随着总体收入水平的提高和中高以上收入人群规模的扩大，不仅大量的公务、商务出行选择速度快、品质高的交通方式，私人出行中选择速度快、品质高的交通方式的也越来越多。

一是选择航空出行的旅客持续快速增长。2000—2010年，全国航空旅客运输量从6722万人次增长到2.68亿人次，年均增长14.82%，平均每人乘坐次数从0.05次上升到了0.20次。

二是选择高铁出行的旅客增长极其迅速。2009年全国高铁动车组列车旅客发送量为每日49.2万人，2010年增长到每日80.4万人，2011年达到每日115万人，两年增长了133.74%，为同期铁路旅客发送量增长率的5倍多；动车组旅客发送量占到了全路旅客发送量的22.5%。目前京沪高铁平日旅客发送量接近每日20万人，比刚开通时增长20%左右。郑西、沪杭、甬台温、福厦等多条高铁和客运专线的旅客发送量也都达到新高。

三是私人交通持续较快增长。2000—2011年全国民用汽车保有量从1608.91万辆增长到了10578万辆，其中私家汽车拥有量从625.33万辆增长到了7872万辆，年增长25.89%，平均每千人拥有私家车从4.93辆增长到了58.43辆(表5-4-5)。以私家车作为交通工具的出行日益普及，除了作为日常通勤出行的交通工具以外，在公路干道上的出行也越来越多，在通道交通量中的比重提高。如2008—2010年，G4线(北京—港澳)国家高速公路全线平均的小型客车交通量从每日9485辆增长到每日14969辆，占总交通量的比重提高了11.5个百分点；G42线(上海—成都)国家高速公路全线平均的小型客车交通量从每日8898辆增长到了每日16520辆，占总交通量的比重提高了6.4个百分点(表5-4-6)。

我国未来一二十年正是人均GDP从5000美元向20000美元的发展阶段。按国际经验(图5-4-1)，这将是小汽车不断扩大普及和持续增长的时期，小汽车拥有率将会快速上升。据预测，到2020年我国汽车人均保有量将接近世界平均水平，总量可达到2亿辆；到2025年全国汽车保有量将达到3亿辆，其中私家车拥有量将达到2.3亿辆。

汽车、私家车保有量增长情况　　　　　　　　　　表5-4-5

年份	民用汽车(万辆)	私人汽车(万辆)	人口数(万人)	千人拥有私家车(辆)
2000	1608.91	625.33	126743	4.93
2001	1802.04	770.78	127627	6.04
2002	2053.17	968.98	128453	7.54
2003	2382.93	1219.23	129227	9.43
2004	2693.71	1481.66	129988	11.40
2005	3159.66	1848.07	130756	14.13
2006	3697.35	2333.32	131448	17.75
2007	4358.36	2876.22	132129	21.77
2008	5099.61	3501.39	132802	26.37
2009	6280.61	4574.91	133450	34.28
2010	7801.83	5938.71	134091	44.29
2011	10578	7872	134735	58.43

数据来源：《中国统计年鉴》。

典型干线高速公路的小汽车交通量增长情况　　　　　表 5-4-6

线路名称	2008 年			2010 年		
	全线平均（当量）(辆/日)	其中		全线平均（当量）(辆/日)	其中	
		小型客车(辆/日)	比重		小型客车(辆/日)	比重
G4 线	35025	9485	27.1%	38782	14969	38.6%
G42 线	22358	8898	39.8%	35741	16520	46.2%

资料来源：交通运输部规划研究院编《国家干线公路交通量手册》。

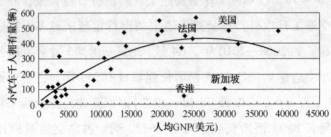

图 5-4-1　小汽车千人拥有量与人均 GNP 的相关关系

资料来源：《2000 世界发展指标》。

3. 不同群体的收入和支出差异大，决定了多层次需求

不同群体的收入差距决定了对交通费用支出承受能力的差别，因而交通需求具有明显的层次性，"走得好"与"走得了"同时并存。大部分旅客注重交通出行的经济性，对费用的敏感度较高。尽管这种状况会随着收入的增长而逐步有所改变，但在未来相当长时期内仍然是影响人们交通选择的重要因素。

有关数据显示，不同收入群体的交通通信消费支出差别巨大。城镇居民的平均交通通信消费支出是农村居民的 4.3 倍。同为城镇居民，2010 年 10% 的最低收入户的人均交通通信消费支出仅为总平均的 22.60%；农村居民高收入组的人均交通通信消费支出是低收入组的 5.15 倍（表 5-4-7、表 5-4-8）。

城镇居民不同群体的交通通信消费支出差别　　　　　表 5-4-7

年份	最低收入		低收入		中低收入		中等收入		中高收入		高收入		最高收入	
	交通通信消费（元）	占总支出比重（%）	交通通信消费（元）	占总支出比重（%）	交通通信消费（元）	占总支出比重（%）	交通通信消费（元）	占总支出比重（%）	交通通信消费（元）	占总支出比重（%）	交通通信消费（元）	占总支出比重（%）	交通通信消费（元）	占总支出比重（%）
2000	142.7	5.6	212.5	6.5	281.3	7.1	353.2	7.4	487.1	8.3	628.2	8.8	876.6	9.5
2010	448.3	8.2	669.1	9.1	1051.8	10.9	1620.6	12.9	2358.0	14.6	3630.6	17.3	6770.3	21.3

资料来源：国家统计局编《中国统计年鉴》。

农村居民不同群体的交通通信消费支出差别　　　　表 5-4-8

年份	低收入		中低收入		中等收入		中高收入		高收入	
	交通通信消费（元）	占总支出比重（%）	交通通信消费（元）	占总支出比重（%）	交通通信消费（元）	占总支出比重（%）	交通通信消费（元）	占总支出比重（%）	交通通信消费（元）	占总支出比重（%）
2010	208.64	8.23	281.12	8.73	372.32	9.39	525.49	10.5	1073.8	13.1

资料来源：国家统计局编《中国统计年鉴》。

第五节　适度超前和降低建造成本对持续较快发展的要求

交通基础设施建设是经济社会发展必须先行投入的社会成本，其发达程度直接关系到一个国家或地区的经济社会发展能力、人们生活质量以及国防安全等各个方面。经济发达的国家或地区，交通运输必定发达。如纽约、伦敦、东京、新加坡等国际经济中心城市无一例外地都拥有着现代化的海港、航空港和立体网络化的综合运输系统作为支撑。交通运输落后的地区，一般经济发展也相对落后，其主要的原因就是不能有效解决通达性和畅通性问题，受到运输成本（广义成本）和运输效率的制约。纵观发达国家的经济社会发展过程，无不表明现代经济社会的发展，都经历了一个交通运输革命的阶段。在工业化、城市化快速发展，国家经济实力和国际影响力不断上升的发展过程中，交通运输的发展不仅是经济社会需求的一种直接反映，更以其引导、延伸和推动的基础功能作用于经济社会的发展、国土开发以及国际化进程。交通基础设施除了在经济起飞前和快速发展过程中需要有一个超前发展的阶段外，即使到了基本成型后也必须随着社会经济的发展而不断完善和提高技术水平。

（一）适度超前布局建设，是引导经济地理空间格局优化的需要

交通基础设施的布局既要适应生产力布局和人口分布的需要，也是空间格局和经济版图的形成与变化中的重要引导和牵引力量。当前和未来 10～15 年，是我国经济社会持续较快发展、全国经济地理格局发生较大变化的重要

时期，各区域产业加快建立、集聚、转移以实现集群化、规模化和结构优化。同时也是全国城市数量、规模和分布快速变化的关键时期，既有城市化地区不断深化发展，城市群加快形成与发展壮大，新兴大中城市和中小市镇不断产生和发展。此外，又是人口加速流动、转移、集聚、重新分布的最大变化期，以及贯彻区域协调发展战略、国土开发战略和国家主体功能区规划的重要实施期。总之，这一时期我国产业、城市、人口分布等多重重大变化集中叠加，这些在格局形态与结构上形成的变化将对未来影响至深至远。为此，必须在科学的中长期总体规划设计下加强引导，促使各地、各部门按照国家主体功能区规划的要求进行合理布局和发展，引导各种资源要素流向。交通基础设施的布局建设，必须改变追随需求的发展模式，适度超前布局发展，发挥先行部门的引导性作用，引导各种格局的变化朝着规划的目标方向发展。适度超前发展造成的暂时富余不应该理解为浪费，而应从更长远的社会总成本的角度以及交通基础设施要为长远需求服务的特点出发，进行综合衡量与评价。

（二）适度超前布局建设，是适应经济全球化发展的需要

交通网络是社会经济发展的重要功能性基础设施。在经济全球化不断增强和国际资源争夺更加激烈的发展环境下，交通运输的发展已超越了其传统的产业概念和意义，成为经济发展和体现国家竞争力的关键，是促进经济增长、提升国家实力、保障国家经济和国防安全的重要条件。适度超前发展，构建发达、高效、功能强大的国内国际交通网络，是提高经济运行效率和有效利用国内、国际两种资源的极其重要的支撑。

适应全球化发展需要，对交通运输基础设施适度超前布局，第一要从经济全球化不断深化发展的战略角度出发，规划建设我国主要港口和集疏运系统。尽管我国港口已较为发达，大型港口也不少，建造码头泊位也相对较快，但除了港口码头泊位以外，港口集疏运系统的完善和对未来运输能力发展要求的保障是个关键。因此，港口后方和腹地的通道做到适度超前布局与建设，才能有力支撑我国加工制造业大国、国际贸易大国的世界地位，有力保障我国能源、原材料等大宗物资的进口。第二从促进深化国际区域合作和自由贸易区发展的战略要求出发，适度超前规划建设国际运输大通道，加快建设中国-东盟自由

贸易区、中日韩自贸区、中国-南亚等国际通道。第三要从支撑国际城市发展的要求出发，对主要城市的国内、国际交通网络进行战略性规划布局与建设。

（三）适度超前布局建设，是提高抗灾减灾能力的需要

通达与畅通的交通网络是抢险救灾、减少灾害损失的极其重要保障，是灾害发生地区的生命系统。我国地域广阔，自然灾害种类多、发生频率高，尤其是伴随着全球性气候变化和我国城市化进程对环境、生态影响的加剧，自然灾害的防范应对要求更加迫切。汶川地震、玉树地震、舟曲泥石流的救灾过程，都充分地证明了交通的重要性。适度超前地对交通网络覆盖、线路技术等级以及多种运输方式进行布局建设，形成多点连接、稳固性强、畅通性好、多种运输方式覆盖的区域性交通网络体系，是保障人民生命财产安全、维护社会稳定、促进社会文明进步的客观要求。

（四）适度超前布局建设，可以极大地节省建造成本和造福子孙

交通基础设施具有投资大、建设周期较长、建成后长期服务于社会的特征，而且一旦建成后，重建或短期内改扩建的成本比一次建成要大得多。因此，在规划建设的决策过程中，要有前瞻性，确定建设规模与标准既要避免过度超前造成的资源和投资浪费，又要充分认识到我国经济社会和城市化处于快速发展阶段，交通运输需求处于快速增长时期，基础设施的能力至少要能满足未来15~20年后的需要。要根据经济实力适度加快交通网络的建设完善，提前建成一部分设施，并尽早发挥这些项目的作用，为当前的经济社会发展所用。充分利用当前大发展有利契机适度超前布局建设，还可以有效节省项目建造成本，减轻未来子孙负担。由于土地、建筑材料、劳动力价格的不断上升，交通基础设施的建造成本不断升高。仅2000—2010年，高速公路的建造成本就上升了120%（表5-5-1，以双向四车道为例）。2005—2010年，普通铁路的建造成本上升了110%以上（表5-5-2，以双线电化为例），未来的造价还会比当前进一步增长。当前我国劳动力资源还相对比较丰富，但劳动力人口红利正处于逐步减小和消失的过程中，开始步入老龄化社会，劳动力短缺、用工荒问题将越来越突出。交通基础设施建设属于劳动密集型行业，

对劳动力的需求量比较大，因此，适度超前建设，既是为当前社会发展提供一个较大的吸纳劳动力的就业市场，也是利用当前和未来 10～15 年的劳动力还相对富足和价格相对较低的宝贵时机，抓紧完成更多的基本建设规划，打造更好的基础。

2000—2010 年典型线路高速公路建造成本变化　　　　表 5-5-1

线路名称	建设时间	里程（公里）	车道数	总建设费用（万元）	平均造价（万元/公里）
京福高速公路江苏段	2000 年 7 月	43	双向四车道	148009	3440
沪苏浙高速公路江苏段	2005 年 7 月	50	六车道	340000	6800
漳州南靖至龙海段	2010 年	46.5	双向四车道	353000	7592
六盘水至盘县	2008 年	91.01	双向四车道	702000	7713
六盘水至六枝	2012 年 7 月	60.71	双向四车道	625800	10308

资料来源：交通运输部编，《交通统计汇编》，贵州调研。

2000—2010 年典型线路普通铁路建造成本变化　　　　表 5-5-2

线路名称	建设时间	里程（公里）	等级	投资概算（万元）	平均造价（万元/公里）
赣州至韶关铁路	2009 年 8 月	194.1	I 线电化	615415	3170.61
海天至青岛铁路	2010 年 12 月	94.3	I 线电化	283000	3001.06
甬温铁路	2005 年	282.39	双线电气化	1553000	5499
武汉至合肥	2005 年 6 月—2010 年 3 月	389.9	双线电化	2080588	6214.82
龙岩至厦门铁路	2006 年 12 月	111.3	双线电化	648125	5823.23
贵广铁路	2008 年	857	双线电气化	8580000	10000
南广铁路	2008 年	577	双线电气化	4230000	7331
津保铁路	2008 年	158	双线电气化	2400000	15170
蒙西华中铁路	2012 年	1837	双线电气化	15397000	8381.6
石家庄至武汉客专	2008 年 10 月	874.8	双线电化	11322637	12943.11
北京至石家庄客专	2008 年 10 月	312.3	双线电化	4670023	14953.64
沪昆客专杭州至长沙段	2010 年 4 月	955.5	双线电化	12177442	12744.58

资料来源：《铁路统计汇编》及铁道部网站。

（主要执笔人：宿凤鸣；指导：罗仁坚）

第六章

"十三五"和"十四五"发展速度与建设投资

内容提要:"十二五"后,交通需求总量仍将继续较快增长、需求层次提高,对交通基础设施现状的完善程度和先导性作用的不同认识,影响下一阶段的建设发展速度和投资规模的决策。在未来的 10~15 年应采取超前引导型发展模式,利用已形成的建设发展势头和积极性,创造较为宽松的良好环境,促进和引领各地区城镇化以及产业的发展。同时,也要掌握适度超前的"度",避免造成建设过分集中和过大的债务规模与风险。经测算,"十三五"期的交通投资总规模与"十二五"期略有下降,"十四五"期比"十三五"期约减少 10%~12%。

正在实施的"十二五"交通规划,仍然是延续了"十一五"交通基础设施大发展的方针,建设投资规模继续较大幅度增长,投入使用的基础设施数量进一步快速增加。到"十二五"末,我国交通运输发展水平将达到总体适应经济社会发展和人民群众出行需要,国家快速铁路网、原规划的国家高速公路网基本建成。原来中长期规划的 2020 年的目标将提前实现,并将通基础设施严重短缺和运输非常紧张的时代将过去,并将基本摆脱被动适应型发展的局面,主动适应需求、促进和引领城市化发展的能力逐渐增强。部分地区的交通网络密度和高等级基础设施的数量甚至达到了世界前列。随着基础设施快速发展，也引发了部分人士是否太过超前的担忧，认为交通建设应降速。但从实际情况来看，交通基础设施从严重不足和"瓶颈"制约逐步发展到了当前的总体适应以及局部有所超前的水平，供需平衡的刚性大大缓和，才使得我们有条件可以根据发展要求和经济实力相应地对未来的建设发展速度进行合理的选择和调节。以下将以"十二五"末发展水平为基础对未来10~15年（即"十三五"、"十四五"）的投资增长速度和投资规模、建设规模进行分析研究。

第一节 交通基础设施发展（速度）模式与影响因素

基础性、服务性是交通基础设施对经济社会发展作用的最显著特性，社会经济发展和人们生产生活离不开交通基础设施的支撑。同时，交通运输是社会经济发展的生产性和消费性服务产业，不是有形产品的物质生产系统，交通基础设施不是产品生产的直接投入，而是间接投入、社会投入，并要占用相当比例的资源。而且，社会不同的层面、不同的群体在不同的阶段对交通基础设施发展的需求有很大的差异性。因此，对交通基础设施与经济社会发展关系的认识、交通基础设施网络已达到的发展程度与所处的发展阶段、经济增长和交通运输需求的发展趋势、所拥有的经济实力、交通基础设施的投融资模式等，都是构成对交通基础设施不同发展（速度）模式选择的重要影响。

（一）交通基础设施不同的建设发展（速度）模式

交通基础设施是人类利用空间和开发资源的前提、经济发展的必要条件，但又是在一定经济发展水平、技术水平下，人们对其作用的认识与投入大小的结果。交通运输属于服务性产业，服务于社会经济发展和空间布局的需要。经济发展和生产空间格局对交通的联系、连接以及客货运输的需求，促使交通基础设施和交通运输的发展。也就是说，交通基础设施除了基础性、先导性以外，还具有从属性、适应性的发展特征。因此，从交通基础设施与经济社会发展的关系以及供需平衡的角度看，交通基础设施的发展大致可以分为三种模式：被动适应型发展模式，供需紧密协调型发展模式，超前引导型发展模式。

被动适应型发展模式，是指供给基本上被动地追随需求，以经济社会发展活动和空间格局以及所产生的现时或中短期的交通运输需求规模为主要依据，以基础设施能力和提供的服务被最大限度地利用、最小的投入为原则，进行交通基础设施的布局建设（图6-1-1）。这种模式在发展中国家因受社会资本短缺所致常被采用，我国以往的几十年发展中也是如此。其最大的特点是获得在该行业投入产出的最大化和行业的高效率，但是以牺牲社会整体效率和不能有效满足需求、抑制需求增长以及产业发展环境恶化为代价。这种被动性适应的发展模式，在我国交通基础设施整体基础非常薄弱，经济快速发展造成交通供给全面紧张，建设资金又严重不足、重点需要解决当前问题的发展初期，是不得已而为之，对经济发展和人们生活产生了很大制约。当然，现在也有一些人对交通基础设施一次性投入、服务中长期需求的特性不够了解，将其理解为与一般的工业设施建设一样，建成后能力就要达到充足的使用，否则就认为是超前、浪费。实际情况是，交通基础设施建设周期长，如果建成后能力被较充分利用，就无法保障适应未来的新增需求。尤其是在我国各方面都处于快速发展时期，"临时抱佛脚"的做法很难应付得了。

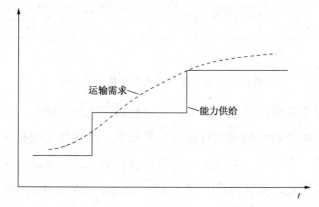

图6-1-1 被动适应型供需发展关系曲线

供需紧密协调型发展模式，是指以中短期供需相对平衡为建设发展目标，以能力的较少浪费和较少的一次性投资为重要指标，控制规模、逐步提高的

"小步走"发展模式(图6-1-2)。这种模式的关键在于供需平衡的目标期。交通基础设施能力的供给增长是跳跃式的,供需协调或相对平衡取决于能力供给跳跃的幅度和需求增长速度。如果以能力在短期内被较充分利用、较少浪费为主要衡量指标,则其更适合于交通运输需求增长平缓的成熟型国家或地区;而对于经济和运输需求快速增长的国家来说,这种模式表面和名义上看似挺好,也容易被一般人接受或理想化,但实质上很容易造成供给不足、能力落后于需求,而且不断地被迫改扩建,往往造成累计总投资大、功能作用不能被充分发挥、使用过程常被施工所干扰,从较长周期的投入产出计算并不最优。对于受空间、土地使用规划制约较大,服务于长期目标的交通基础设施来说,这种模式主要是在投资资金不足、总体规划和方向不明确的情况下的一种过渡性选择。

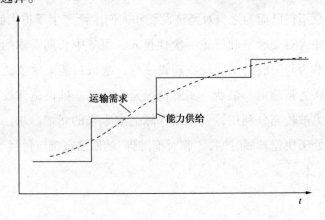

图 6-1-2　供需紧密协调型发展关系曲线

超前引导型发展模式,是指根据交通基础设施的基础性、引导性的功能作用特征,以中长期发展规划目标为主要依据,以现代化的技术标准,适度超前布局建设,既支撑、引导当前经济社会发展,又能满足未来中长期交通运输需求的投资建设发展模式(图6-1-3)。交通基础设施对于产业布局和空间开发利用具有较强的先导性、引领性作用,增长极、点-轴发展带的形成以及城市的扩展都是大型交通基础设施先行布局的支撑和引导的结果。适度超前建设发展的交通基础设施的投资效益和功效不仅仅在于改善交通运输本身,更大程度上是体现在对经济增长的促进、区位劣势的克服、空间格局的扩展与优化、人们时空观念的改变等方面。这一发展模式是以交通基础设施为经济社会发展创造良好的环境和基础支撑，较宽松地满足社会需求，刺激经济增长，引导人口和产业在空间集聚与合理分布为主要原则。其发展基础和条件是：交通基础设施网络发展整体达到较大的规模，基本可以适应当前的交通运输需求，对未来的发展有比较明确的系统性的中长期发展规划，有较强的经济实力作支撑。从未来较长时期的交通运输发展和经济社会发展战略的角度整体考量，其总投资需要和产生的社会经济总效益要明显优于"小步走"逐级发展的模式。当然，适度超前的"度"需要根据城市化发展战略、国土开发战略、交通运输需求增长以及需求结构等进行战略上的统筹。而且，不同地区、不同层次网络由于功能作用、影响效力、级联关系不同，对适度超前发展"度"的要求也有不同。

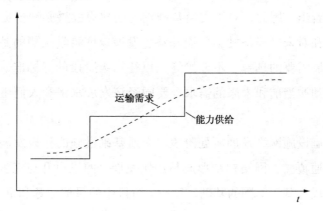

图 6-1-3　超前引导型供需发展关系曲线

（二）影响发展（速度）模式选择的主要因素

推动交通基础设施发展的基本动力来自于经济发展和人们出行的需求，在需求不断增长和对质量、多样性要求不断提高的驱动下，不断扩展、完善布局和技术升级。而多样化、不同层次的需求和满足需求的程度与方式，是一个具有弹性的复杂问题，既受许多客观影响，也受主观因素所影响，其最终影响决策者对发展（速度）模式的选择。

经济社会发展水平和发展速度。在不同的经济社会发展阶段，对交通基础设施类型的要求和强度有着较大的差别，普遍存在着从低级到高级、从简单联络到网络整体、从单一方式到多样化组合、从满足当前需求为主到成熟型发展的过程。如我国交通在20世纪80年代，主要是要求"走得了"、有基本线路覆盖、能通车。随着经济发展水平和人们生活水平的提高，对交通的要求不仅要"走得了"，还要"走得好"、要便捷、要安全。到了目前更是要求"快速"、"舒适"、"有多种交通方式可供选择"。经济发展和城市化发展也同样要求交通基础设施在规模、能力、速度、机动性、保障性、服务水平等不断提高，对交通基础设施的服务功能和支撑强度的要求越来越高。经济社会的快速发展要求交通基础设施同样也要相应快速发展，并且适度超前，否则将会成为瓶颈、制约经济发展。有许多相关的研究表明，人均GDP在1000美元以下、达到3000美元以上、以及突破10000美元的不同经济发展阶段，对交通的服务与支撑要求的差别是非常显著的，这从发达国家与发展中国家的差别就可以看出。因此，对于交通基础设施的建设发展必须依据已达到的经济发展水平和对未来经济社会发展趋势、发展速度科学预测的基础上，做出符合未来发展需要的选择，不能始终用以往初级阶段的低标准、低要求以及时间速度观预测当前和未来的需求，要同经济发展水平和人们生活方式变化与时俱进。

交通基础设施网络发展所处阶段。交通基础设施的建设发展一般可以分基本线路连通覆盖、网络初步形成与加快发展、网络提升与完善、成熟稳定四个发展阶段。基于不同的基础，每一个阶段中的目标任务和重点都不相同，所要达到的服务标准和建设规模以及发展速度也各不相同。我国已经历和基本完成了前两个阶段。在前面两个阶段中，主要是线路的连通、覆盖与延伸，项目的数量规模大，但技术等级一般要求不高，高等级基础设施所占的比例较低，以通为主。随着经济和市场的发展，货物、人员交流的增长，对于加大投资和加快项目实施进程要求强烈，投资规模占当时全社会基本建设比重的要求也相对较高，但绝对数规模与当前的交通投资需求相比还是小得多。目前正处于网络提升与完善的发展阶段，要求给力上台阶，提高交通运输现代化水平和从被动适应转向适度超前发展。在这一阶段的重大基础设施项目主要是按照未来永久性的标准需要进行规划建设，具有项目工程规模大、技术等级高、投资需求大的特点。这些是未来网络的骨干，是提升和带动整体网络水平提高的关键，涉及网络整体骨架的大能力、高技术等级化，包括新项目布局和既有基础设施改造大升级。它是一个全面性的系统大工程，范围广、项目大、总投资需求巨大。这一阶段的交通基础设施建设发展最终将决定未来长久的网络总体形态和技术水平，对于时间进程的要求，是既迫切，又具有弹性。随着大规模建设和升级逐渐完成，总体网络趋于完善、进入成熟稳定发展阶段后，除非发明新的先进运输方式或技术重大突破，建设项目将主要是局部的新建加强或更新改造升级，建设发展的强度和对项目的时间进程要求将会大大减缓，建设投资需求将大大减小，任务重点主要是对既有设施网络的养护与维修，保障正常运行。

  工程技术进步和造价。项目工程难易与造价是影响发展速度的重要因素，它会影响布局规划方案、技术标准选择、实施时间安排等，也会影响人们对高等级设施的要求。如以往隧道、桥梁技术落后，建造成本过高，只能被迫选择绕行或盘旋方案，以及降低技术等级等。随着我国桥梁技术、隧道盾构等技术的进步，成本造价的相对大幅下降，桥梁、隧道方案被大量采用，不仅优化了线路布局和推动了高技术等级设施更广泛建设，而且也大大加快了许多项目建造的时间安排以及建设施工期的缩短，原来许多有难度的项目在技术上已不成问题，不用再等待，而被顺利推进。当然，目前也有一些项目在技术和环境上难度很大，需要留给后人去解决。

  交通运输需求的增长与服务要求。交通运输需求的现时规模、增长趋势、需求特征及变化决定和影响着交通基础设施项目建设的必要性和时间，从全国整体来说，将影响交通基础设施总体的建设发展速度。总体上，我国人口基数大、密度高、GDP规模大、单位运输量高，交通总需求的基础规模大、强度高，而且，正处于快速城市化和快速经济发展过程中，未来相当长时期的交通需求仍将持续快速增长。同时，需求的标准和对服务水平的要求随着生活水平的总体提高以及中高以上收入群体规模的扩大而不断提高，其中包括对速度、服务水平、安全保障标准以及多样化的选择等。这些都构成对高等级基础设施建设和多层次服务供给的推动。需求增长的规模和速度将是合理规划交通基础设施网络建设总体发展速度和具体项目实施时间的主要依据。因此，对于未来交通需求的增长以及需求特征、服务要求的变化，需要做到比较准确的科学预测，否则将会造成供给在总能力或结构上不能有效满足需求，或是太过超前造成浪费。

经济实力。需求是驱动力，经济实力和实际投资是建设发展速度的保障。单有需求，投资跟不上，只能是慢速度、逐步发展改善。只有在拥有足够经济实力的条件下，才有可能集中较大规模的资金支持较快的发展。如改革开放至21世纪初，我国交通基础设施始终不足，需求始终大于供给，受经济实力所限，投资建设规模虽然逐年增长，但还是难以支持更快的发展速度，以较快缓解瓶颈制约。目前，我国的经济实力大大增强，大幅度推动和支持着交通建设的发展，2011年交通投资已达2万多亿元。随着经济的继续较快增长，未来的经济实力还将进一步增强，而影响对交通的投资和建设发展速度主要是未来的交通投资政策和运营价格政策。

认识与决策。交通基础设施不仅仅是交通运输业的硬件基础和运行载体，而且是社会连通关系、空间格局、人口和生产力分布、城市形态和建筑物布局的重要基础和依托，对社会经济各方面的影响非常大。但是，不同的人、不同的群体所占的角度不同、专业知识不同，对交通基础设施的功能作用的认识并不一致。有的仅从交通运输业自身的投入产出角度，认识和分析交通基础设施项目建设的必要性；有的是从国民经济宏观角度、交通运输与国民经济增长的关系，认识交通基础设施的作用和分析社会经济效益；有的是基于当前的需求特点和基础设施能力尽可能较早地被最大化利用，认识所需建设的交通基础设施项目以及规模、技术标准和时间；有的是从长远战略、未来需求特征变化、发挥交通基础设施先导型和引领性作用的战略高度，论证交通基础设施网络布局和建设发展。有的认为当前交通基础设施建设发展已太过超前；有的认为还远未适应城镇化发展的需要，适应当前和未来发展要求的高等级化骨架网络尚未建成，还有很大差距。他们通过各种渠道发表着各自不同的观点和见解，带动着舆论，不同程度上影响着领导部门的决策。领导部门根据所认可的智库研究和听取相关部门、专家意见后，所制定和批准的交通发展规划、近中期发展目标以及投融资政策、实施保障措施等，将最终影响和决定着这一时期交通基础设施的投资建设规模和发展速度。

第二节 "十三五"、"十四五"建设发展（速度）模式选择

20世纪末以来的交通基础设施快速建设发展，使得我国交通基础设施网络中长规划目标的提前实现，是与经济发展目标到2020年翻两番提前实现基本同步的，有力地支撑和保障了经济社会的持续快速发展。当前和今后一段时期，我国经济社会和城镇化还处于快速发展的长周期过程中，对交通运输支撑的发展要求和客货运输需求继续呈较快增长。同样，我国交通基础设施网络布局和结构也正处于快速发展期，无论是总量规模、空间布局和网络化水平，还是主干网络以及基础网络的技术水平和功能等距完善的成熟发展期的要求还有相当的距离，有很大的发展空间。"十二五"末交通基础设施达到的发展水平也仅是对应于较短暂时点的交通运输需求的一种总体适应或局部略有超前，是一种暂时的平衡，会很快被打破。由于大型交通基础设施从决策到投资建设到建成使用需要较长的时间，而且要形成一定的网络规模才能更具效益，因此，总体上还不能过分放低发展速度，还必须继续保持较大的投资力度，才能满足持续增长的交通运输需求，创造较为宽松的良好环境促进和引领各地区城镇化以及产业的发展。

（一）交通基础设施对经济社会发展的功能作用

交通基础设施网络的建设发展和发达程度是与经济社会的发展紧密相连的。交通基础设施是社会经济生产、生活的纽带和支撑性载体。经济和市场越发展，社会越现代化和信息化，人们生活水平和国际化程度越高，对交通基础设施的需求和要求就越高。缺少相应足够的交通基础设施支撑，社会经济的发展就会受到影响和制约。同样，交通基础设施的基础性和服务性决定了其建设发展的基础是经济社会发展的需求，即在需求增长的驱动下不断扩展、完善布局以及升级质量。同时，经济实力是交通基础设施建设发展规模和质量等级的保障。也就是说，交通基础设施网络建设与经济发展是一个互

动的、相互促进的关系。

交通基础设施最主要的功能是联络和克服空间阻隔使资源、产品、人员等实现位移流动。其网络的延伸程度与密度以及通行能力、速度、设施质量等级、经济性等构成一个地区或国家的交通支撑保障能力和机动性,影响着经济和社会运行效率和发展势能、对国土资源开发的广度和深度、不同空间资源的利用和共享。

交通基础设施网络的建设发展,增强了人类可以更广度地利用和调动资源的能力。通过大规模资源和产品运输的位移,促进大型产业集群的产生和生产效率的大幅提高,带动城市和城市群的形成与发展,同时促进了人类活动范围的扩展和先进生产力、技术、信息的传播,以及发达地区、中心城市的辐射带动作用。交通的发展和改善,尤其是大能力、高等级、快速化的交通基础设施的发展,可以有效地改变地区区位和发展条件,提高产业布局和产品市场的竞争能力。它还有效地改变了人们度量空间距离的时间尺度,以及空间观念和以空间距离所作的选择,促进区域一体化发展和优势互补、资源共享关系的建立。

我国正处于城市化、城市群快速发展,统筹区域协调发展的经济地理重构的大发展时期,对交通运输的支撑要求无论是在强度上还是质量上、速度上都与以往大不相同,不再是简单的联络和"走得了"的要求,而是对构建全国或地区发展能力的要求。高等级快速化的重大交通基础设施网络的布局建设,对于"两横三纵"为主体的城市化战略格局的总体形成和各大区域区位优势、发展势能的建立影响巨大,关系到我国城市化发展的总体进程、统筹区域协调发展的实施力度,以及地区间公平和对国土开发战略、未来经济持续快速发展的支撑。

(二)交通基础设施发展目标的立足点

1. 能够较长期有效满足不断增长的交通运输需求

建设的交通基础设施整体网络规模和能力,在满足现时需求的基础上,必须考虑交通运输量随社会经济发展和人们生活水平提高而不断增长的长远总量需要、多样化需求,对系统进行总体统筹规划,以合理的发展速度和投入有效适应未来的发展需要。

2. 较大力度地增强对经济社会和城镇化发展的支撑与引领

交通基础设施是经济社会发展和空间布局的重要功能性基础设施。要通过较大力度的总体建设发展和重点大型项目的建设实施，增强交通基础设施的基础性支撑与引领性作用，保障经济社会又好又快发展，以及促进和引导城镇化、区域一体化。

3. 构建布局完善的交通基础设施网络，促进区域协调发展和国土开发

要在已有基础上，着眼长远发展，根据需求增长和网络自身完善发展的需要，在现有交通网络发展与格局的基础上，通过重点布局和建设、构建与区域协调发展战略、国土开发、国际区域合作发展要求相适应的布局完善的全国交通基础设施网络，保障东部发展需要，促进中西部加快发展和国土开发，引导产业、人口合理分布，优化经济地理格局，提升各区域发展能力和竞争力。

4. 构建和强化现代化快速骨干网络，提升交通以及社会运行效率与效果

要以打好基础，建设现代化先进设施和适应未来发展要求为指针，加强骨干网络的高等级化构建，提升功能和运行速度，带动交通整体运行效率和发展水平的提高，缩短城市间、区域间的时间距离，促进城市群、城市圈发展以及全国经济地理空间格局重构与优化。

5. 支持强国发展战略和提升国际竞争力

在全球化不断增强的国际发展环境下，交通运输已超越了其传统的产业概念和意义，成为经济发展和国家竞争力的关键领域，社会经济发展与繁荣、政治稳定、区域协调、社会公平、资源以及生态环境平衡、国际参与能力与竞争力以及获取国际资源的战略性要素，支持经济强国、贸易强国、国防强国的重要条件。现在和未来交通基础设施网络的布局与建设必须要服从和支持强国发展以及提升国际竞争力的战略需要，在较大范围大力提升覆盖与延伸、机动性与效率、保障能力与经济性。

（三）"十三五"、"十四五"建设发展模式选择的战略思想

根据前面的分析，在"十二五"末将取得基本适应巨大阶段性成果的基础上，为了继续保持交通基础设施较好的适应性和创造更有利于经济社会发展的环境，还必须较大力度地对交通基础设施持续建设一段时期，再上一个新台阶，使整体网络趋于接近布局完善、结构合理、能力较为充足、运行安全快捷、系统经济高效的发展水平。为此，需要以下战略思想为指导，对未来10~15年交通基础设施建设发展（速度）模式进行选择。

贯彻适度超前、先行发展的原则。根据交通基础设施布局决定其他空间布局和建成后永久使用的特点，以及基础性、引导性的功能作用，在综合运输体系中长期总体规划的指导下，按照现行发展的客观要求和适度超前原则，对交通基础设施项目进行布局建设，保持合理的建设发展速度。大型交通基础设施项目布局建设与技术标准选择应该考虑适应未来15~20年后的交通运输需求。

继续利用已形成的较好发展势头，完善和提升网络。通过几十年的不断努力探索和交通投融资体制改革以及投资发展环境的建设，较有成效地调动了各方面的积极因素，形成了较好的交通投资发展势头，投资规模达到了较高的水平。同样，建设队伍、施工力量、施工机械也保持了较大规模。因此，应继续充分利用这样的发展势能，加快推进交通基础设施网络的完善与提升。否则，势头跌落和施工队伍缩小后，再行实施将会付出更高的建造成本和社会成本。

加快改善中西部交通基础条件，促进区域协调发展与公平。加快中西部地区对外、对内交通基础设施的改善和升级，较大幅度地缩短与发达地区、沿海港口的时间距离，是保障中西部地区经济发展追赶的重要基础，是统筹区域协调发展的重要战略措施之一。因此，无论是从创造发展条件的要求还是公平的角度，都应该利用现有的发展形势加快对中西部交通基础设施的投资建设。

发挥对经济"短期稳增长、中长期促增长"的投资拉动作用。交通基础设施投资规模大、拉动效应强，在两次金融危机保经济增长中发挥了重要作用。从我国交通基础设施网络完善的程度和经济社会发展的要求看，还有很大的发展空间。为了应对当前和今后一段时期的经济增长下滑，以及出口不旺、内需刺激不起来的情况，应该继续保持对交通基础设施的较大规模投资，发挥交通投资的拉动作用和交通基础设施的先行引导作用，为近期稳经济增长、远期促进经济增长做出贡献。

综上所述，未来10~15年交通基础设施建设应该选择超前引导型发展模式，前期继续保持较大的投资规模，然后再根据交通基础设施网络的完善程度逐步缩减投资规模，平缓过渡到成熟发展期。

第三节 "十三五"、"十四五"建设投资规模和总体发展水平

经过几十年以及"十二五"的持续建设积累，到"十二五"期末我国交通基础设施将全面改善，基本适应经济社会发展需要。虽然网络还不完善，但是非常急切需要建设的项目将比以往减少，建设时序可安排的弹性增大，投资需求的压力相对减轻。未来10~15年交通基础设施建设应该选择超前引导型发展模式，主要是指在已取得巨大成就的基础上，要继续保持相应的投资力度，使交通基础设施的建设发展和能力供给的增长适度超前于交通运输需求的增长和经济社会发展的需要，但并不是要求投资规模、建设规模一定要大于以往时期或逐年增长，可以根据总体发展规划和以后相应的建设发展策略，合理确定和安排各时期的投资规模，并以总投资规模作为约束确定交通基础设施总体建设规模和发展速度。

（一）投资需求管理方式需要转变

以往由于交通基础设施短缺较多，需要建设的项目多，在编制五年规划中基本上都是根据国家和行业建设重点以及上一个五年规划末期的年度投资额和投资发展趋势估测下一个五年的可能投资能力，选择和确定下一个五年规划的建设目标，包括列入下一个五年规划所需要完成的续建项目、新建项目、开工项目，以及五年总共建成投入使用的基础设施总量等。对于投资规模，主要是根据上一个五年规划末期的年度投资额以及一定的增长比例进行测算，虽然也按建设项目进行总投资需求测算，但并非完全对应，也没有约束力。实际上，建设规模和总投资规模是敞开口子的，是一种以项目安排和

开工建设带动投资的发展模式,规划指标无论是对项目建设总量目标还是对总投资规模目标都没有硬性约束,主要是作为指导或更多地主要是作为参考,项目的实际完成规模和总投资完成规模主要是取决于这期间的投资政策和筹资能力。在以往的每个五年规划实施结果中,所规划的建设目标和投资目标都是被超额或大幅超额完成。一方面是有大量的急需建设的基础设施项目,另一方面是各主管部门和地方政府积极拓展筹融资渠道,社会化融资和银行贷款规模提高,使更多的项目得以建设实施。

"十二五"后的情况将大为改变,在保持适度超前发展的前提下,有条件可以弹性地对交通基础设施建设发展的速度做出一定的选择,并不一定都要加快或保持既有发展速度,可以是选择适当减速。同样,投资规模也可以是如此。在合理安排建设发展速度和项目建设时序,筹融资压力减轻后,政府也可以有条件根据交通基础设施的属性和民生要求,对既有交通基础设施建设发展的投融资政策和模式进行适当调整,扩大公益性投资范围,减少将交通基础设施以准公共产品的方式进行投资建设和运营而对社会化投融资的依赖,减轻使用者负担。

为了有效掌握或控制合理的建设发展速度,一方面需要对交通基础设施进行更明确的分类[哪些是属于公益性的,由政府投资的;哪些是经营性的,可由社会化投资经营的;哪些是属于准经营性的,可由政府和私人部门共同(或社会化)投资经营的],从项目建设运营方式的审批上进行管理和控制。在交通基础设施已获得较大发展和改善的基础上,不应为了进一步加快发展而过度扩大经营性、准经营性交通基础设施的范围。另一方面,需要改变目前上项目不受规划期总投资规模约束,只要有资金来源就可以将列入中长期规划的项目提前上马建设的以项目为主导的管理模式,转向以规划确定的总投资规模为约束条件之一,在规划的总投资规模内安排相应数量的项目的投资需求管理模式。这样,有利于促进合理安排项目建设时序,以及防止过量地上项目和总投资规模不受约束地随着项目量上涨。

(二)"十三五"、"十四五"投资规模及增长方案

交通基础设施网络的布局完善和交通运输需求的增长都有需求增长曲线

的特征，一是有较长快速增长期，二是在快速增长期过后增长将逐步趋缓并逐渐到总量趋于基本平稳。"十三五"和"十四五"期，是我国城镇化快速发展期，经济也将会继续保持较快增长，交通运输需求仍处于快速增长的发展阶段，交通基础设施网络建设也处于加快布局完善和技术升级的快速发展中后期。这一时期的超前引导型发展模式，是指交通基础设施建设要继续保持相应的投资力度，发展速度和能力供给的增长能够较宽松地适应需求的增长并引导城镇化空间布局，但并不一定要求投资规模、建设数量规模要大于以往时期或逐年增长。其基本建设投资规模有与以往同期持平、高于以往同期、低于以往同期的多种发展选择。

在测算交通基础设施各时期投资需求时，以往是根据建设发展目标和具体的项目安排计算总投资需求规模。而铁路、民航中长期发展规划的基础设施建设任务将基本在"十二五"末提前完成，目前还未编制新的发展规划，国家公路网规划正在上报待批过程中，交通基础设施建设"十三五"、"十四五"的总体发展目标和主要建设任务还未形成基本思路。此外，中长期发展规划的新编制是一项庞大复杂的工程，需要由主管部门的主持和多方面的人力、物力投入，不是本研究所能承担的。因此，此次难以用以往先确定所需建设项目的方式测算未来的建设投资需求。本研究在综合目前的发展基础和发展趋势，分析下一阶段的发展方向和所需要建设的重点内容的基础上，采取先测算未来10～15年不同投资规模的各种方案，并根据未来发展的总体原则和建设任务、资金筹措、债务压力，做出选择建议。再根据新建、改扩建的造价测算所能完成的建设（数量）规模，以及根据测算的建设规模结果对发展水平、所选择的投资规模与增速方案是否符合发展要求进行相应的评价，评比选出可行合理的方案，作为未来的交通基础设施建设投资规模区间。

主要方案是以"十二五"期各种运输方式规划的投资规模为基数，"十三五"分别按+20%、+0%、-20%，"十四五"以"十三五"为基数分别按+10%、+0%、-20%的不同方案进行测算，并根据各种运输方式的发展情况对不同方案进行可能性分析判断，再对各种运输方式可能性最大的几种方案进行组合累加，得出未来几种不同的总投资方案和各方案下的交通基础设施建设规模水平。

1. 公路水路未来投资规模

公路水路"十二五"规划的投资规模约为6.2万亿元,比"十一五"4.7万亿元增长31.9%(其中公路为4.1万亿元,水路为0.6万亿元)。预计"十二五"实际完成的投资额将会突破规划预计数,其中公路投资将可能达到6.3~6.5万亿元,水路投资将可能达到0.65~0.70万亿元。

"十三五"、"十四五"公路的主要建设任务包括:国家公路网规划的新增国家高速公路、省(自治区、直辖市)规划的未建省级高速公路、既有和规划新增的国省道干线改造提级、县乡公路新建与改造提级、通村油路与村道建设,公路枢纽站场建设。而且,西部地区和中部地区的建设任务远远大于东部地区。根据目前和"十二五"末公路网的发展基础和未来需求增长趋势以及债务和融资压力,"十三五"不宜再增速。从网络的建设发展角度,维持或略低于"十二五"建设发展速度,也能够达到适度超前的发展要求;从偿还债务和融资压力的角度,"十一五"期和"十二五"期大规模建设形成的债务将在"十三五"形成还贷高峰,还贷压力较大,不宜使债务规模再进一步快速上升,而应适当控制。因此,"十三五"期的公路投资规模与"十二五"期相比,应选择下降或持平的方案,且下降方案将优于持平方案。"十四五"与"十三五"相比也应如此。也就是说,"十二五"期是公路建设投资的高峰期,随后将趋于逐步下降。

"十三五"、"十四五"水路的主要建设任务包括:沿海港口泊位专业化和结构优化调整,继续增建部分大型专业化码头,继续实施以高等级航道为重点的内河航道建设,以及内河港口码头规模化、专业化建设。根据"十二五"末的发展规模和未来需求的增长趋势,"十三五"期、"十四五"期的沿海港口建设投资规模宜选择逐步下降方案,内河航道和港口宜选择增长或持平的发展方案,继续加大水运绿色交通的发展。水运总体投资规模将呈下降趋势。

按照上述原则和思路测算,"十三五"期公路比较合适的建设投资规模约为5~6万亿元,"十四五"期约为4~5万亿元(见表6-3-1)。

"十三五"期水路比较合适的建设投资规模约为0.5~0.6万亿元,"十四五"期约为 0.45~0.5 万亿元(见表 6-3-2)。

公路未来不同方案的投资规模　　　表 6-3-1

"十二五"规划投资额	"十三五"预计投资		"十四五"预计投资	
	增长比例(%)	投资额(亿元)	增长比例(%)	投资额(亿元)
65000	+20	78000	+10	85800
			+0	78000
			-20	62400
	+0	65000	+10	71500
			+0	65000
			-20	52000
	-20	52000	+10	57200
			+0	52000
			-20	41600

水路未来不同方案的投资规模　　　表 6-3-2

"十二五"规划投资额	"十三五"预计投资		"十四五"预计投资	
	增长比例(%)	投资额(亿元)	增长比例(%)	投资额(亿元)
6800	+20	8160	+10	8976
			+0	8160
			-20	6528
	+0	6800	+10	7480
			+0	6800
			-20	5440
	-20	5440	+10	5984
			+0	5440
			-20	4352

2. 铁路未来投资规模

铁路"十二五"规划最初公布的投资规模为 2.8 万亿元,比"十一五"1.98 万亿元增长 41.4%。后受甬温线动车事故影响,规划进行了调整,在下发的《铁路"十二五"发展规划》中没有列明投资规模,但据了解固定资产投资规模为 2.8 万亿元,基本建设投资规模为 2.3 万亿元。根据 2011 年完成的投资额和 2012 年预计完成的投资额以及目前的总体投资发展趋势,"十二五"期铁路基建总投资规模约在2.5万亿元左右,为"十一五"期的1.26倍。

"十三五"、"十四五"铁路的主要建设任务包括:继续发展高速铁路,充实完善快速铁路网,加快建设城际铁路,建设区际干线新线和既有线复线、电气化扩能改造,建设进出境铁路国际通道,加大铁路枢纽改扩建。尽管目前铁路遇到了较大债务和融资的压力,但铁路的发展是优化我国综合运输体系结构的关键,强化交通基础对经济社会发展的支撑,促进空间发展和格局转变最重要的运输方式,必须大力发展,国家也应给予更大的支持。铁路技术的进步使铁路的优势更加突显,各地对修建铁路完善本地区铁路网的意愿很强、积极性很高。随着铁路管理体制改革的推进和投融资体制改革的深化,铁路还将是未来10~15年的建设重点,尤其是在支撑城镇化、城市群发展方面所要求建设的城际铁路、区域性快速铁路的规模将会较大。由此可以预测,"十三五"期的铁路建设投资规模应略高于"十二五"期,至少不应低于"十二五"期。随着更多铁路项目的建成使用和网络布局完善程度的提高,"十四五"期的建设投资规模与"十三五"期相比,可采取持平或逐步下降的方案。也就是说,"十二五"、"十三五"期是铁路建设投资的高峰,"十四五"期开始趋于逐步下降。

按照以上原则和思路测算,"十三五"期铁路比较合适的建设投资规模约为2.5~3.0万亿元,"十四五"期约为2.0~2.5万亿元(见表6-3-3)。

铁路未来不同方案的投资规模 表6-3-3

"十二五"规划投资额	"十三五"预计投资		"十四五"预计投资	
	增长比例(%)	投资额(亿元)	增长比例(%)	投资额(亿元)
25000	20	30000	10	33000
			0	30000
			-20	24000
	0	25000	10	27500
			0	25000
			-20	20000
	-20	20000	10	22000
			0	20000
			-20	16000

3. 民航未来投资规模

"十一五"民航基本建设和技术改造投资为2580亿元。《中国民用航空发展第十二个五年规划》未公布"十二五"期投资规模,根据"十二五"规划新建和改扩建的民航机场数量以及目前已形成的较好建设投资发展态势,预计"十二五"期民航投资将达到4000亿元以上。

"十三五"、"十四五"民航的主要建设任务包括:部分枢纽机场和干线机场改扩建,部分枢纽型中心城市建设第二机场,增建和改造支线机场,发展通用航空机场,建设和完善空管系统、运输服务系统等。根据民航局制定的民航强国,打造国际航空运输枢纽和民航运输大众化的发展要求,以及进一步的低空开放对通用航空的促进发展,"十三五"、"十四五"民航投资还应保持一定的增长速度,至少不应低于"十二五"的投资水平。

按照以上原则和思路测算,"十三五"期民航比较合适的建设投资规模约为0.4~0.48万亿元,"十四五"期约为0.4~0.52万亿元(见表6-3-4)。

民航未来不同方案的投资规模 表6-3-4

"十二五"规划投资额	"十三五"预计投资		"十四五"预计投资	
	增长比例(%)	投资额(亿元)	增长比例(%)	投资额(亿元)
4000	+20	4800	+10	5280
			+0	4800
			-20	3840
	+0	4000	+10	4400
			+0	4000
			-20	3200
	-20	3200	+10	3520
			+0	3200
			-20	2560

4. 管道未来投资规模

油气干线管道"十一五"期完成的投资约为0.22万亿元,"十二五"规划的投资为0.4~0.5万亿元。油气干线管道的布局建设需求涉及油(气)源和主要消费地以及运输量的需求规模。今后的管道建设,一方面是国内的石油、天然气、页岩气、煤层气开发和集中输运,以及较大集中量的成品油输运需要铺设相应的管道;另一方面是依托地缘优势进一步拓展从陆路进口的油(气)以及海陆联运(如中缅油气管道)进口的油气需要铺设跨国境的国际输运管道。其布局建设需求与国内油气勘探开发、国际油气进口的合作协议和运输方式密切相关,难以作准确判断。"十三五"、"十四五"仍按"十二五"的0.4~0.5万亿元的规模进行估算。

5. 城市轨道交通未来投资规模

"十二五"综合交通运输体系规划研究估算的城市轨道交通投资额约为1.5万亿元,为"十一五"期的3倍多。在新一届政府大力推动城镇化,将城镇化作为未来几十年最大的发展潜力,中国现代化进程中一个基本问题,一个大战略、大问题的发展形势下,城镇化将进一步稳步推进,城市化水平将不断提高,城镇人口进一步集聚,特大以上城市规模进一步扩大、数量进一步增多。不仅符合建设城市轨道交通条件的城市随之增多,而且已有和在建城市轨道交通的城市需要也将进一步加快和扩大轨道路网建设,提高轨道交通覆盖率,以优化城市交通结构,提升支撑功能,缓和城市交通拥挤状况。与此同时,市域(市郊)城镇化发展将加速,作为城市总体规划的市域(市郊)铁路将步入快速发展期。根据已批准的主要城市的轨道交通发展规划,"十三五"、"十四五"将继续加快推进城市轨道交通线路建设,并成为建设的高峰期,投资规模将进一步继续增长,之后才会逐步降低。

根据轨道交通中长期发展规划的"十三五"期间将建设3000公里左右的城市轨道交通线,总运营里程达到6000公里以上的目标,测算的总投资需求将达1.8~2.0万亿元。"十四五"还将继续加快完善各主要城市的轨道交通网络,总投资需求将可能达2.0~2.3万亿元。

根据以上原则和不同的方案测算,结合当前投资实际发展形势与未来合理需求以及建设资金来源等因素综合评估,"十三五"期的交通投资总规模约为10.6~12.48万亿元,"十四五"期约为9.25~11.22万亿元(表6-3-5)。

"十三五"、"十四五"交通基础设施总投规模　　　　表6-3-5

序号	运输方式	"十二五"预计完成额（万亿元）	"十三五"预计投资 投资规模（万亿元）	"十三五"预计投资 增减比例（％）	"十四五"预计投资 投资规模（万亿元）	"十四五"预计投资 增减比例（％）
1	公路	6.5	5.0～6.0	－23.1／－7.7	4.0～5.0	－20.0／－16.7
2	水路	0.68	0.5～0.6	－26.5／－11.8	0.45～0.5	－10.0／－16.7
3	铁路	2.5	2.5～3.0	0.0／＋20.0	2.0～2.5	－20.0／－16.7
4	民航	0.4	0.4～0.48	0.0／＋20.0	0.4～0.52	0.0／＋8.3
5	管道	0.4	0.4	0.0	0.4	0.0
6	城市轨道	1.3	1.8～2.0	＋38.5／＋53.8	2.0～2.3	＋11.1／＋15.0
	合计约	11.78	10.6～12.48	－10.50／＋5.9	9.25～11.22	－12.7／－10.1

注：投资计算未考虑价格上涨因素。城市轨道包括纳入城市交通体系的市域铁路投资。

（三）"十三五"、"十四五"建设规模和总体发展水平

下面根据前面分析的下一时期的建设重点和各种运输方式各类基础设施需要建设的结构比例以及各类设施的平均造价，按照以上测算的各种运输方式的投资规模，对"十三五"、"十四五"可建设的数量和可达到的总量规模水平进行计算。

1. 公路

根据相关资料和调研，目前的公路造价：高速公路四车道普遍在7000～9000万/公里，六车道在9000～10000万元/公里（贵州等地形条件复杂的省份分别达9000～10000万元/公里和12000～14000万元/公里）；低等级公路改造升级为二级公路大约在1500～2000万元/公里；通村油路（水泥路）大约在60～80万元/公里。随着人工成本、材料价格的上涨，今后单位造价还将上升。

按照统筹收费公路和非收费公路建设，加大国省道技术改造和农村公路建设投入的要求，投资结构按高速公路40%、国省道37%、农村公路20%、枢纽站场等3%的大致比例计算，"十三五"期约可建设高速公路2.0～2.2万公里，改造国省道二级公路11万公里左右，公路总通车里程增加30～40万公里。"十四五"期约可建设高速公路1.5～1.6万公里，改造国省道二级公路

10万公里左右，公路总通车里程增加25~30万公里。

2020年公路通车里程将可达480~490万公里，其中高速公路14.5万公里左右，二级及以上公路里程达78万公里左右，东部地区路网完善度达95%左右，西部地区达85%左右。2025年，公路通车里程将可达510万公里左右，其中高速公路16~16.5万公里，二级及以上公路里程达90万公里左右，总体路网完善度达90%以上，东部地区基本进入成熟发展期。

2. 铁路

根据相关资料和调研，随着各种成本费用的上涨和新建造铁路桥隧比例的上升，目前铁路的大体造价是：

普通铁路。国家I级单线电气化铁路约3000万元/公里左右，双线电气化铁路约5000~6000万/公里，增建复线约3000~4000万元/公里；重载运煤通道约8000万元/公里(如最近批准的蒙西华中铁路全长1837公里，概算投资为1539.7亿元，平均8361万元/公里)。

快速铁路和客运专线。时速200~250公里/小时客运专线约6000~9000万元(如按概算投资计算，甬温铁路5500万元/公里，石太客专7184万元/公里，南广铁路7331万元/公里，厦深客专8298万元/公里)。但一些线路造价也可能超过1亿元/公里，与其他300~350公里/小时的线路造价差不多(如云桂铁路概算投资平均达12665万元/公里，津保铁路达到了15170万元/公里)。

高速铁路。时速300~350公里/小时高速铁路约11000~16000万元/公里(如按概算投资计算，武广高铁10909万元/公里，京沪高铁16760万元/公里)。

城际铁路。时速200~250公里/小时城际铁路约11000~18000万元(如按概算投资计算，武汉至咸宁城际铁路10844万元/公里，武汉至黄石城际铁路17433万元/公里，成绵乐城际铁路12365万元/公里)。而时速300~350公里的城际铁路造价也基本在上述范围内(如沪宁城际铁路14219万元/公里，沪杭城际铁18306万元/公里)。

综合省市区铁路规划对各类铁路的建设需求和以上各类铁路的平均造价，"十三五"期约可建设快速铁路和高速铁路1.5~1.8万公里(高速铁路的新增里程取决于政府对高速铁路的认识和决策），普通铁路和增建复线铁路 1.1～1.5 万公里，以及新建和改扩建一批铁路枢纽和站场。"十四五"期约可建设快速铁路和高速铁路 1.0 万公里左右，普通铁路和增建复线铁路 1.2～1.5 万公里，以及新建和改扩建一批铁路枢纽和站场。

2020 年铁路总里程可达 14.5 万公里左右，其中快速铁路网里程达 6 万公里左右，铁路复线率达 60% 以上。2025 年铁路总里程可达 16 万公里左右，其中快速铁路网里程达 7.0 万公里左右，铁路复线率达 70% 左右，形成总体布局和结构基本完善的现代化全国铁路网络。

3. 水运

由于不同航道和港口的建设条件差异性很大，而且对建造的航道等级、港口码头吨级的结构比例的要求不同，在未有具体规划指定的建造项目前，难以用平均造价较准确地计算未来各类建造物的数量。参照"十二五"规划的目标数量和投资额测算，"十三五"大致可建沿海深水泊位 250～300 个，内河高等级航道 2000 公里左右；"十四五"大致可建沿海深水泊位 200 个，内河高等级航道 1500 公里左右。

2020 年沿海港口深水泊位数将可达 2460～2500 个，内河高等级航道里程达 1.5 万公里。2025 年沿海深水泊位数将可达 2650～2700 个，内河高等级航道里程达 1.65 万公里，沿海港口布局建设基本趋于完善。

4. 航空

由于机场的等级、规模不同，小型机场投资从几亿元到几十亿元，中大型机场投资从几十亿元到几百亿元，差异的跨度很大，通常情况下，在未有具体规划指定的建造项目或结构比例前，难以得出平均造价。参照"十二五"规划的目标数量和投资额测算，以及结合未来机场改造和布局新建的发展要求分析，"十三五"大致可新建运输机场 50 个左右，改扩建运输机场 70～100 个，通用机场获得较快发展，初具一定规模。"十四五"大致可新建运输机场 30～50 个，改扩建运输机场 50～80 个，通用机场获得快速发展，总数达 300～400 个。

2020 年全国运输机场数量达 300 个左右，国际航空枢纽机场、国内区域性主要枢纽机场的运输保障能力进一步提高，通用机场达 150～200 个。2025

年,全国运输机场数量达330~350个,机场布局和结构体系趋于基本完善,通用机场数量达到300个以上(具体发展和数量需要专项研究支持)。

5. 城市轨道

根据投资规模和大体的平均造价,2020年城市轨道营业里程将达6000公里以上,2025年包括市域铁路在内城市轨道营业里程将达到10000公里以上,基本与大城市的规模扩张和郊区城市化的发展相适应。

经过对各种运输方式基础设施可建设数量和总体发展水平的测算验证(表6-3-6),结果表明,选择建议的未来10~15年交通基础设施建设投资的增长速度和投资规模可以满足各种运输方式发展规划的建设发展要求,既做到了适度超前发展,又通过投资规模和增长速度的适当控制,促使建设任务在相对更长的时期内进行合理有序的安排,减轻新项目开工建设的集中度,适当放缓节奏,有利于减轻筹融资及债务压力,同时还有助于项目建成后的能力利用和投资经济效益的提高。

2020年和2025年各类交通基础设施的规模水平　　　　表6-3-6

运输方式		计量单位	2015年	2020年	2025年
铁路	总里程	万公里	约12	14.5	16.0
	快速铁路网里程	万公里	4.5以上	6.0	7.0左右
	复线率	%	50	60以上	70左右
公路	总里程	万公里	450	480~490	510左右
	高速公路里程	万公里	12.0	14.5左右	16~16.5
	二级及以上公路	万公里	65	78	90
水运	沿海港口深水泊位	个	2214	2460~2500	2650~2700
	内河高等级航道	万公里	1.3	1.5	1.65
民航	运输机场	个	230	300	330~350
	通用机场	个		150~200	300~400
输油(气)管道里程		万公里	15	20	23~25
城市轨道交通运营里程		万公里	3000	6000以上	10000以上

注:城市轨道交通运营里程包括城市交通体系的市域铁路。

(执笔人:罗仁坚 罗诗屹)

第七章

交通基础设施的属性与产品供给

内容提要：属性决定政府、市场、个体在社会产品供给中所扮演的角色，对交通基础设施属性的认识决定着交通运输发展过程中交通运输产品的供给模式，影响着相关部门的投融资决策。本章在对产品属性理论进行介绍的基础上，分析了交通运输产品属性，以及非专用性交通基础设施、专用性交通基础设施、收费公路和私人性交通基础设施基本属性，指出历史上交通基础设施的准公共品属性定位对促进我国交通运输事业发展起到了重要作用，但随着社会经济的发展，交通基础设施的供给应该逐步回归到公益性供给，扩大政府交通基础设施公共品供给范围，对非公共品供给加强补贴。

第一节 产品属性基本理论

现代市场营销学认为，产品是通过交换满足消费者需求，实现消费者实际利益的综合，从其供给关系来说，既包括以公共部门提供为主的公共品(Public goods)，也包括以私人部门为主提供的具有较强排他性和竞争性的私人品(Private goods)。在经济学意义上，"公共品"和"私人品"一般是相对而言的，其概念最初是由林达尔(E. R. Lindahl)提出的，后由美国著名经济学家萨缪尔森(P. Samuelson)等加以系统化的发展。这一概念的提出和发展不仅对现代公共经济学理论的形成具有开拓性意义，而且对我们进一步认识市场在交通运输生产等社会经济生活中的局限性、科学界定政府在交通运输基础设施投资与建设中承担的权利与义务具有重要意义。

(一) 公共品的内涵

尽管公共品这一概念已经广泛应用于经济学各领域，但由于其所包括的范围十分广泛，且不同类型公共品的供给和需求特征差异十分明显，因而，要对其下一个精确的定义相当困难。纵观公共品理论的发展历程，以下三种定义最具有代表性：

第一种是萨缪尔森的定义。根据传统的公共财政理论，萨缪尔森将纯公共品定义为"每个人对这种产品的消费，都不会导致其他人对该产品消费的减少"，包括治安、国防、法律、空气污染控制、防火、路灯、天气预报和大众电视等。

第二种是奥尔森(M. Olson)的定义。奥尔森在其代表作《集体行动的逻辑》(The Logic of Collective Action)中提出："任何物品，若一个集团$\{X_1, \ldots, X_n\}$中的任何个体X_i能够消费它，它就不能适当地排斥其他人对该产品的消费"，则该产品就是公共品。换而言之，该集团或社会是不能将那些没有付费的人排除在公共品的消费之外的；而对非公共品，这种排斥是能够做到的。

第三种是布坎南(J. M. Buchanan)的定义。在《民主财政论：财政制度和个人选择》(Public Finance in Democratic Process: Fiscal Institutions and Individual Choice)一书中，布坎南指出"任何集团或社团因为任何原因通过集体组织提供的商品或服务就都将被定义为公共品"。根据这一定义，凡是由团体提供的产品都是公共品。但是，"某一种公共产品只可以使很小的团体，比如包括两个人的小团体受益，而另外一些公共产品却可以使很大的团体甚至全世界的人都受益"。

目前，现代经济学所广泛接受的定义是由后来经济学家所发展的萨缪尔森式的定义。它将纯粹的私人品与纯粹的公共品之间的区别用数学公式更严格地表述如下：

(1) 对于纯私人品而言，$X_j = \sum_{i=1}^{n} X_j^i$，这就是说，产品$X_j$的总量等于每一

个消费者 i 所拥有或消费的该产品数的总和。这意味着私人品在人与人之间是完全可分的。

（2）对于纯公共品而言，$w_j = w_j^i$，也就是说，对于任何一个消费者 i 来讲，他为了消费而实际可支配的公共品 w_j^i 的数量就等于该公共品的总量 w_j，即公共品在人们之间是不可分的。

但是，萨缪尔森式的纯公共品，和公有财产资源（如草地、石油、煤炭等）不同。由于任何个人对公共品的消费都不减少其他人对该产品的消费，因而公有财产资源不是萨缪尔森式的纯公共品。为更好地对产品的基本属性进行判定，公共经济学家引入竞争性和排他性这两个概念。关于二者定义，曼昆（N. G. Mankiw）所著的《经济学基础》（Essential of Economics）进行了详细阐述，本研究简单描述如下：

（1）排他性（Excludability）。

产品"排他性"，是指"可以排除或阻止一个人使用一种产品时该产品的特性"。对于私人品来说，购买者只要支付价格就取得该产品的所有权或使用权，并可轻易的排斥他人消费这种产品，这就是排他性；而公共品的消费是集体进行、共同消费的，不具备排他性（或者称具有非排他性），其效用在不同消费者之间不能分割。

在理解产品排他性时，尤其要注意两个问题：

第一，排他实质上是一个成本问题，而不是一个逻辑问题，其可行或者不可行，依赖于执行排他成本的高低。因此，排他性容许有不同的程度。以公路为例，一方面农村公路的排他性是困难的，从理论上讲虽然可以禁止车辆上路或监控，但需要付出巨大的代价；另一方面，高速公路的排他却非常切实可行，通过提高通行费用或者采取针对性管制措施即可实现（如目前我国高速公路收费政策规定，对所有进出高速公路的机动车辆均收取通行费用，但在国家重大节假日则对 7 座及以下载客车辆实施免费通行政策，这在一定程度上体现了高速公路的针对性"排他"）。

第二，随着科学技术的不断进步，排他的难易程度和成本也会发生变化，可能使"排他"变得更加困难或相对容易。例如，由可以拍下汽车牌照的照相机、电子计算机、电子收费机等构成的系统，使得城市道路征收相关费用（如伦敦、新加坡等城市为缓解城市交通拥堵征收拥挤费)以排他或者采取"尾号限行"(如北京、成都等城市为缓解拥堵采取限行政策)等措施成为可能。

总之，排他不是一成不变的，而是随着时代的发展、科技的进步、国家政策的取向等而动态变化的。

(2) 竞争性(Rivalry)。

产品"竞争性"是指"一个人使用一种产品减少其他人使用时该产品的特性"。对于私人品来说，购买者只要支付取得产品所有权的费用，另一个人就不可得到同一个产品，这就是竞争性，如衣服、食品、拥挤的收费公路等；而公共品的消费，一个人的享用或消费并不减少另一个人对它的消费或享用，这就是非竞争性，如国防、外交、治安、不拥挤的普通公路等。

对于非竞争性产品，其一方面边际生产成本为零，即在现有的产品供给水平上，新增消费者不需增加供给成本(如对不拥挤公路的使用)；另一方面边际拥挤成本为零，即任何人对该产品的消费不会影响其他人同时享用该产品的数量和质量。其中，个人无法调节其消费数量和质量(如不拥挤的桥梁、未饱和的互联网等)。边际拥挤成本是否为零，不仅是区分产品竞争性，也是区分纯公共品、准公共品、私人产品或混合产品的一个重要标准。另外，不可分割性也是公共品的一个重要特性。例如，私人产品可以被分割成许多可以买卖的单位；而公共品是不可分割的，其中国防、外交、治安等最为典型。

按照产品的作用范围和竞争性、排他性的程度，公共品可以做以下几种分类：

(1) 按是否同时具有非排他性和非竞争性，可分为纯公共品与准公共品。

从严格意义上讲，公共品是指在消费上具有完全非竞争性和非排他性的产品，如国防、行政治理、法律秩序、基础教育、公共防疫等，人们称之为纯公共品(Pure public goods)。在市场经济条件下，纯公共品由于具有消费上的非竞争性和非排他性，一般采用公共生产和公共提供方式。

但是，在现实生活中，真正的纯公共品并不很多，多数公共品介于纯公共品和私人产品两级之间，在一定程度上具有公共品和和私人产品的双重属性，如电信、电力、自来水、管道煤气、集中供热、铁路运输、城市地铁和公共交通、邮政、义务教育、预防保健等产品和服务，人们一般称之为准公共品（Quasi-public goods）或混合产品。准公共品一般具有"拥挤性"的特点，即当消费者的数目增加到某一个值后，就会出现边际成本为正的情况，而不像纯公共品，增加一个人的消费，边际成本为零。准公共品到达"拥挤点"后，每增加一个人，将减少原有消费者的效用。

准公共品又可以分为两类：

一是准公共品Ⅰ：俱乐部类公共品。

它是指在消费上具有可排他性和非竞争性的公共品，如戏院、公共俱乐部、收费公路、图书馆、夜总会等。这些产品在消费上具有共享性，在出现拥挤效应之前，每增加一个消费者其边际分配成本为零。由于这类公共品的享用者可以看成是具有相同偏好的消费者组成的一个俱乐部，所以有时也将这类公共品称为俱乐部类公共品（Club Goods）。

准公共品Ⅰ还可进一步分为两类：一类是自然垄断型的公共品，如交通运输、能源工业、通信业、自来水等，其特点是有很强的规模经济性；另一类是优效品（Merit goods），指无论人们的收入水平、承担能力高低都可以、也应当进行消费的公共品，如义务教育、预防保健等。优效品是基于这样的假设，人们并非在各种情况下都能根据自己的最佳利益进行行动，即使是在信息完备的情况下也会由于疏忽或缺乏远见等原因而不能做出明智的选择。

二是准公共品Ⅱ：公有池塘类公共品。

它是指在消费上具有竞争性和非排他性的公共品，比如公共池塘中的水、公用的草地资源、地下的石油、矿藏、海洋等共同资源。它们在消费上具有非排他性，因为既然是公共的，那么谁都可以自由地去打水喝或者用于灌溉，但是打出来的水用于饮用或用于灌溉，这种消费就具有竞争性。2009 年度诺贝尔经济学奖获得者、美国经济学家奥斯特罗姆（Elinor Ostrom）称这类公共品为"公有池塘产品"（Common-Pool Resources）。

基于竞争与排他的公共品分类具体如表 7-1-1 所示。

（2）按公共品使用者的范围，可分为全国性公共品和地方性公共品。

从公共品的使用范围来看，有些公共品的消费是供全体公民共同消费的，称为全国性公共品，如国防、全国治安、国家级道路、电力、通信管网、信息传播等。有些公共品主要为某一个地区的公民集体使用，称为地方性公共品，如城市街道、绿化、水气电、污水处理、路灯、社区安全等。

基于竞争和排他的公共品分类　　　　表 7-1-1

项目	可 竞 争	非 竞 争
可排他	纯私人品：如事物、衣服等各类日用消费品	准公共品Ⅰ：戏院、公共俱乐部、收费公路、图书馆、夜总会、交通运输、义务教育等
非排他	准公共品Ⅱ：水资源、石油、矿藏、海洋、福利房等共同产权资源	纯公共品：国防、治安、法律、空气污染控制、防火、路灯、天气预报和大众电视国防、治安、法律、空气污染控制、防火、路灯、天气预报和大众电视等

还可按照公共品的主要使用者进一步将公共品分为城市公共品和农村公共品。城市公共品包括供水、供电、排污设施、公共交通、道路、路灯等各种城市经济类基础设施以及文教、医疗保健等社会基础设施；农村公共品包括乡村公路、基本农田水利设施、病虫害防治、大江大河的治理等。

结合上述纯公共品和准公共品的分类，可得基于使用者范围的公共品分类，如图 7-1-1 所示。

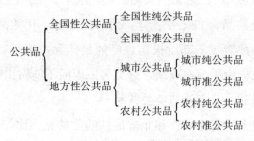

图 7-1-1　基于使用者范围的公共品分类

（3）按公共品产生外部性情况，分为具有正外部性的公共品与具有负外部性的公共品。

外部性是指一个经济主体行为的成本或收益自动外溢到其他经济主体身上的现象。成本外溢说明存在着负的外部效应，相反收益外溢则说明此行为产生了正的外部效应。

当一种公共品被生产出来时，包括生产者在内的经济主体会因此得益，这类公共品就是具有正外部性的公共品，如国防、良好的治安、教育、文化设施、优美的环境等；相反当一种公共品被生产出来时，其他经济主体会因此受害，则称这类公共品为具有负外部性的公共品，如企业向环境中排放的污染、噪音等。

(4) 按照公共品是否是人类劳动的结果，将公共品分为自然资源类公共品和劳动产品类公共品。

按照萨缪尔森的定义以及由此引伸出的公共品的特点可知，只要在消费上具有非竞争性和非排他性的产品都是公共品。公有的自然资源，如河流、矿产资源、公海中的海洋资源等都具有这些特点，称其为自然资源类公共品。这类公共品不是人类劳动的结果，是大自然给予人类的宝贵资源。而诸如国防、治安、道路等公共品，则是人类劳动的结果，称其为劳动产品类公共品。

(二) 公共品的范围

公共品的范围是动态变化的，并非一成不变的，也不是绝对的，它具有一定的灵活性和可选择性。在本质上，公共品是社会正常存在、运转与发展所必需的、具有社会性的物品或服务。换言之，由政府提供的物品或服务，如不具有社会性，就不能算是公共品。同时，值得指出的是社会性是一个历史的、动态的、不断发展变化的范畴，它的发展变化受经济、政治、社会、历史、文化、传统、自然等诸多因素的影响。比如教育、医疗、养老，在历史上相当长一段时间里都属于由私人自己负责提供的私人品。但随着经济、社会、政治等诸方面的发展，在今天它在很大程度上已衍化为具有社会性的公共品或准公共品，而必须由政府主要负责提供。比较典型的包括教育已由历史上个人提供的"私塾"，到目前由政府主要负责提供的"九年制义务教育"乃至"十二年制义务教育"。

所谓公共品范围的变化是指由于若干影响因素的动态调整使产品的公共品特征或属性发生变化，某些纯公共品可能因丧失了某些特征而变成了准公共品或私人产品，而某些准公共品和私人产品也可能因某些影响因素的变化而获得了公共品特征而加入到纯公共品的行列之中。因此，应该从分析影响公共品特征的因素入手考察公共品范围的变化。一般来说，影响因素主要包括以下四个：

第一，经济发展水平的提高是影响公共品范围的根本原因。

首先，随着经济发展和国家财力的增强，国家可以加大对准公共品行业的投入，扩大其供给能力，同时采用转移支付手段，缩小人们消费准公共品的数量区别，淡化消费数量区别的意义，从而使若干准公共品变为纯公共品，例如现在西方一些福利国家已经在全国范围内推行全民免费高等教育和免费医疗。对于一些本应完全公益性供给，但在政府财力不足情况下采取投资经营性方式提供的基础性产品，在政府财力充足后，可以增强政府性供给，同时，政府还可以通过投资补足、经营亏损补贴等方式降低产品价格，例如2007年北京实施公共交通票制票价改革，以极低的价格向人民提供公共交通服务，而公交公司亏损由政府财政进行补贴，到2012年政府对公共交通的补贴额度已高达180余亿元。

其次，随着收入水平的提高，人们会追求更高的生活质量而改变某些准公共品的消费方式。例如随着人民生活水平的提高，越来越多的人已从公共交通出行转向小汽车出行。

另外，对于由政府部门提供的准公共品，可以以不完全收回投资的原则进行定价提供，即仅以收回部分投资或维持运营的价格提供；同时，对于一些政府不直接提供的产品，可以以政府购买服务的方式供给。

第二，政府公共选择是影响公共品范围的直接原因。

所谓政府公共选择，是指政府在经济活动中，基于特定价值取向，通过政治程序决定公共品生产、供给等问题。其对公共品范围的影响主要表现为两种情况：

首先，在一定的生产技术和经济发展水平下，许多产品的消费方式是可以选择的，例如通勤出行，公众可以选择乘坐地铁、公共电汽车等政府提供的公共交通服务，也可以采用小汽车、自行车等私人交通方式。对于这种选择，出行者有自主选择的权利，但政府也可以进行某种程度和方式的干预（例如北京市政府实施机动车尾号限行、车辆限购和公共交通限价策略），扩大公共交通的使用范围。

其次，公共选择之所以能够影响公共品的范围，是因为它可以淡化甚至忽略准公共品的消费数量非均等性特征，撤销准公共品的排他性设施，把它作为公共品来对待。尤其是当某些准公共品的私人收益和社会收益在数量上难以进行准确衡量时，政府必须确定自己的价值与政策取向来进行公共选择。

例如，为确保公路交通事业更好地服务社会经济发展和人民生活，2009年国务院办公厅转发发展改革委、交通运输部、财政部《逐步有序取消政府还贷二级公路收费实施方案》，并于2011年开展收费公路专项清理工作，到2012年5月已经撤销调整328个问题收费站、降低182个收费公路费率、取消58个收费公路项目，3706公里的收费公路变成了普通公路，由准公共品成为公共品。

第三，科学技术的进步是影响公共品范围变化的重要原因。

首先，科学技术水平的提高和进步有可能使某些准公共品具有的共同消费性，从而使其进入公共品行列，或者使某些私人产品具备一定的共同消费性，而成为准公共品，并因此改变公共品和准公共品的范围。

其次，科学技术的进步也有可能会扩大准公共品的容量，变拥挤的准公共品为非拥挤的纯公共品，从而改变公共品的范围。例如，现在中小学义务教育仍然是有容量限制的拥挤性的准公共品，但计算机远程教育技术已经使学校的容量扩大成为可能，有朝一日中小学义务教育完全可能变为非拥挤的纯公共品。

第四，居民的文化素质和消费习惯是影响公共品范围的间接原因。

居民的文化素质和道德水平是影响公共品范围的重要因素。在一些发展中国家，一些风景旅游胜地、历史文化遗址和国家地质森林公园等公益性项目之所以要建设排他性设施，并作为准公共品经营，重要影响因素之一是公众的文化素质和道德水平还参差不齐，如果将其作为非排他的纯公共品，这些产品就有可能遭到某些文化素质和道德水准低下之人的破坏。居民的消费习惯也对准公共品的范围有一定的影响。例如同为经济发达国家，日本至今有不少公共浴池，而在美国却很少见到。

由于经济发展水平、政府公共选择、科学技术、居民文化素质和消费习惯等影响因素都具有动态性，因此在不同国家和不同时期，公共品的范围就会发生变化。从第二次世界大战以来世界上不同类型国家公共品范围总的变化趋势上看，发达国家公共品的范围在扩大，准公共品的范围在缩小，而发展中国家公共品的范围在缩小，准公共品范围在扩大。

第二次世界大战以后发达国家公共品范围扩大、准公共品范围缩小的原因在于上述4个影响因素的作用使准公共品产生了两极分化现象。一方面，一些准公共品转变为纯公共品。例如随着经济发展水平的提高，政府财力的增加，以及社会公共选择的转变，北欧一些福利国家已经实行了全民免费医疗和免费教育，在美国中小学义务教育和公共图书馆也已经实行全部免费。另一方面，随着生产技术的发展和其他原因共同作用，也有一些准公共品向竞争性的私人产品转变。例如电力、自来水、管道燃气等公用产品，过去西方发达国家都实行一体化经营体制，全部生产和输送业务都被视为具有公共消费性，属于准公共品范围。但随着生产技术的发展变化，人们现在认识到，电力、自来水和管道燃气这些产品的生产经营过程大致可以分为两个阶段：第一阶段是产品的生产阶段，即电厂发电，自来水厂生产出成品水，煤气厂生产出煤气；第二阶段是产品的输送分销阶段，即通过管网系统把产品输送供应给用户。而在产品生产经营的第一阶段，产品并不具备共同消费特征，而真正具有公共消费属性的是通过管网系统输送供应给用户的产品。因此，西方发达国家目前纷纷把这些产品的生产业务与输送业务分离开来，对这些产品的生产业务实行私人产品的竞争性经营体制，而只把这些产品的管网输送业务继续作为准公共品经营。也就是说，准公共品的范围缩小了。

而从发展中国家的情况来看，却有公共品范围缩小，准公共品的范围扩大的趋势。首先，公共品的生产和提供需要一定的生产技术和经济发展水平作为前提条件，在发展中国家原来的生产技术和经济发展程度都比较落后，国家财力也不富足的时候，义务教育、预防接种、公共图书馆等公共文化事业和电力、电信、自来水这些公用行业都不发达。某些准公共品，如义务教育、预防接种等都以私人产品形式存在，准公共品范围都比较小。第二次世界大战以后，发展中国家先后获得政治独立和经济独立，随着生产技术和经济发展水平的不断提高，国家财力的不断增强，社会对准公共品的需求急剧扩张，义务教育、预防接种、电信、电力、自来水、公共交通运输这些公益和公用产业便开始大力发展起来，于是发展中国家的准公共品范围开始扩大，在社会经济生活中的比重也开始增加。其次，随着经济发展对自然环境和资源的压力日益沉重，不少发展中国家开始对天然森林、草场和水资源实行收费制度，使这些公共资源从原来的纯公共品变成了准公共品。例如新中国建立以后在相当长时间内实行对水资源的无偿使用，导致水资源的浪费和供求关系的日益紧张。1988年1月公布实行的《中华人民共和国水法》规定征收水资源费，使水资源在我国开始成为准公共品。最后，发展中国家在经济起飞时期由于国家财力不足，会把若干本来应该免费提供的纯公共品改为收费的准公共品，从而扩大准公共品范围。例如，维护社会治安本来是应该由国家免费提供的纯公共品，但我国前些年不少地方的公安部门由于经费不足，向涉案企业收取办案费，向普通居民收取治安联防费，就属于这种情况。

从上面的分析中我们可以发现公共品范围变化的基本趋势：当一个国家生产技术和经济发展水平都很落后，无法提供公共品生产所需的技术和财力支撑条件时，公共品和准公共品的范围都会比较小；而当它进入经济起飞时期时，准公共品的范围会扩大；而当它的生产技术和经济发展水平达到很高程度时，准公共品会向纯公共品和私人品两个方向分化，公共品范围会重新扩大，而准公共品的范围又会相对缩小。我国同样经历了公共品范围缩小再扩大这一过程。例如新中国建立初期，公路是由国家财政全部投资建设；到20世纪80年代，由于公路基础设施建设无法满足社会经济发展需求，但国家财政支付能力相对有限，政府通过向社会融资、特许经营等方式建设公路，并以收取通行费的方式还款；近年来，随着我国财政收入的持续增长，国家财政加大了对交通基础设施尤其是农村公路投资力度。

（三）公共品的供给主体

长久以来，大众普遍认为公共品应该且只能由政府提供。诚然，政府是为全体公民服务的，它管理社会公共事务，反映公民合理诉求，促进国民经济发展，保卫国家主权安全，因而提供公共品是政府分内的事情。但是，由于公共品的多样性，例如在存在形态上，有些公共品是有形的，而有些则是无形的；在功能上，有些属于消费性公共品，有些则属于要素性公共品或中间性公共品，没有一个万能政府能全部提供这些公共品。因此，公共品以政府提供为主，但并不等于非要以政府生产为主不可。实际上，除了少数涉及国家全局利益和国家安全的纯公共品需要由政府直接生产外，大量的公共品都可以通过市场或民间力量等其他供给方式进行补充和协助，例如采用公开招标和投标的契约方式,交给私人生产,然后由政府采购,或者干脆由政府使用公共资金在商品市场上直接购买。

但是,具体到某一公共品供给,其主体的选择和作用边界受诸多因素的影响。例如公共品自身性质、技术条件、政府职能理念、公平效率标准、政府政策倾向、需求状况和私人资本规模的不同,可能导致不同的供给方式,而且会导致公共品供给方式的不断转变。同时,公共品供给制度安排应立足于政府与市场以及公共部门与私人部门的职能互补,而非相互替代。只有不同形式的供给方式的互补和相互作用,才有可能实现公共品的有效供给。政府、市场和志愿事业组织就是构成公共品供给方式的三大主体。

1. 公共品的政府供给

政府供给是公共品供给中最常见的一种形式,即在市场进行资源配置基础上,政府以公平为目的、以税收和公共收费为主要筹资手段,利用公共资源供给公共品,以满足社会的公共消费需要。对于消费者而言,可以无条件地获得这些公共品的消费权,而无需付出任何代价或者报酬。

政治学家林德布洛姆(C. E. Lindblom)在《政治与市场:世界的政治经济制度》(Politics and Markets: The World's Political Economic Systems)一书中认为,市场制度建立在交换关系上,而政府制度建立在权威关系上。在公共品供给中,政府制度的权威性和强制性的特征表现在为公共品的供给提供一种制度环境,形成公共品供给的秩序。同时,对于消费不能排他和非竞争性的公共物品通常由政府来提供。可见,政府提供公共物品的一个重要目的,就是为了维持一种社会秩序,以实现其统治和管理,包括追求社会福利最大化,实现公共利益,最大限度地满足公众需求。

从公共品理论和受益原则以及供给效率角度分析,考虑到中央政府组织管理范围具有全国性,可以获得在全国范围内配置资源的规模经济效益,故全国性公共品应该由一国中央政府供给。而如果让地方政府联合供给这类公共品,将产生新的交易成本,使得公共资源配置不当,社会福利水平降低。同理,地方性公共品供给主体应是地方政府,这样一方面可以准确地反映居民对该公共品的需求强度和受益程度,另一方面也可以较准确地判断该公共品的福利性和经济性收益。因此,由地方政府提供地方性公共品,不仅符合受益原则，而且决策成本比较低，容易克服公共品供与需不匹配的矛盾，财政资源配置的效率较高。属于政府供给的公共品，主要是公共品中的纯公共品，如国家安全、气象、基础科学研究、农业技术的研究和推广、大型水利设施、社会科学研究等。具体可以采取两种模式：

（1）政府直接生产公共品，采取公共品的国有国营模式。

具体又可以分为以下几种情况：

体现国家意志的公共品，如军队、警察、法庭、监狱、法律法规等由政府依靠公共财政支出，直接投资并组织公共品生产，然后无偿地向社会提供。

与社会公平分配目标有关的公共品，如卫生保健、基础教育、社会保障等一般由政府组织公共品生产，并通过收费方式向社会公众提供。不过这种收费不是以盈利为目的的，而仅仅是对成本进行补偿。

与社会发展有关的公共品，如环保、科研等。

自然垄断类公共品，如邮政、铁路、自来水等一般由公共企业生产，按盈利原则定价，并向使用人收费。

（2）政府利用市场间接供给公共品。

目前，不少发达国家和发展中国家为了避免国家公共品供给的低效率而采取利用市场间接供给公共品的模式。对于同一种公共品，既有政府供给也有私人供给，但政府会对供给公共品的私人予以经济上的补偿。如在美国，1997年有近2/3的私人医院得到政府财政支持，而私立高等学校也不同程度地受到政府资助。政府还可以通过政府采购方式获得市场生产的产品的所有权，然后再作为公共品无偿地向社会提供。

2. 公共品的市场供给

公共品的市场供给是指营利组织根据市场需求，以营利为目的，运用收费方式补偿支出的公共品供给方式。一般情况，在市场供给下，生产公共品所需资金并非完全由私人（包括个人、多人合作及私营企业等）提供，政府也会提供一部分资金。公共品的供给者自负盈亏，实行企业化经营，通过收费收回成本，并有一定的利润。在西方，通常公共品市场供给可以具体分为私人独立供给、法律保护私人进入、签订合同、授予经营权、经济资助、政府和私人联合供给等形式。

在理论上，只要公共品存在生产的可分割性，通过一定的价格机制，使生产能够在边际效益等于边际成本的资源配置的最优条件下，完成市场交易，公共品的市场供给就是可能的。公共品的市场供给可以按竞争的方式进行，但总体是在政府管制下的市场供给，即在政府相关的法规、行业政策和规划的指导和监督下，由私人部门投资和组织生产，并由其自行向社会提供。在当今世界中，私人提供公共品已不是什么新鲜的话题，已有种种成功的范例。如美国的航空、能源、银行、电信、教育等公共品和准公共品供给已全部面向私人开放。在现实中，市场供给的公共品主要是准公共品，即具有一定外部收益，或由于行业的特性容易发生垄断而引起资源效率下降的产品。这类产品，主要是属于公用事业范围的水、电、煤气、城市公共交通以及电信、邮政、铁路运输等。对那些可以较好地进行选择性进入的产品，甚至俱乐部产品，如付费后可以进入的音乐厅等，也可以由市场供给。

3. 公共品的志愿供给

在公共品供给过程中，政府失灵和市场失灵均可能发生，通过政府机制和市场机制供给公共物品也并不能完全满足全体社会成员的公共需求，两种机制都存在着制度的缺陷。为了弥补这种不足，通过以自愿求公益的志愿机制提供公共物品，就能够更好地满足一部分人特别是社会中的弱势群体的公共需求。志愿机制对于公共物品的供给，是在政府失灵和市场失灵的情况下的一种补充机制，其目的是通过对特殊人群的公共物品供给，进一步实现社会公平和协调发展。

公共品志愿供给是公民个人或组织，以自愿为基础，以社会捐赠或公益彩票等形式无偿或部分无偿地筹集资金，直接或间接用于教育、体育、济贫等公益用途，并接受公众监督的一种模式。经济学中一般认为，由于存在搭便车行为，所以追求利益最大化目标的个人或厂商在寻找到合适的获利途径之前，不会主动提供公共品。然而，目前在社会现实中，仍然有很多人，包括一些知名企业家、社会名流甚至普通老百姓都会自愿供给某些公共品。

现实生活中，人们自愿供给公共品主要有以下两点原因：一是为了实现个人效用最大化，获得心理上的满足。通过供给公共品，供给者会得到社会的赞誉，这些赞誉会使其感到满足。二是为了避免使用公共品时的拥挤而愿意供给。拥挤的公共品会增加使用者的成本,当收益足以弥补私人供给公共品的损失时,私人尤其是那些富有者也会愿意供给公共品。

志愿供给公共品具有两个特点:一是自愿性。公共品志愿供给完全是当事人的某种自愿行为,甚至可以理解为一种自发行为,所有的强制都与之无关。二是偶然性。志愿供给的发生具有偶然性,往往不需要经过某些固定程序(如政府供给中的预算和社区供给中的投票),一般也不会被制度化(以法规的方式固定下来)。因此,我们一般不知道志愿供给会在哪里发生、什么时候发生,更不可能把它制度化、程序化。

总而言之,公共品可由政府、市场和志愿事业组织供给,政府、企业与志愿组织三者是一种互动关系。合理界定政府、市场和志愿事业三者关系,正确发挥各自功能,是保证公共品充分有效供给的重要前提。

首先,三种供给方式之间存在分工协作的关系。出于各自的职能、目的等因素的考虑,政府、市场和志愿事业组织的分工是有区别的。政府主要起一个监督管制、制定规划、提供公共设施、维护权利的作用;市场和志愿组织则通过活动影响政府政策,并输送必要的服务。

其次,三种供给方式之间存在相互补充的关系。政府和市场都有失灵的时候,两者可以相互补充以使其更加完善。此外,政府还会将部分的公共品供应委托给社会上独立的志愿事业组织完成,因为通过一个独立的组织向社会公众提供服务进而收费可以降低政府投入的成本,且它自身的成本要低。同时,通过志愿组织帮助社会中的弱势群体是一个很好的途径。

最后,三种供给方式之间存在彼此替代的关系。一般我们会认为政府是公共品供给的主体,但是政府失灵的原因让志愿组织能就近、方便地提供公共品。另外,许多公共品也通过市场交换来生产,于是就存在着公共品的私人供给机制,即由私营部门通过市场化的方式提供公共品。

(四) 准公共品的定价

价格机制在公共品领域并不健全,或者说,公共品的价格并没有反映产品的成本,而是政府决策的结果。这主要是因为:首先,公共品具有很强的外部性,从而使信息提供上容易产生"搭便车"的行为,最终导致市场的需求信息产出不足，难以表现到价格上；其次，公共品在定价技术上有困难，因为政府机构的活动一般不以营利为目的，而以实现政策目标为主，对成本的考虑不是主要因素，提供公共品所追求的也主要是社会效益，而非经济效益，社会效益的衡量又缺乏准确的标准和可靠的估算方法和技术；再次，公共品常带有垄断性，又缺乏足够的替代品，需求价格弹性小，用户的选择权往往名存实亡。

私人品的价格一般是生产者和消费者选择的结果，充分展现了商品的交换价值。但公共品领域由于市场的不完全、不普遍，价格所容纳的信息要考虑显示产品的使用价值，以达到物尽其用的目的。这就好比是交通信息诱导牌，指导着来往车辆穿行的数量和快慢，以有效地实现道路的使用价值。基于公共品的价格的这些特点，立法上须有相应的措施、制度予以规范，以实现公共品的正常供给和有效使用。

在市场经济体制下，准公共品价格的制定主要因社会经济发展水平、资源赋予与贮存条件、工程性质条件不同而产生差异。总的来说，是从两个方面考虑：一方面要尽可能地让生产企业能够有机会通过技术进步谋求利益最大化，以便刺激社会各界的投资热情，加速行业的发展；另一方面，从其公益性、流通的局限性和经营的垄断性出发，考虑社会承受能力制定价格。

(1) 效率原则

准公共品是一种社会产品，也是一种十分重要的商品。作为商品，在准公共品的定价中就必须体现出准公共品供给的效率性。从我国准公共品市场整体上来说，准公共品的定价应该带动整个市场总供给的增加，提高市场供给者的供给意愿和供给数量及服务质量。从准公共品市场供给者的角度来说，这种定价的效率性就体现为企业内部的效益性。在价格激励之下，供给者一方面改进生产技术，降低生产成本，一方面提高服务质量，拓展市场，从而提高整体效益。效率性原则正体现了准公共品具有一定的私人产品的特性。

(2) 公平原则

准公共品具有一定的公共品的特性，这就要求准公共品不能仅为少数人专有，还要具有一定的福利性。因此，在准公共品的定价中，不能完全由市场自发决定，要在政府部门的监督下，考虑广大消费者的消费需求和付费能力及意愿。同时,准公共品具有一定的外部性,这些外部效应并不与个人需要相对应,而是体现了社会公共的需要。这部分效应难以用货币来计量,仅仅考虑效率,不能全面地反映实际的受益程度,导致受益与负担的脱节。因此,在准公共品价格形成中,应考虑准公共品的不同性质和不同程度的外部效应,辅之以税收或补贴的办法,实现效率与公平的统一。

(3) 受益原则

有一部分的准公共品具有消费的排他性,使得对这类准公共品的使用者能够进行有效的划分,实现谁受益谁付费。这也体现了公平原则。因为这类准公共品的受益者只是部分社会成员,不是全体社会成员,所以不应由其他未消费该类准公共品的社会成员也付费。在贯彻受益原则时,应该注意准确划分受益项和受益量。

(4) 成本补偿原则

我国准公共品的定价基本上仍在延续计划经济方式,在定价时仅仅考虑到其福利性,不计算成本的补偿问题。其弊端就是导致供给者的长期亏损、供给意愿不高、供给量不足、服务质量不高等一系列问题。从经济学的角度出发,合理的商品价格应能补偿其生产成本。因此,准公共品的价格也应该能补偿其成本,即成本是其价格的底线。

总之,准公共品的定价,应该在兼顾效率和公平的前提下,考虑受益对象,以成本定价并加以一定利润的方式确定。

第二节 交通运输产品的属性

交通运输是现代社会经济发展的基础性服务业,是经济、社会、生产、生活等各种活动赖以进行的重要载体和纽带。其既有生产性,也有消费性,既有基础性、公益性,也有经营性、私人产品的性质。分析交通运输的属性,对于在不同的发展阶段界定和发挥政府与市场的作用范围,明晰责任主体,制定不同发展阶段的投融资政策与采取的主要投融资模式,促进交通运输发展适应经济社会发展的要求具有重要的指导性作用,且影响着不同发展阶段的交通发展政策和资金筹措方式。

（一）交通运输产品的属性

交通运输的产品不是有形的物质产品，而是旅客或货物的位移，是一种服务性产品。它使产品得以在更大范围市场上交易和增值。交通运输产品与其他产品相比较，有其自身的特殊属性，表现在产品不具有可以持续存在的实物形态，生产过程与产品的消费过程融合在一起，产品既不能存储，又不能调拨等。这些特殊属性决定相关部门必须储备较为充足的运输能力，并充分挖掘和发挥运输潜力，满足社会需要。当然，交通运输产品也具有产品的共同属性。一方面，交通运输产品具有一定的寿命周期，应缩短投入期，加速成长期，延长成熟期。对衰退期的产品，例如铁路的短途慢车、沿零摘挂车，公路的超长距离旅客运输等，则应有计划地淘汰。另一方面，交通运输产品系列也包括宽度、深度和关联度三个因素。"宽度"指产品系列的种类，如航空的头等舱、经济舱运输，铁路货运的行包、集装箱专列，公路客运的旅游专线等；"深度"即不同规格产品的分布比例，例如民航头等舱远少于经济舱；关联度指产品之间的相关程度，例如货运方面，铁路与海运之间可以海铁联运等。

交通运输产品的生产由交通基础设施系统和交通运行与运输服务系统两部分组成。交通基础设施系统的发展决定交通网络的发达程度、通达水平、技术结构水平，是交通运输发展水平的主要决定因素，具有基础性。交通运行与运输服务系统是交通运输产品的最终产出系统，必须依托交通基础设施系统组织运输生产或交通运行。铁路、公路、航空、水路等运输生产经营者虽然都有行业准入标准，有些行业还具有不同的垄断性，但总体上还是一类有竞争性的行业，在政府实施一定的监管措施和价格指导下，可以采用市场化的机制。而交通基础设施受资源、建设投资、建造成本以及网络化要求等限制，不能实施广泛竞争，具有一定的垄断特性。同时，交通基础设施还是国民经济正常运转的基本要素，是经济发展的先决条件，具有较强的基础性，要确保其能做到公共利用，又要防止因过高的基础设施使用成本导致成本转移，传导到运输产品，推高运输产品价格。在这种情况下，就需要由政府提供相应补贴或以相应的政策加以规制。在本研究中,重点对交通基础设施的属性进行分析。

具体来说,交通基础设施可以分为以下几种类型:

1. 公共使用的非专用性交通基础设施

公共使用的非专用性交通基础设施主要包括普通公路(含农村公路)和城市道路,是社会生产的基础性条件,是保障社会经济发展和人民生产生活的重要基础条件,为公众出行提供普遍基础性服务。这类基础设施属于人民群众日常基本生产生活所必需,服务对象是全社会,具备多种功能用途,理论上各种运输工具和活动对象都可以使用(如行人、自行车、畜力车、小汽车等均可无差别使用),不需要支付额外的通行成本。因此,公共使用的非专用性交通基础设施是为全社会提供的一种具有极强社会公益性的纯公共品,重在社会效益,而不是以其自身的直接经济效益和利润最大化为目的。这可以从以下三个方面进一步理解:

第一,非专用性交通基础设施具有消费的非排他性。

非专用性交通基础设施(普通公路、城市道路)是社会生产和人民生活的基础性条件,完全符合公共品非排他性的三个条件:在技术上不易排除众多的受益人;具有不可拒绝性;虽然在技术上可以实现排他性原则,但是排他的成本极高。以我国为例,截至2011年年底已拥有长达402.15万公里普通公路(含农村公路)网和30.9万公里的城市道路网。如此规模的路网,显然很难将为数众多受益人(广大人民群众)排除在外。即使在理论上和技术上可以像高速公路一样通过建设隔离网、设置收费设备进行排他,但如此一来,不仅收费的成本代价太高,而且也将给社会生产的正常运行和人民群众的基本生活带来恶劣的影响。另外,作为社会人,任何出行个体都无法拒绝使用这些路网。

第二,非专用性交通基础设施具有消费的非竞争性。

作为基础设施,普通公路(含农村公路)和城市道路显然具有消费的非竞争性。同样以我国为例,如此庞大的普通公路和道路交通网络,可供许多人同时消费,增加一个人并不会减少其他人的消费机会。同时,政府还在按照"适度超前"的原则继续推进公路交通基础设施建设,使得普通公路和城市道路存量规模和增量规模巨大,所以增加一名消费者所导致的边际成本将显得很小甚至可以忽略不计。

第三,非专用性交通基础设施具有外部效益特性。

目前,我国普通公路(含农村公路)和城市道路具有范围很广的正外部效应,即具有很强的外部效益特性,"要想富、先修路"就反映了社会对普通公路(含农村公路)和城市道路外部效益特性的认同。另外,这些非专用性交通基础设施不仅可以有效改善投资环境和市场条件,降低生产成本,扩大经济、文化、人员交往,吸引外部资金,改善地区经济结构,提高经济效益,而且还能带来土地升值,增加就业,促进城镇化发展,缩小地区差距,改善人民生活,以及提高国防和抢险救灾的通行能力等。这些外部效益难以计算,更难以向受益者收取回报。

总之,非专用性交通基础设施的这些特性决定其纯公共品属性的定位,具有很强的社会公益性,使其成为整个社会生产和消费的共同生产条件和流通条件。同时,基于其纯公共品属性和公益性要求,这类产品必须由政府负责供给。事实上,世界各国也都从满足社会发展的需求和提高综合社会经济效益出发,将积极建设和管理普通公路、城市道路等非专用性交通基础设施作为其一项重要任务和职责。

2. 专业化运营管理的专用性交通基础设施

专业化运营管理的专用性交通基础设施,例如铁路、机场、港口、高速公路等是经济社会发展的重要基础设施,是准公共品。这可以从两个方面理解:一是这类交通基础设施的技术条件等决定其需进行专业化运营管理,故而表现出一些私人物品的排他性;二是这些交通基础设施具有很强基础性,所提供的服务具有社会公益性。

专用性交通基础设施的私人物品特性主要表现在以下几个方面:

第一,使用和经营的不完全开放,具有技术条件的排他性。虽然铁路、机场、港口、高速公路等专用性交通基础设施具有一定的社会公益性,但因其修建过程需消耗大批资源、花费大量资金,并非自然存在且自动地提供给社会成员,且其使用和经营并不是完全开放的,必须要具备专业技术条件才能使用这些交通基础设施。例如,并非任何个体均可以直接成立运输公司,安排车辆在铁路上随意运行,而必须具备一定的技术条件、安全生产条件和经营管理条件才能向相关部门申请取得铁路运输资格,什么时候能介入由铁路所有方(我国一般为政府)控制。同时,在目前的技术条件下,排他比较容易实现,并且具备可经营的条件,同时也可以通过一定的收费收回全部或部分投资,再用于其他基础设施的建设。

第二,具有较强的规模经济性。专用性交通基础设施具有规模经济性,即不同等级的交通基础设施具有不同特征的边际成本和边际收益,等级越高,单位投入所形成的通过能力越大,资源配置效率越高。以高速公路为例,目前单位里程高速公路造价为一般二级公路的2~4倍,而通过能力为后者的5~10倍,即单位资金投入形成的通过能力前者平均为后者的2.5倍。美国州际与国防公路(全部为高速公路)里程仅占全国公路总里程的1.2%,而承担的交通量却占全国公路交通量的22.6%;英国高速公路里程仅占全国公路总里程的0.9%,而承担的交通量却占全国公路交通量的10%;德国高速公路里程仅占全国公路总里程的1.5%,而承担的交通量却占全国公路交通量的60%;印度国道里程仅占全国公路总里程的1.7%,而承担的交通量却占全国公路交通量的40%。显然,对这类专用性交通基础设施进行收费具有显著的规模经济效益。

第三,具有一定的可分割性和拥挤性。专用性交通基础设施具有可分割性,可以分割成不同的单位进行经营。例如日本国铁进行民营化改革后,全国铁路划分给东急、近急、名铁、小田急等15家大型民营公司经营;我国目前的港口、机场、高速公路也分割给不同的单位进行经营。另外,由于设施网络规模相对有限,专用性交通基础设施具有一定的拥挤性。截至2011年年底,我国沿海规模以上港口码头泊位数为5612个,定期航班通航机场为178个,铁路网络规模为9.32万公里,高速公路网络为8.49万公里,远低于普通公路和城市道路规模。当消费者数目达到一定程度,交通需求超过基础设施的承载能力而需投资新建或改造原设施时,额外消费者所花费的边际成本就会很大,表现出来私人物品的竞争性。当然,在达到"拥挤临界点"之前,每增加一个消费者的边际成本几近为零,这又凸显了这类基础设施的公共性。

专业化运营管理的专用性交通基础设施在国民经济和社会生活中的基础

性很强，其所提供的服务还具有一定的社会公益性，主要表现在以下三个方面：

第一，服务功能的基础性。铁路、机场、港口、高速公路等专用性交通基础设施对国民经济的运行具有基本承载作用。现代市场经济是建立在专业生产和分工协作基础上的社会系统运行过程，其中的人员交往、物资流通、信息传递和资金运作等都离不开这些基础设施提供高速、安全、便捷、多样的交通服务。

第二，服务对象的广泛性。铁路、机场、港口、高速公路等专用性交通基础设施不仅服务于国民经济系统中所有的物质生产、流通和消费部门，服务于经济活动的全过程，而且服务于社会政治、军事、文化、教育等各个领域，例如通过铁路进行北煤南运，通过飞机进行紧急救援等。

第三，服务效益的社会性。这里指经济学意义上的"利益外部性"。铁路、机场、港口、高速公路等专用性交通基础设施在促进国民经济发展，活跃商品流通，加快资源开发利用以及满足社会客货运输需要等方面发挥了重要的作用。建设铁路、机场、港口、高速公路等不仅可以从缩短运输里程、减少交通拥挤、节约运输时间、降低运输成本、加快物资流通、便于人员交往等方面获得直接的经济效益，而且对其所在或沿线地区资源开发、新的经济增长点或经济带的形成、区域经济的发展等方面都将产生积极的促进作用。其建设与运营，还将给整个相关区域的社会生产、生活带来广泛的社会效益。

综上所述，作为准公共品的铁路、机场、港口、高速公路等专用性交通基础设施具有的重要的基础性和公益性，政府部门应该向公众提供这类产品。但是，同时由于其具有可经营性，政府可以通过一定的政策和措施委托或鼓励社会资本或私人资本投资建设并有偿供给，并通过价格、市场监管等手段保证其供给的有效性。事实上，目前我国的高速公路、机场等专用性交通基础设施采取直接收取通行费(使用费)的方式，而铁路、港口等专用性交通基础设施则通过资产折旧计入运营成本和产品价格的方式，收回全部或部分投资并获取一定的利润，维系其发展。

3. 收费公路(高速公路)

收费公路，即通过向车辆收取通行费方式弥补建设成本或获取一定收益的公路，是相对于免费公路而言的。公路作为国民经济和社会发展的重要基础设施，属于政府应该提供给国民的公共品之一。对公共品利用技术手段实行向市场取费的限制性消费，是在特定条件下采取的措施。改革开放后，我国经济总量快速增长，道路设施严重滞后，交通基础设施的需求与供给之间存在很大矛盾，成了制约社会经济发展的瓶颈。在国家财力十分有限的情况下，如果单靠政府通过税收、发行债券等方式筹集建设资金，将公路作为公共品免费提供给社会车辆使用，必然在供需之间产生尖锐的矛盾。在这种背景下，为加速道路基础设施的建设，满足社会经济发展对交通基础设施的需求，运用政策吸引社会资金投入公路建设，增加交通基础设施供应成了一种必然的选择。而公路在技术上的可排他性和可经营性为市场机制的介入创造了条件。通过向公路使用者收取通行费，取得建设资金，可以有效地缓解特定发展阶段公路建设资金需求与政府财政承受能力之间的矛盾，促进公路技术等级和路网水平的提高，缓解或消除公路发展滞后对社会经济发展形成的瓶颈制约。实践中，许多国家对高速公路采取收费制度，收费公路也就成为政府和市场共同参与交通基础设施建设最具代表性的领域。

  我国目前大部分高速公路均为收费高速公路（在收费公路专项清理行动之前，所有高速公路均为收费公路），具有明显的准公共品特性，从本质上讲属于准公共品的范畴。一方面，高速公路具有很强的社会公益性，它的消费（使用）在一定程度上具有纯公共品的非排他性和非竞争性。高速公路的建设带动了沿线经济社会的发展，改善了当地的社会福利，提高了运输效率和服务质量，具有明显的外部性，并产生溢出效应。另一方面，在交通拥挤条件下，即当车辆数超过高速公路的设计通车能力所决定的拥挤点时，每增加一辆车将会使原有车辆的行驶速度和原有消费者的效用下降，这时高速公路又会体现出消费的竞争性和排他性特征。采取相应技术手段，在道路的出入口设置收费站点，实行市场取费的补偿机制限制高速公路的消费（使用），防止免费搭车行为，又体现出高速公路私人物品消费的排他性。

  收费公路具有不可分割的固有特性。政府既不可能在不长的平行距离内在同一运输通道设置多条收费公路，又不可能将同一段收费公路分解成多个互相竞争的经营实体。因此，运营某条收费公路的企业对使用者而言是惟一提供服务的企业,这也就意味着收费公路的经营具有垄断性。政府在收费公路发展过程中应主要在防止垄断经营,对收费标准、收费年限和服务水平进行有效监管,为收费公路建设提供必要的财政支持和优惠政策、建立健全法律法规体系等方面发挥应有的作用。

4. 私人性交通基础设施

和其他产品一样,交通基础设施也有私人产品,如国外的私人机场、码头等。这些私人性交通基础设施是在国家政策允许下,由私人投资建造,归私人所有和私人使用。例如,爱尔兰全国共有 27 座机场,其中有 8 座为私人机场;而美国 FAA 公布的 19786 座机场中,就有 14615 座纯私人机场,完全由私人投资建设,仅供私人使用,不对公众开放(其类型包括普通机场、直升机场、水上飞机基地、热气球基地、滑翔机场和超轻飞机机场),具体见表 7-2-1。

美国机场构成　(单位:个)　　　　　　　　　表 7-2-1

机场类型	私人机场	公用机场	NPIAS 纳入机场	合计
普通机场(Airport)	8571	4880	3280	13451
直升机场(Heliport)	5590	68	10	5658
水上飞机基地(Seaplane Base)	283	215	40	498
热气球基地(Balloonport)	12	1	0	13
滑翔机场(Glideport)	31	4	0	35
超轻机场(Ultralight)	128	3	0	131
合计	14615	5171	3330	19786

资料来源:National Plan of Integrated Airport Systems (NPIAS) 2013-2017。
注:NPIAS 即国家综合机场系统计划。

(二)交通基础设施收费政策的作用

交通基础设施收费政策的实施,在很大程度上促进了我国交通运输事业的发展。这是因为,普通公路、城市道路等非专用交通基础设施具有公共品属性,这些设施一旦建成就不能阻止社会其他成员的使用。私有的、追求利润的企业家在没有激励的情况下不会主动提供这类物品,因此在市场机制的作用下会导致交通基础设施建设的投资不足,必须由公共部门提供。对于具有一定排他性的铁路、机场、港口、高速公路等专用性交通基础设施,国家以准公共品的投资经营方式,采用政府主导、投资主体多元化、筹资渠道多样化的投融资政策,吸引社会资金进行投资。一些本应政府承担建设的,通过特许经营等手段,由社会资本先行建设,政府将这些基础设施的使用权在有限时间内(目前大多数为25～30年)有偿让渡,通过价值补偿保证社会投资具有合理回报。事实上,近年来我国依据专用性交通基础设施的准公共品属性和经营性,在政府引导的基础上,营造良好市场环境,吸引大量资本进入交通基础设施建设领域,促进了我国交通运输事业的飞速发展。

1. 高速公路方面

为了解决交通落后和政府资金严重短缺问题,加快交通建设发展,政府依据一部分公路的准公共品属性,一方面将具备收费条件的高速公路、一级公路、二级公路以及独立桥梁、隧道推向市场,吸引社会资本投入。此外,政府向银行贷款,以"贷款修路,收费还贷"的方式建设了一些政府还贷收费公路。

早在20世纪80年代,面对我国公路基础设施远远落后于经济的发展,而国家财政投入又极度有限这个现实,1988年1月交通部、财政部、国家物价局联合发出通知,明确指出"……随着商品经济的发展,公路状况不适应国民经济发展的需要的矛盾日益突出,在国家投资有限的情况下……利用贷款、集资、外资等多渠道筹集建设公路……建成后,收取合理的通行费用于偿还贷款,对加快公路建设起到了积极的作用"。这是我国第一个明确可以实行贷款建路、收费还贷的规定,是一条有中国特色的公路建设路子,完全符合中国国情。

1984年,国务院召开了公路办公会,确定了三项原则,对中国公路建设尤其是高速公路建设起到了重要作用:

① 征收车辆购置附加费,作为国道主干线的建设资金(从2001年1月1日开始,车辆购置附加费的征收改成车辆购置税,税率为10%);

② 提高养路费标准,其中增加的部分用于公路建设资金;

③ 允许采用贷款等多种方式融资,从而确定了"滚动发展"的发展模式。

随后,各地方政府相继制定了相应的政策加以落实。1997年7月,收费公路以法律的形式在《中华人民共和国公路法》中予以确立。这项政策的实施,拓宽了高速公路建设投融资渠道,弥补了我国现行财税体制的不足,为公路建设的地方事权主体开辟了合法的融资渠道。同时，通过收费公路政策安全有效地吸引信贷资金，缓解了我国银行长期存在的巨大存贷压力和政府建设资金严重不足的矛盾，在加快了我国高速公路交通的发展的同时，也促进普通公路的发展。

据交通运输部统计，到2010年年底，与1984年相比，全国公路总里程增长了4.3倍，二级以上高等级公路增长了27.9倍，干线公路车辆行驶平均速度因此提高了1.2倍，高速公路更是从无到有，在不到30年的时间里建成了7.4万公里，居世界第二。交通运输部调查数据显示，高速公路的单位运输成本比普通公路约低30%，运输时间比普通公路节约50%以上，事故率比普通公路降低约40%。

在收费公路政策的推动下，我国以高等级干线公路为代表的公路交通基础设施建设取得了持续快速的跨越式发展。世界银行的研究报告《中国的高速公路：连接公众与市场，实现公平发展》曾指出："还没有任何其他国家，能够在如此短的时间内，大规模提高其公路资产基数。"据统计，我国现有公路网中，95%的高速公路、61%的一级公路和42%的二级公路是靠收费公路政策筹资修建的。据不完全统计，目前收费公路建设总投资中将近70%的资金是通过银行贷款和集资获得的。

2. 机场方面

20世纪80年代是我国航空运输供应最紧张的时期，提高基础设施保障能力、改善安全运行条件迫在眉睫。可是，国家财力有限，对民航建设投入很少。从20世纪50年代到1978年，基本建设投资仅有24亿元左右，年均不足1亿元。与大量急需建设的基础设施项目所需巨额资金相比，国家财政投入只是杯水车薪。为解决民航基本建设资金严重不足问题，民航局提出根据"使用者付费"原则，按运输收入的一定比例向航空公司收取基础建设基金，向乘客征收机场管理建设费，并得到了国务院同意，形成了民航融资的"一金一费"（机场设施建设管理费、民航基础设施建设基金），并不断完善相关措施和征收管理办法。2004年4月1日起实施的新征管办法，以航线资源有偿使用为原则建立民航基金，按照以航班的地区类别和机型类别确定的补贴标准以及航班飞行里程计算征收，充分体现了"谁受益、谁负担"的思路；而机场建设费的使用范围也由直接用于民航基础设施建设，扩大至中小机场、支线航空、民航基础设施建设贷款利息以及特殊政策性航线补贴等。

"一金一费"开征、使用后，民航基础设施建设速度和规模有了很大提升。"十五"和"十一五"期间，"一金一费"用于基础设施建设的资金占77.4%（其中机场项目41.3%、空管项目24.7%、公安消防和科教信息项目等占11.4%），各项补贴资金占20.6%。在"一金一费"直接投资下，机场的数量和质量有了显著提高。1990年年底，我国有民航航班运营的机场为110个（不含香港和澳门，下同），其中可起降波音747型飞机的机场有7个。2010年年底，我国民用航空机场达到175个，比1978年翻了2番多，定期航班通航城市172个，机场覆盖了全国91%的经济总量、76%的人口和70%的县级行政单元，其中北京首都国际机场旅客吞吐量和上海浦东国际机场货物吞吐量完成情况分别进入世界前两名和前三名。在此期间，新建西安咸阳、西宁曹家堡、济南遥墙、武汉天河、石家庄正定、桂林两江、郑州新郑、银川河东、上海浦东、海口美兰、杭州萧山、南昌昌北、长春龙嘉、广州新白云等机场，并且建成了一批支线机场，包括漠河、百色、荔波、腾冲、玉树、林芝、康定、哈密和那拉提等，一个规模适当、布局合理、层次分明、功能完善的现代化民用机场体系初见雏形。

同时，政府通过"一金一费"征管用政策，有效实施行业经济调节。例如，为解决目前我国民航业存在的区域发展不平衡、干支不平衡和国内国际不平衡等矛盾，国家出台了中小机场、支线航空和特殊远程国际航线补贴政策。为配合国家西部开发战略，在民航基金征收、中小机场补贴和支线航空补贴政策中，具有向西部地区倾斜的内容。2006年和2007年，中小机场补贴共16亿元，分别有122个和123个机场获得补贴，其中中西部地区机场补贴额占比达到70%以上，支线航空补贴共5亿多元，分别有232条和258条支线获得补贴，70%~80%的补贴额集中在西南、新疆、西北、东北地区的支线。此外，为引导企业拓宽融资渠道，放大财政资金效益，民航基础设施建设贷款贴息政策出台。2006年和2007年，基建贷款贴息共补贴30个民航基本建设项目，项目贷款规模达到132亿元，约是贴息额的50倍。这些举措和相应的资金投入，对缩小区域间航空发展水平，维持中小机场正常安全运转，完善航线网络布局等发挥了重要的作用。

2012年3月,为进一步规范民航发展基金征收使用管理,促进民航事业发展,财政部发布《关于印发〈民航发展基金征收使用管理暂行办法〉的通知》,将原民航机场管理建设费和原民航基础设施建设基金这"一金一费"合并组成民航发展基金,作为政府性基金进行管理和使用。该办法规定在中国境内乘坐国内、国际和地区(香港、澳门和台湾,下同)航班的旅客(以下简称"航空旅客"),以及在中国境内注册设立、使用中国航线资源从事客货运输业务的航空运输企业和从事公务飞行的通用航空企业(以下简称"航空公司"),应当按规定缴纳民航发展基金。新的民航发展基金可用于民航基础设施建设,包括机场飞行区、航站区、机场围界、民航安全、空中交通管制系统、科教、信息等基础设施建设,以及归还上述建设项目贷款,安排上述建设项目的前期费用和贷款贴息,还可以用于对货运航空、支线航空、国际航线、中小型民用运输机场(含军民合用机场)进行补贴等支出。可以预期,新的民航发展基金将对民航机场的建设和发展发挥更为重要的作用。

3. 铁路方面

铁路是国民经济的基础设施。新中国建立初期至20世纪80年代,铁路建设资金基本上是由国家预算内投资。自1980年开始,铁路因利用外国政府和世界银行贷款进行基本建设,在铁路基建总投资中的国家预算内投资比重大幅度下降。1985年国家全面实行投资拨改贷政策(国家预算内拨改贷和银行信贷),铁路建设资金几乎全部实行贷款。1986年3月,铁道部开始实行"投入产出,以路建路"经济承包责任制(简称"大包干"),除缴纳营业税(含附加税)外,所有积累留作铁路建设基金,国家不再给铁路建设拨款,资金来源由铁道部解决。铁路建设资金来源主要包括:从运营利润中提取的铁路建设资金、能交基金、以煤代油资金、银行贷款、利用外资、发行债券、地方集资和企业自筹等。

铁路"大包干"结束后,为保证铁路建设有稳定可靠的资金来源,自1991年3月1日起国家实行征收铁路建设基金政策,在货运价格的基础上平均每吨公里加征0.2分。后经5次调整,到1998年4月1日每吨公里建设基金增加到3.3分,增长了15.5倍;营运价格由每吨公里2.65分,提高到4.15分,增长了 0.57 倍。总运价吨公里增长了 4.8 分，其中建设基金增长了 3.3 分，占总运价增幅的 68.8%；运营价格增长了 1.5 分，占总运价增幅的 31.2%。建设基金占货运总运价水平每吨公里 7.45 分的 44.3%。

这种情况下，铁路建设基金属国家预算内专项基金，专款专用，按国家规定作为铁路基本建设和机车车辆购置资金的来源。征收铁路建设基金政策是"以路养路"政策的延续和发展，实质上是国家凭借行政权力参与运费分配的一种手段。

目前，随着我国铁路建设投资需求规模的增大，仅依靠铁路建设基金已无法满足铁路建设资金需求。于是，国家逐步出台相关政策，实现铁路投资主体多元化，鼓励和引导民间资本投资铁路，促进铁路科学发展，更好地服务于国民经济和社会发展的需要。在此背景下，社会资本参与，合资建设铁路已成为铁路发展的重要方式。社会资本投资铁路的主要形式有以下四种：

（1）铁道部控股，企业参与的合资铁路。投资方多是一些上下游企业，如神华集团、伊泰集团；首钢集团、宝钢集团、大唐国际、华润电力等。内蒙古自治区合资铁路有两伊铁路、集通铁路、蒙冀铁路、临策铁路、包西铁路等，各企业占股比例在 5%~30% 之间。

（2）企业独资或控股铁路。这类铁路主要是煤电企业（如神华集团）独资建设的（如包神、大准、甘泉、巴准等铁路，中电投集团独资建设的赤峰－大板－白音华－锦州铁路，酒钢集团建设的嘉峪关－策克铁路，蒙能国际能源开发公司的建设满洲里－西乌胡里图煤田铁路）。另外，许多专用线、铁路集运站也由地方政府及相关企业建设。

（3）地方政府控股有运力需求的支线铁路。如鄂尔多斯市政府与企业控股建设东乌、三新铁路，山西投资的武沁铁路和孝柳铁路。

（4）企业控股、铁道部参股，但由铁道部主导的铁路。这类铁路有呼准铁路、郭白铁路、准朔铁路等。

以太原铁路局和呼和浩特铁路局为例，目前太原铁路局控股和参股铁路共 9 家，已经投入运营的有 3 家，已经投入运营的里程 465 公里，在建项目有 1746 公里（山西境内）；呼和浩特铁路局代表铁道部与路外合资建设铁路规模达 9000 多公里，共组建合资公司 19 家，其中控股 11 家，实际控制 5 家，参股3家。太原铁路局和呼和浩特铁路局范围内的合资铁路项目情况见表7-2-2。

太原铁路局和呼和浩特铁路局合资铁路项目　　　　表7-2-2

路局	项目名	里程（公里）	注册资本（亿元）	投资额（亿元）	股份构成(%) 铁道部	股份构成(%) 地方政府	股份构成(%) 企业	主导权
太原铁路局	唐港铁路有限责任公司	230.811	23.4226		19.73		80.27	国铁
太原铁路局	山西孝柳铁路有限责任公司	116	1.8		40	60		企业
太原铁路局	山西武沁铁路有限责任公司	117.967	4.45		12.54	79.31	8.15	企业
太原铁路局	晋豫鲁铁路通道股份有限公司	1311	519	998	50.29	33.26	16.45	国铁
太原铁路局	大西铁路客运专线有限责任公司	859	159.81	866	67.63	32.37		国铁
太原铁路局	准朔铁路有限责任公司	359	27.5	123.37	18.06		81.94	国铁
太原铁路局	太原铁路枢纽西南环线有限责任公司	53.64	1	93.8	51	49		国铁
太原铁路局	山西太兴铁路有限责任公司	165.3	9.3	87	70	30		国铁
太原铁路局	吕临铁路有限责任公司	38.64	0.5	22.1	50	50		国铁
呼和浩特铁路局	内蒙古集通铁路有限责任公司	2120	142.69	282.44	60	9.14	30.86	国铁
呼和浩特铁路局	新包神铁路有限责任公司	177	35.52	75.3	35		65	国铁
呼和浩特铁路局	临策铁路有限责任公司	753	17.185	51.17	33.02		66.98	国铁
呼和浩特铁路局	蒙冀铁路有限责任公司	1017	300	600	40	14	46	国铁
呼和浩特铁路局	包满铁路有限责任公司	229	3.95	12.055	70.5		29.5	国铁
呼和浩特铁路局	鄂尔多斯南部铁路有限责任公司	371	24.8	62	45	10	45	国铁
呼和浩特铁路局	鄂尔多斯沿河铁路有限责任公司	350	28.4	71	42		58	国铁
呼和浩特铁路局	内蒙古海公铁路有限责任公司	75	4.68	8.7	56.25		43.75	国铁
呼和浩特铁路局	西甘铁路有限责任公司	61	6	12	62		38	国铁
呼和浩特铁路局	鄂尔多斯大马铁路有限责任公司	82	15.75	45	45		55	国铁
呼和浩特铁路局	呼准鄂铁路有限责任公司	251	108.5	217	36	15	49	国铁
呼和浩特铁路局	内蒙古郭白铁路有限责任公司	143	3.8	10.76	35		65	企业
呼和浩特铁路局	内蒙古东乌铁路有限责任公司	343	10.8	32		24	76	企业
呼和浩特铁路局	内蒙古呼准铁路有限公司	124	9	16	1.98		98.02	企业
呼和浩特铁路局	内蒙古锡乌铁路有限责任公司	651	38	99.1	35		65	国铁
呼和浩特铁路局	内蒙古巴珠铁路有限责任公司	230	14.62	41.77	35		65	国铁
呼和浩特铁路局	内蒙古古锡二铁路有限责任公司	364	17.15	49		50	50	国铁
呼和浩特铁路局	内蒙古锡多铁路股份有限公司	255		71		51	49	国铁
呼和浩特铁路局	河北集通正蓝张铁路有限责任公司	243	17.15	87.65		40	60	国铁

资料来源：铁道部。

对于合资铁路，政府实施单独的定价策略，基本上以"收回投资＋一定的投资回报"为原则，各条新建线路单独定价，以保护社会资本的投资热情。在政府和市场的共同作用下，我国"四纵四横"为骨架的快速铁路网正在逐步形成，长三角、珠三角、环渤海等地区城际铁路开工建设，京津、武广、郑西、沪宁、沪杭等高速铁路建成运营，青藏、包西、太中银铁路等建成投产，向莆、兰渝、云桂、山西中南部铁路等区际干线、煤运通道和西部铁路有序推进。北京、上海、广州等中心城市的新客站建成投产，形成了与其他交通方式无缝衔接的综合交通枢纽。编组站、集装箱中心站、动车组维修基地、大功率机车检修基地、基础设施维修基地等进展顺利。"十一五"期间，铁路基本建设投资完成1.98万亿元，是"十五"投资的6.3倍；新增营业里程1.6万公里，复线投产1.1万公里，电气化线路投产2.1万公里，分别是"十五"的2.3倍、3.2倍和3.9倍。2010年全国铁路营业里程9.1万公里，其中西部地区铁路3.6万公里，复线率、电气化率分别由2005年的34%、27%提高到41%、47%，路网规模和质量大幅提升。

4. 港口方面

港口业是我国较早向市场开放的投资领域之一。在计划经济时代，国家能够用于港口的财力不足以承担港口发展所需要的建设资金。而由各级政府包办港口投资，国有港口企业没有市场压力，既造成港口能力不能适应经济发展的需求，也使港口企业成本居高不下、效率不高、缺乏活力。因此，从1984年起开始的港口体制改革，对原有的投融资体制进行改革，政府不再包办港口建设投资，实行"以收抵支，以港养港"政策，鼓励各地港口使用国内外金融机构政策性或商业性贷款，以加快港口建设并促使经营投资多元化。1987年，南京港和天津港分别成立中外合资集装箱码头企业，标志着我国港口投资主体多元化正式起步。20世纪90年代起，民营资本也开始进入港口领域，出现了新型的股份制港口企业，并诞生了港口上市公司。在中国政府坚持扩大开放、深化改革的方针下，港口投资主体多元化取得了突破性的进展。

2001年，国务院办公厅转发了交通部等部门《关于深化中央直属和双重领导港口管理体制改革意见的通知》，港口管理体制改革全面展开。本次港口管理体制改革的基本构架原则是：港口下放、政企分开。通过这次体制改革，形成较为合理的港口管理体系，政府部门对港口实行分级管理；在统一的行政管理下，形成多元化的投资主体，按照港口规划建设港口；港口企业作为独立的市场主体，依法从事经营。在新政策和《港口法》的引导下，港口投资主体多元化取得明显进展。香港招商局、和记黄埔集团、新加坡港务集团以及诸多世界航运巨头，都以合资方式进入中国港口领域。其中香港和记黄埔已在上海、深圳、宁波等港口参与投资经营，年度集装箱业务量约占全国的1/4。

从2002年4月1日起，根据当时国家计委、国家经贸委颁布的《外商投资产业指导目录》，取消了港口公用码头的中方控股要求。根据国家政策，原属交通部的上海、秦皇岛等八大港口均已实行政企分家，经营管理权下放到当地港务局，可以放开引入外资，甚至允许外资控股。2002年6月初，三家香港公司占60%股份的厦门惠建码头有限公司成为新政策出台后国家主管部门批准的国内首家外资控股的港口企业。2007年年初，由阿联酋迪拜港口世界公司（DPW）独资建设的青岛港前湾港区码头项目获得国家发改委核准，这是中国首个外商独资港口项目。

目前，我国港口投资多元化经营主要有三种方式：一是港口通过发行股票、债券，实现多元化投资；二是外商直接投资码头建设，持有股份，并参与码头经营管理；三是租赁经营，由码头的使用者、经营者实施更好的经营管理。

多元化投资经营带来了港口的快速发展，特别是"十一五"以来，煤炭、原油、铁矿石、集装箱等一批专业化码头相继投入运营。截至2011年年底，我国港口数量已超过400个，其中规模以上港口数量为96个。全国港口共拥有生产用码头泊位31968个（包括万吨级以上泊位1762个），分别是1949年和1978年的198倍和44倍。其中，沿海港口生产用码头5532个（其中万吨级及以上泊位1422个），内河港口生产用码头泊位26436个（其中万吨级及以上泊位340个）。沿海港口总通过能力达到55亿吨，集装箱泊位能力达到1.48亿标准箱，远远超过中华人民共和国建国初期和改革开放初期的港口规模。全国港口完成货物吞吐量100.41亿吨，其中沿海港口完成63.60亿吨，内河港口完成36.81亿吨。货物吞吐量超过亿吨的港口达到26个，其中沿海亿吨港口17个、内河亿吨港口9个（见表7-2-3）。全国港口集装箱吞吐量1.64亿

TEU，集装箱吞吐量超过 100 万 TEU 的港口 19 个，其中沿海港口 15 个、内河港口 4 个。上海港集装箱吞吐量突破 3000 万 TEU，成为世界第一集装箱大港。

2011 年我国货物吞吐量超过亿吨的港口　　　　表 7-2-3

排名	港口	吞吐量（亿吨）	排名	港口	吞吐量（亿吨）
沿海港口					
1	宁波－舟山港	6.94	10	日照港	2.53
2	上海港	6.24	11	深圳港	2.23
3	天津港	4.53	12	烟台港	1.80
4	广州港	4.31	13	厦门港	1.57
5	青岛港	3.72	14	连云港港	1.56
6	大连港	3.37	15	湛江港	1.55
7	唐山港	3.13	16	北部湾港	1.53
8	秦皇岛港	2.88	17	黄骅港	1.13
9	营口港	2.61			
内河港口					
1	苏州港	3.80	6	泰州港	1.20
2	南通港	1.73	7	镇江港	1.18
3	南京港	1.73	8	重庆港	1.16
4	湖州港	1.47	9	嘉兴内河港	1.07
5	江阴港	1.29			

资料来源：中国港口年鉴 2012 版。

第三节　交通运输产品供给主体发展方向

从市场经济的角度来看，交通基础设施的公益性、经营性、准经营性和非经营性的区分并非绝对的、一成不变的，而是随着收费定价制度、技术进步、市场需求等因素的变化而变化的。Kessides Christine 及其他世行专家的研究也指出了这些变化。以定价制度为例，政府根据需要，通过建立收费机制或提高收费价格，可以使项目的可经营指数提升，将准经营性项目变成纯经营性项目,甚至公益性项目变成准经营性项目(或纯经营性项目)。例如,敞开式的道路一旦设定了收费机制,即由非经营性项目变成了经营性项目;而经营性项目一旦取消了收费即又成为公益性(非经营性)项目,其转换关系如图7-3-1所示。

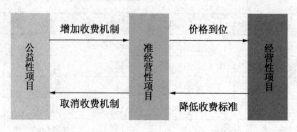

图7-3-1　交通基础设施经营性转换示意图

前文在分析交通基础设施产品的属性时同样指出,公共品是一个历史的、动态的、不断发展变化的范畴,作为产品的交通基础设施的属性在很大程度上取决于政府的价值取向与政策定位。随着交通基础设施在经济社会发展和人们生活中的基础性、依赖性的不断增强和交通基础设施网络规模、服务水平的大幅提升,交通基础设施与国民经济和社会发展的关系逐渐由滞后型向适应型和引导型转变。加之国家经济实力和财政承受能力日益提高,交通基础设施的供给可逐渐由私人品、准公共品向公共品转变,进一步强化其基础性和公益性属性。

事实上,随着对交通基础设施基础性和公益性认识的不断深入,很多欧美国家也将其作为重要公益性设施进行供给。美国运输部在《美国运输部2000—2005年战略计划》中曾指出:交通运输贯穿于人们生活的方方面面,发展交通运输是为了满足人们上班、就学、探亲访友、旅游观光以及获得商品和服务的需要。美国运输系统发展的战略目标之一是提高所有美国公民的机动性和通达性,这是联邦政府运输部发展运输系统的一贯承诺。为此要重点完善公路交通系统等运输基础设施,尤其要注重残疾人、老年人以及边远部落民族等社会弱势群体和特殊群体的公路交通需求。日本国土交通省在《1998年度日本输经济报告》中指出:交通运输是人们日常生活的基础,日本政府运输部门必须适应21世纪新时代的要求,建设高效的包括公路在内的综合运输基础设施,要发展安全、可靠、舒适且无障碍的交通,满足老年人和残疾人的交通需求。英国环境、运输和地区事务部在《1998年英国政府运输白皮书》中指出：运输决定生活，运输丰富生活，人们每天都要出行，哪怕是在本地也需要出行，英国政府要确保人们出行的便利性，要注重妇女、残疾人、乡村家庭和低收入家庭对公共交通的依赖和需求，以体现社会公益，保证社会公平。

基于上述认识，为充分发挥交通基础设施的公益性作用，上述国家在构筑交通基础设施管理体制、制定交通发展政策时都做了重点考虑，主要体现在对相关交通基础设施的投入、占有、使用进行政府管制。以公路为例，美国、日本和欧洲等发达国家的公路交通基础设施主要由各级政府投资建设和养护管理，其中级别较高的公路（如国道或干线公路）主要由中央政府投资建设和养护管理，级别较低的公路（如省道或地方公路）主要由地方政府投资建设和养护管理。只有部分高等级公路（如高速公路），由于政府财力不足而实行特许经营制，即政府授权特许经营机构进行投资建设和经营管理，并对这种特许经营公路予以严格管制。各种公路建成后都统一归国家所有，即便是特许经营的公路也是归国家所有，特许经营机构仅在规定的特许经营期内对特许经营公路拥有经营权。即使在美国，铁路为私人建设并拥有，但因为其是交通基础设施，关系到国计民生，政府对全国铁路客运公司 Amtrak 提供财政补贴（从1972年至2010年，Amtrak 已经接受政府补贴累计达351.41亿美元以维持运营和资本需求）。作为条件，Amtrak 公司必须以相对较低的票价向公众提供旅客运输服务。

而在我国，早期交通基础设施供给全部由政府负责。特别是公路交通基础设施（含普通公路、国省干线公路和农村公路）长期由国家以社会公益性物品的价值取向进行投资与建设。在1983年交通部还曾提出"有河大家行船，有路大家走车"的公路、水路发展思路，将交通基础设施向全社会开放使用。在此背景下，我国公路投资建设仍由政府包办，其中中央政府负责干线公路的规划与投资建设，地方政府负责地区性公路的规划与建设。从表7-3-1所展示的1950—1980年我国公路建设与养护资金投入情况可以看出，1950—1980年我国公路建设与养护投资基本均来源于国家，完全体现了公路的社会公益性政策取向。

1950—1980年我国公路建设与养护投资来源　　单位：亿元　　表7-3-1

时期	中央财政	地方财政	养路费	民工建勤折合数	合计
1950—1952	2.92	-	0.68	13.61	17.21
1953—1957	11.05	1.48	4.39	24.14	41.06
1958—1962	14.07	3.27	14.46	24.82	56.62
1963—1965	8.59	1.18	10.68	15.93	36.38
1966—1970	12.67	3.48	29.61	29.54	75.30
1971—1975	12.77	6.69	60.67	33.60	113.73
1976—1980	14.28	8.37	123.41	35.88	181.94
合计	76.38	24.47	243.90	177.52	522.27

资料来源：交通部公路科学研究所，2020年我国公路网规划的战略目标。

目前，随着国民经济的持续快速发展和税收的大幅增长，国家和各省（自治区、直辖市）经济实力不断增强，公共财政可用于基础设施投资的金额也逐渐增大，因此，作为交通运输产品的交通基础设施的供给完全可以逐步回到公益性道路上来。

政府进行交通基础设施公益性供给的途径主要有两种：

1. 扩大政府公共品供给范围

在交通基础设施建设的资金压力减轻后，政府可以通过增加政府投资，扩大提供交通基础设施公共品供给范围，减少以经营性的方式提供交通基础设施产品数量与规模，减轻使用者负担，使各种交通基础设施更多地真正成为社会经济发展的基础性、公益性服务设施。

近年来，随着政府可支配资金的逐渐增多，国家开始研究取消部分收费公路，将准公共性质的高速公路等收费公路转换成公共性质的高速公路。例如，随着我国经济实力的逐步提高，东部地区已从2004年11月起停止发展二级收费公路；中部地区从2009年1月1日起，停止审批新的二级收费公路项目。另外，从2009年起到2012年年底前，东、中部地区逐步取消政府还贷二级公路收费，使全国政府还贷二级收费公路里程和收费站点总量减少约60%。这意味着原来通过收费还贷的二级收费公路均由国家财政承担，取消收费后的二级公路也随即成为具有公共品性质的公益性交通基础设施。同时，部分高速公路在偿还相关贷款后，也不再收费（如首都机场高速进京通道），也成为具有公共品性质的公益性交通基础设施。现阶段部分高速公路成为私人物品而不是公共物品，其原因是政府财政资金不足，利用社会资金所致。随着政府财政的改善，部分高速公路将逐步纳入政府公共品供给范围。随着收费公路清理工作的推进，截至2012年5月24日，已有3706公里收费公路取消收费，纳入到普通公路行列之中，作为公共品提供给社会和公众。

2. 政府对非公共品加强补贴

公共品以政府提供为主，但并不等于非要以政府生产为主。实际上，除了少数涉及国家整体利益和国家安全的纯公共品需要由政府直接生产外，大量的公共品都可采用公开招标和投标的契约方式，交给私人生产，然后由政府采购，或者干脆由政府使用公共资金在商品市场上直接进行购买。即使需要由政府直接生产的公共品，也可按照公共品的具体属性和构成，区分出应该由政府直接生产的部分与间接生产的部分，把间接生产的部分交给私人部门和市场。

但是，政府允许私人提供某些公共品，决不意味着政府在此方面的责任让渡。因为无论是纯公共品，还是准公共品，其目的都是为了满足公众需要，实现某种公共利益，因而具有公益性质。对于交通基础设施的市场供给和志愿供给，政府可通过购买服务和加强补贴的方式，作为公共品向社会提供。

以铁路为例，为了体现铁路公益性的一面，国家对铁路基础设施实施价格分离的做法。即在目前铁路运价体系下，政府对铁路基础设施服务收费一直实行的是低收费、高福利政策，铁路客运服务票价体系并未市场化，而是由政府规制。当铁路管理体制发生改变（譬如政企分开），在铁路运营领域实施网运分离，成立专门的路网公司和运营公司时，铁路准公共品中的公益性属性可以通过国家购买公共服务或实施公益性运输补贴的方式实现。例如，政府事先界定公益性运输的范围，像货运中的抢险救灾、支农支边、低价值货物和军用物资运输，客运中对军人、学生的半价优惠等。对这些运输，政府可以提供公益性补贴(补贴额度标准应是运输成本加合理利润，再减去运输收入)；也可以事先确定公益性运输服务需求，再通过补贴招标的方式向运营公司购买，补贴标准在招标过程中通过市场决定。事实上，目前欧洲部分铁路私有化的国家正是通过公益性补贴的方式实现铁路公益性服务产品的提供。例如,瑞典就是政府采取招标采购的方式,各铁路运输企业参加竞标,以提供公益性运输服务。

(执笔人:刘明君)

第八章

国外主要发达国家交通基础设施的建设投资模式

内容提要：交通基础设施具有较强的基础性和社会性，投资规模大、建设周期长。针对这些特点，西方发达国家对交通基础设施建设投资模式进行了多年探索，并积累了大量经验，并在铁路、公路、港口、机场等交通基础设施建设投资过程中有效地体现了国家价值，较好地平衡了项目的公益性与收益性。了解各主要发达国家交通基础设施建设投资模式，借鉴其先进经验，汲取其失败教训，有利于在交通基础设施建设中采取合适的投融资政策，实现我国交通基础设施的健康有序发展。

第一节 主要发达国家铁路建设投资的模式与资金来源

铁路是一个典型和复杂的网络型基础产业。纵观世界各国铁路发展史，铁路投融资模式的选择是伴随着经济发展的需要不断进行变革的。各国对铁路投融资模式的探索历经了多年，积累了许多经验。发达国家的铁路经历了铁路发展高潮之后，很多国家的铁路公司经营陷入困境，负债严重，国家财政难以承受。因此，各国都在探索铁路体制的改革，重新定位国家与铁路的关系。

(一) 主要发达国家铁路发轫和大发展时期的投融资方式

1. 美国

美国铁路建设以私人投资为主。从 1830 年美国第一条铁路、13 英里长的巴尔的摩—俄亥俄铁路开始投入运营后,美国迎来了一个"铁路时代"。此后,美国铁路建筑长度以平均每 5 年翻一番的速度发展,到 1885 年铁路总长达到 12.83 万英里;1929 年,仅干线铁路长度已达 26.04 万英里;铁路的兴起,不仅促进了美国全国性市场的形成,而且在西部催生了众多的"铁路城镇",使西部铁路沿线及附近地区步入了早期的繁荣。

美国铁路初期的快速发展,主要得益于以下三个方面:

(1) 联邦政府的技术援助和财政援助。

美国铁路高速增长与联邦政府的援助密不可分,这种援助主要包括技术援助和财政援助两种形式。

在铁路建筑初期,联邦政府提供了大量的技术援助。巴尔的摩—俄亥俄铁路的建筑就是联邦政府根据《综合勘测法》,授权陆军部派出 3 支勘测队协助勘查、设计路线而最终建成的。到 1838 年《综合勘测法》废除时,军事工程人员已经帮助修建了 1879 英里长的铁路,而当时全美国铁路总长度仅为 2000 余英里。

除技术援助外,联邦对铁路建筑的主要财政援助是土地赠予。从 1850 年起,联邦政府开始将联邦公共土地无偿赠予各铁路公司,支持其修筑铁路。这些土地既可以被铁路公司用来支持其发行债券,又可以作为获得私人贷款的抵押担保,还可以由铁路公司出售。在这项政策执行的 21 年时间里,国会共发出 79 份公共土地转让证书,各铁路公司实际得到的联邦赠地约为 1.31 亿英亩,加上一些州政府的赠地 4900 万英亩,总计赠地约 2 亿英亩。据估计,铁路公司仅通过出售赠地而获得的纯收入即有 5 亿美元之多。

(2) 州和地方政府的支持。

州和地方政府甚至比联邦政府更积极地参与了铁路的建筑,采取了从直接投资到为铁路债券担保的多种形式援助铁路建筑,同时还采取免税、公众捐款、提供过境权等措施吸引铁路从当地通过。据统计,从 1850 年到 1873 年 20 多年间,在美国全国的铁路建筑总投资中,州和地方政府的投资占了

25%~30%。一些美国经济学家认为:"铁路根本就是政府的创造物"。铁路建筑中的舞弊现象和铁路运营中的肆意操纵行为的蔓延引起了公众的不满,导致一些州开始制定法律进行管制。在公众的强烈要求下,美国国会于1887年2月通过了《州际贸易法》,对铁路的经营和收费进行管制。这是联邦政府管制除银行业之外的经济部门的第一个法律,从而开创了美国联邦政府干预经济的先例。

(3)证券资本市场起到了集聚分散资金的重要作用。

由于铁路大规模建设需要筹措大量的资本,铁路促成了金融市场尤其是股市的繁荣。在美国铁路发展早期,铁路公司以股份制方式组建,股票融资成为主要的融资方式。19世纪中期大量美国铁路公司在新英格兰、芝加哥等地相继成立,大家认为应该修很多的铁路把美国各地都联通起来,每个人都觉得铁路是新世界到来的象征。那时在纽约和波士顿掀起了购买铁路股票的热潮,于是1860年后美国交易的多数是铁路公司股票。19世纪美国铁路大发展的黄金时期,铁路成为全国最大的产业,最多时全国有2000多家铁路公司,吸收了全国1/10的劳动力。在公众的眼中铁路俨然是先进生产力和财富的最佳代表——在其他行业的股票回报率只有5.4%的时候,铁路股票的回报率就已高达8%以上。19世纪末纽约证券交易所上市股票中,铁路公司股票占了60%。也正是大量铁路公司股票的发行才使美国的证券市场开始从过去的债券市场变成真正的股票市场。

铁路的发展促进了证券业的繁荣与发展,证券市场提供了将分散资金聚合为巨额资金的投资平台,吸引了大量的私人资本投资于铁路。1865—1890年间,私人向铁路的投资占全部铁路投资额的60%左右,投资者包括大型银行,也有投资额相对较小的私人企业和新建铁路沿线的居民。

2. 日本

日本铁路始于明治初期,当时取法西方的代表人物伊藤博文任大藏省少辅,他为了吸取西方文明,力排众议,向英商借款100万镑,修建东京至横滨间的日本第一条铁路,于1872年9月完工。到1945年已有25600多公里铁路覆盖全国,其中20056公里由国家运营,5543公里由私人运营。日本铁路的建设资金主要有以下几种方式:

（1）日本铁路建设资金早期主要以政府的财政投资为主，其中又以政府的财政预算拨款和提供财政投资贷款两种类型为主。财政预算拨款来自两部分：一是国家一般税收收入中用于交通运输建设的部分；二是与交通运输有关的特定税种收入的部分。一般而言，国家财政预算拨款中来自与交通运输有关的特定税费收入部分，只能用于交通运输建设，并且专款专用。财政投资贷款由日本政府根据基本建设和投资贷款计划进行安排，投资贷款对象主要是政府机关、国有企事业单位等特殊法人。

（2）在铁路发展的过程中，由于所需资金巨大，一些地方性的交通运输项目，除地方政府给予一定的投资外，有相当一部分资金从民间筹集。

（3）利用资本市场，通过发行债券、商业银行贷款、地方公共团体出资及拆借等方式为铁路发展筹集资金。从明治维新后的工业革命开始，日本铁路股票就成为最主要的上市证券，日本的股票市场也因铁路股票的活跃而得到发展，迎来了第一次高速发展期。1886—1908 年间，铁路股票交易量占全部股票交易量的一半左右，是名副其实的"铁路股时代"（见表 8-1-1）。

日本铁路股票占全部股票的比例　　表 8-1-1

年份	1856 年	1890 年	1894 年	1898 年	1902 年	1906 年	1910 年
比重（%）	40	82.9	75.8	68.2	53.1	43.1	11.2

资料来源：于军著，《中国铁路融资能力、现状及问题》。

（4）新干线建设资金的筹集。日本中央政府通过大藏省资金运用部向国铁提供低息贷款，或通过政府提供担保发行债券，以及其他补贴手段（如工程费用补助金等），同时国铁也自行发行铁路企业债券等筹集资金，由国铁全面负责新干线的建设及经营。1964 年后，日本铁道建设公团和国铁共同负责筹措新干线建设资金。铁道建设公团除使用国铁筹集来的资金外，同时也负责筹集一部分建设资金，并负责工程施工。完工后由铁道建设公团向新干线经营者（即国铁）出租或转让。

3. 英国

英国是世界铁路运输的鼻祖，曾经有过辉煌的历史。1814 年斯蒂芬孙发明了蒸汽机车，1825 年英国就开始了铁路建设。其鼎盛时期的 1928 年，运营铁路的总里程达到了 32565 公里。1830—1947 年，英国铁路经历了蓬勃发展、自由竞争、弱肉强食而走向多头垄断，最后以全行业性亏损而终结，实行了国有化改造。这期间英国铁路建设资金的主要方式有：

（1）早期的英国铁路由私人企业和私人资本建成，政府不干预路线的规划和资金的筹集。英国政府和议会没有提出任何一项铁路建设计划，铁路建设计划都是由私人组成的公司提出，筹集资金，监督修建，但需要得到议会的批准以强制购地。

（2）1948年，英国对铁路进行国有化改造，建立了国有企业"英国铁路"。1963年成立政府所有的英国铁路委员会，取消运价率、收费管制。铁路投资主要来源于财政拨款和贷款，英国铁路的盈利与亏损由公共部门预算开支所负责，铁路在更大程度上是被看作政府的一项公共服务而不是一个企业行为。

4. 德国

德国早期依靠资本市场和政府援助建立了铁路网络。从表8-1-2可以看出，从1840年到1890年，德国铁路股票和债券一直是比重最大、交易最活跃的证券，吸引了大量的私人投资者。

1870—1910年德国铁路股票比重　　　　　表8-1-2

项　目	1870年	1880年	1890年	1900年	1910年
柏林证券交易所上市证券数（只）	359	662	1014	1808	2844
铁路股票、债券数量（只）	175	294	233	271	286
铁路所占比重（%）	48.75	44.41	22.98	14.99	10.06

由于政府对铁路的严格管制，导致铁路行为的僵化，失去了灵活应对市场的自由。第一次世界大战后，德国对铁路实行国有化，其国有化程度达到了100%。政府负责铁路的建设和运营，政府资金成为铁路建设资金的主要来源。但是欧洲国有铁路的经营每况愈下，给政府增加了巨大的财政负担。

（二）20世纪中后期主要发达国家铁路投融资方式改革

1. 美国

美国铁路是利用私人资本，依靠政府支持发展起来的。在有客货运量的地区形成了多个既独立又相互重叠的铁路运输网。随着时间的推移，铁路公司之间不断兼并重组，至今美国只剩下具有相当规模的7家一级铁路公司，此外还有 500 家左右的区域和地方性铁路公司，（全是股份公司，资产属于私人投资者）。各铁路公司为网运一体化形式，线路在一定的地域内仍然相互重叠，同时又与其他铁路公司通过铁路枢纽和编组站有机联结。客运公司租用货运公司线路通路权。

20 世纪 70 年代后，由于来自公路运输业日益增强的竞争，以及铁路日益恶化的财务状况，促使美国政府放松对铁路的管制。随着 1980 年 Staggers 法案的颁布，几乎完全解除了对铁路运价的管制，由市场确定运价。基于 Staggers 法案的管制改革，显著改善了铁路业财务状况，铁路业开始吸引资金并用于改善业务。

20 世纪中后期，美国铁路的投资资金主要来源于以下几个方面：

（1）市场融资。

美国一级铁路均为上市公司，通过发行和出售股票获取资金支持。各公司还可以发售债券筹集基金，长期债券的期限可达 30 年。

（2）直接贷款与担保。

美国政府虽然不对铁路投资（在美国铁路网基本成形、运输能力过剩的情况下，美国政府和社会公众形成一种观点：政府不能将纳税人的钱用于补贴私人铁路。因此，只有在铁路面临严重危机或者事关公共利益的时候，政府才给予必要的财政支持），但每年提供一定额度的贷款担保，供铁路向银行贷款。

1998 年，克林顿总统签署了《21 世纪运输平衡法（TEA-21）》。该法令中包含若干与铁路投资有关的项目，铁路振兴和财务改进计划（RRIF）是其中之一。RRIF 计划通过直接贷款和贷款担保的方式，授权联邦铁路管理局提供高达 350 亿美元的资金援助。直接贷款的期限为 35 年，利率与政府借款费用相同，贷款额度最高可达项目金额 100%。用于小型货运铁路发展项目的资金约 70 亿美元。

另外，RRIF 在 2005 年颁布的《献给用户的安全负责、灵活高效的运输公平法（SAFETEA-LU）》中得到进一步修订。目前，其法律条文已写进美国联邦法典，并明确规定了贷款人资格、贷款利率及使用范围、提供贷款援助的条件等。2002—2009 年，RRIF 共为 20 多家铁路公司提供了共计 8.51 亿美元贷款，包括：2002 年全国铁路客运公司获批的 1 亿美元，2003 年达科他州、明尼苏达州和东部铁路公司获批的 2.33 亿美元。

铁路也可以运输设备做抵押，向银行借贷高达80%的设备购置费（银行也倾向于为购置机车车辆等移动设备提供贷款，因为一旦铁路无力偿还贷款，移动设备更容易通过拍卖、转租等方面收回资金，而固定设施则难以处理）。铁路还通过租赁设备融通资金，降低运营成本，目前美国货车租赁业保有的货车数量已超过美国货车总数的一半。

（3）政府财政补贴。

为了减轻铁路货运公司的负担，20世纪70年代政府通过立法成立了全国铁路客运公司（即Amtrak）。其在政府资助和支持下运作，但是以私有公司方式进行组织的。Amtrak确定了一个指定线路约20000英里的网络，在向货运公司支付规定的分摊成本的基础上，使用其线路和车站运营客运业务。1972—2010年（图8-1-1），Amtrak已经接受政府补贴累计达351.41亿美元，以维持运营和资本需求。很显然，如果没有足够的资金支持，以Amtrak目前的经营态势，很难继续维持。

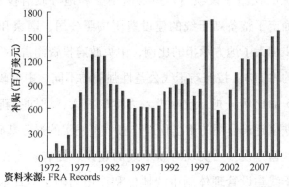

资料来源：FRA Records

图8-1-1 1972—2010年各财年政府对Amtrak的补贴

总之，经过长期的发展，到目前美国铁路行业已经形成了一套"市场投资为主、政府引导扶持为辅"的投资管理体制。在美国私有制经济体系和铁路发展历史沿革的共同作用下，美国铁路具有以政府作为行业发展的宏观指导者和调控实施者，以各铁路公司作为投资主体，通过法律法规界定投融资规范准则，针对客货运服务实行有重点、有针对性政策的投融资体制特点；另一方面，对于铁路，尤其是对具有很强公益性的客运铁路，政府通过低息贷款、贷款担保、补贴等方式进行扶持，确保铁路发展所需的投资。在各种法律法规的规范下，政府、铁路公司、商业银行之间紧密配合，建立起了具有美国特色的投融资制度，为铁路的高效运转提供了良好的保障条件。

2. 日本

20世纪80年代各国相继对铁路进行了大规模的产业重组，铁路重新成为政府和公众关注的一个重要领域。日本通过对国有铁路的股份制改造，向社会公开发行股票，引进民间资本。日本采取主要措施有：

（1）废除了《铁路建设法》以后，国家对新线的建设不再干预，各铁路公司根据自己的需要决策；对于JR集团实现高速化、与新干线直通运行、车辆现代化等提高竞争方面的投资，以及地铁、大城市近郊铁路、地方中小民营铁路的建设投资，运输省和地方政府给予财政支持，提供同等补助或无息贷款。地方开发性铁路，一般由当地政府投资为主，具有盈利性的建设项目吸收当地私营企业参与投资。

（2）公益性的铁路建设项目，主要由中央和地方政府投资建设。其中，日本政府正式确定了整备新干线的建设费用按照公司、国家和地方共同分担的原则，并逐步加大了地方承担的比例，中央政府投资约占2/3，沿线受益的地方政府投资约占1/3。按照新干线公益性强弱的不同，中央政府和地方政府按照8:2或5:5的比例分担。政府投入力度的加大，增加了新干线建设的资本金比例，为铁道建设公团的市场化运作打下了坚实的财务基础。

（3）日本铁道建设公团实现对新干线的建设、拥有、委托经营的全面控制，政府在新干线建设管理体制中的地位和作用明确了。日本政府通过新干线保有机构（后逐步演变为铁路整备基金、运输设施整备事业团）向铁道建设公团筹集部分建设资金，日本铁道建设公团将建成的铁路租赁转让给其他新干线的经营者。

（4）日本的国铁改革充分利用了股权资本市场，三家达不到上市要求的客运公司继续国有经营，东、西、中日本三家公司达到上市要求，政府按计划逐步售出国有股份直至完全退出。1994年，东日本铁路公司上市，政府出售了62.5%的股份，募集资金91.9亿美元。1996年和1997年西日本铁路公司和中日本铁路公司分别上市。

3. 英国

英国铁路长期以来投资不足，线路老化、路况质量差等问题十分突出，但始终没有一个良好的解决方案。英国铁路改革从 1982 年开始，用了十年左右的时间，完成了以地区铁路局为主的块块管理向按市场业务分工的条条管理的转变，撤销了地区局。改革的主要措施有：

（1）1988 年，政府对于铁路民营化问题，提出并充分讨论了四种方案，最后的方案确定为基于混合式网运分离基础上的线路特许经营制。改革之后，政府对铁路的财政支持力度有所加强，投资来源包括政府直接投资、补贴、贷款及公共债券融资等。

（2）1994 年，铁路分拆为 1 个全国性线路公司（Railtrack）、25 个客运公司、6 个货运公司。1996 年线路公司在伦敦股票交易所上市，全部为私人股份，政府不再向铁路直接投资，线路公司的市值达到 19.5 亿英镑。按照地域划分出的 25 个铁路客运特许经营区，通过公开招标形式，全部出售给 25 家客运公司，特许经营期限为 7~15 年；6 个货运公司也全部出售给私人。

（3）改革开放以来，铁路投资来源渠道很多，既有政府拨款、信贷资金，也有大量私人资本注入。在 1994/1995 财政年度，私人投资大约 1 亿英镑，而 2001/2002 财年增加到约 37 亿英镑，私人资本在整个铁路投资中比重越来越大。

（4）英国铁路对客运线路进行补贴，但不补贴货运。政府除了支付客运补贴外，对于线路和设备的维修更新并不另行投资，铁路网更新养护投资完全依赖路网公司 Railtrack。但 Railtrack 本身是上市公司，热衷于追求股东利益，而对非营利性的铁路基本建设项目缺乏投资热情。

（5）2001 年，政府对线路公司进行强制管理。2002 年 10 月，路网公司正式收购并接管了线路公司。路网公司拥有运营铁路网，负责提供、维护和管理英国铁路基础设施，制定列车运行图和行车计划等。路网公司是无股东、不分红、不以盈利为目的的保证有限公司，其全部利润都用于路网再投资。目前，路网公司的资金来源主要包括政府担保贷款、线路使用费和政府补贴。

4. 德国

在战后的四十多年间，联邦政府一直奉行重公路运输、轻铁路运输和内河水运的交通运输政策。联邦铁路长期缺乏投资，直到 20 世纪 70 年代才在联邦政府有限的资金下开始进行少量的新线建设。两德统一后，政府开始推动国有铁路的改革，修改和通过了一系列涉及联邦政府和州政府对铁路投资和补贴支持的法律，主要有：

（1）乡镇交通筹资法（GVFG）。该法规定，联邦政府从矿物油收入中每升提取5.4分尼，集中用于各州改善乡镇交通设施和短途公共旅客运输设施的改扩建。各州可按本州的财政能力和政策目标，由各州预算资金补充联邦政府提供的这笔资金，所占比例为0%～30%。

（2）联邦铁路线路改扩建法。该法规定由国家负担联邦铁路的新线建设和改扩建费用，这种投资通常有，无偿补贴和无息贷款两种形式。

（3）短途公共旅客运输地方法。该法规定，铁路短途客运任务的规划、订购和财政由联邦政府负责，从矿物油税收收入中提取地方化专项基金，支持各州的铁路短途旅客运输。这笔资金可以用来平衡运营成本或填补运营成本赤字，也可以用于对机车车辆或线路的投资。

（4）联邦铁路重组法及德国铁路股份公司组建法。根据联邦铁路重组法，组建的联邦铁路资产管理局承担了原德国联邦铁路的长期历史债务，使新成立的德国铁路股份公司以零债务启动。德国铁路公司除了有效益回报的铁路基础设施建设项目自由筹集资金外，其他铁路基础设施建设项目均由政府财政拨款或提供无息贷款。

5. 法国

法国于1937年对全国铁路实施国有化，到1982年收购了全部私人股份，法国国营铁路公司成为国内唯一的铁路经营者和投资建设者。2005年6月，一列满载货物的私营列车从法国迪尼市开往德国扎勒市，改变了法国铁路运输业70年来一直被国营铁路公司垄断的历史。法国铁路建设投资渠道主要包括：

（1）高速铁路建设资金来源主要有三种：通过法国国营铁路公司发行债券；政府给铁路公司的贷款提供风险担保，并对其中一部分非赢利线路给予10%～30%的财政补贴；欧盟的资金支持。

（2）1997年，法国成立路网公司（RFF）接管了法铁2/3的建设债务，并且负责铁路的投资建设。RFF根据项目建成后能够实现的回报（向法铁收取线路使用费及支付维修后的盈余）决定其投资额，不足的部分由中央政府、地方政府和其他受益者投资。

（3）无论是改革前还是改革后，法国国营铁路公司都接受国家、地方、欧盟等公共团体的援助，援助金额在其营业收入中所占比重较大。从1997年起，这部分援助金额分流到了法国铁路路网公司。在公共援助中，除政府补贴外，地方援助也是一个重要部分，其中包括对居民超过2万的地区征收公共运输税用于公共运输投资与运营。公共运输税为地方公共运输发展提供大量的资金，这些资金可部分用于投资对地区发展有战略意义的铁路项目。

6. 瑞典

1988年，瑞典议会基于政府提出的"20世纪90年代的运输政策"议案拟定了新的运输和环境政策，从组织上将铁路分为两部分：按照商业原则经营铁路运输服务业务的瑞典国家铁路公司和负责铁路基础设施的瑞典国家铁路管理局。

（1）瑞典铁路改革后，政府对铁路的投资主要包括三部分：每年给国家铁路管理局的拨款，用于线路的投资与维修；对非盈利性的干线铁路运营的补贴；拨款给地方运输管理局，对地方铁路运输的补贴。

（2）瑞典政府向铁路运营机构收取的基础设施使用费并不足以弥补基础设施的维修成本，差额部分由中央财政预算补足。

（3）瑞典铁路建设资金筹集，除规模较大的新线建设外，路网改造（包括复线建设、电气化改造、运营设施的技术改造等）由政府在年度财政预算内安排。地方政府在铁路建设中也承担部分投资，如车站建设、城市道路和公路的改建、土地征用等，并纳入项目概算。

第二节 主要发达国家公路建设投资的模式与资金来源

随着全球经济的持续发展，公路尤其是高速公路已成为衡量一个国家现代化水平的重要标志，其建设资金来源的稳定就显得十分重要。发达国家非常重视公路建设资金的筹集，通过不断完善立法形式，强化公路发展规划，采用多渠道筹资政策，依法筹集、管理和使用资金，从而保证了公路的快速发展。特别是欧美发达国家在近几十年的发展中，形成了适合本国公路交通基础设施发展需求的投融资模式。如日本的特定财源投资和收费建设并举，促进了其公路网络的全面发展；美国实施的公路信托基金制（Highway Trust Fund），为其大规模建设公路提供了强力保障；意大利的项目特许经营制，则是通过"特许公司"自行筹资完成高速公路建设。

（一）日本公路投融资模式

第二次世界大战以后，日本集中力量发展煤、电、钢铁等工业产业，公路交通基础设施相对薄弱，成为制约工业化发展的重要瓶颈。为促进公路交通发展，日本政府于1953年立法实施公路发展五年规划，明确建设省（即现在的国土交通省）为公路行政管理机构，负责全国公路网络建设的规划与实施。1954年，第一个公路发展五年规划正式启动，标志着日本公路网络建设正式起步。公路网络的建设，需要大规模的稳定的投资来源。为此，从20世纪50年代初开始，日本就逐渐建立了政府投资和收费公路制度，为公路建设融资。政府投资主要用于普通公路建设，对高等级公路引入收费公路制度筹集资金，一般财政预算则作为公路建设的补充（图8-2-1），促进了公路建设的稳步发展。截至2009年，日本公路总里程达126.7万公里，其中高速公路9100公里，一般国道6.7万公里，都道府县道14.3万公里，市町村道104.8万公里。

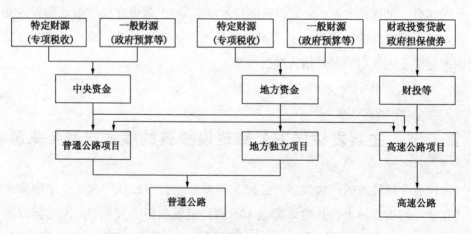

图 8-2-1　日本公路投资资金来源构成示意图

如图8-2-2所示，2004年日本公路总投资104565亿日元，包括高速公路项目投资18850亿日元，普通公路项目投资48615亿日元，地方自建项目投资

37100亿日元。其中，国家财政投资的31366亿日元(占总投资的30%，占普通公路项目投资的64.52%)全部用于普通公路项目；地方财政投资的22249亿日元(占总投资的21%)中，17249亿日元用于普通公路项目，其余部分用于地方自建项目；一般财源等的35118亿日元(占总投资的34%)主要用于地方自建项目支出，部分用于高速公路项目支出；财投集团的15833亿日元(占总投资的15%)，全部用于高速公路项目建设投资。

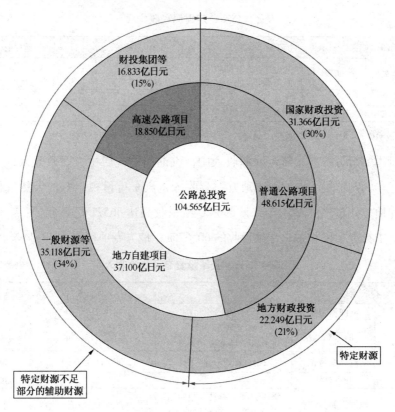

图8-2-2　2004年日本公路投资来源及构成(2004年度版《日本の道路》)

(1) 建立特定财源用于普通公路建设

日本设立特定财源(即专项税收)用于公路建设，主要基于受益原则(由受益者支付费用，受益程度越高，支付的税收就越多)、资金专属原则(专款专用，与车辆有关的税收全部用于公路投资，不得挪作他用)、稳健原则(财源收入持续稳定，受国家整体财政状况影响小)。

1953年，日本政府颁布法案，决定对汽车使用者征税，作为公路建设与维护的专项资金。1954年，随着第一个公路发展五年规划实施，开征汽油税，1956年开征柴油交易税，1966年开征液化石油气税。

以上税种按照受益原则征收，税收收入与汽车行驶距离成正比。随后，1968年开征车辆购置税，1971年开征汽车重量税。所有这些关于汽车的税种，涉及购买、保有和使用环节，全部被转移至一个专用账户，作为公路建设和维护投资的专项税收（表8-2-1），税率可以根据公路工程的造价适当调整。

日本公路特定财源税收构成 表8-2-1

车型	燃油消费		车辆购买	车辆保有
汽油车	汽油税	汽油消费税（中央） 地方道路税（地方）	车辆购置税 （地方）	汽车重量税 （央、地共享）
柴油车	柴油税（地方）			
LPG车	石油天然气税（央、地共享）			

资料来源：2004年度版《日本の道路》。

日本实行分税制，特定财源收入中，汽油消费税属中央财政收入，地方道路税、车辆购置税、柴油税属地方财政收入，汽车重量税、石油天然气税则属中央和地方共享税。2004年，该部分专项税收高达56571亿日元（见表8-2-2）。其中，中央专项税收占总专项税收的60.67%，地方专项税收占39.34%。

2004年日本公路投资专项税收收入 表8-2-2

税收项目		公路投资	税率	收入（亿日元）
中央	汽油消费税	100%	48.6日元/升	28362
	石油天然气税	50% （其余50%转移支付给地方）	17.5日元/kg	140
	汽车重量税	2/3：国家一般财源	6,300日元/0.5t年	5820
	小计			34322
地方	地方道路让与税	58%：都道府县及指定市 42%：市町村	5.2日元/升	3041
	石油天然气让与税	50%：都道府县及指定市	同石油天然气税	140
	汽车重量让与税	1/3：市町村	同汽车重量税	3746
	柴油税	100%：都道府县及指定市	32.1日元/升	10750
	车辆购置税	30%：都道府县及指定市 70%：市町村	车价的5%	4572
	小计			22249
			合计	56571

资料来源：2004年度版《日本の道路》。

在资金投向方面,特定财源收入大部分投资于普通公路,包括免费向公众开放的国家普通公路和地方一般道路,同时也会有一小部分作为收费公路建设的补助。除特定财源外,在特殊情况下,如遭遇地震等自然灾害时,中央和地方政府也会拿出部分一般财政预算用于公路恢复及新建。

(2) 实行收费公路政策支持高等级公路发展

由于仅依靠特定财源不能完全满足公路建设发展的需要,因此,日本政府早在 1952 年公路发展的起步时就颁布《高等级公路建设特别法案》,决定针对国家高速公路及部分地方公路建立收费制度,作为筹集高等级公路建设资金的一种方式,主要用于弥补资金缺口、运营成本和偿还相关债务。日本收费公路制度,并遵循专属(在收费期限内,收费收入应弥补全部建设成本)、公平(收费必须是公平的,且须经政府批准)、合理(按照受益原则收费,不能增加使用者的额外负担)三个原则。

为加强高等级公路建设,日本相继组建了日本道路公团(1956 年)、首都高速道路公团(1959 年)、阪神高速道路公团(1962 年)以及本州四国联络桥公团(1970 年)等特殊法人,负责国家和地方高等级公路的建设与管理,所建全部为收费公路。道路公团(Public Corporation)的成立,极大地加快日本高等级公路的投资与建设速度。

在收费公路建设过程中,日本实行了比较特殊的财政投融资制度,即政府利用邮政储蓄和养老金等负债期限较长的国家储备资金,作为对道路公团的财政投资贷款(FIL),道路公团再利用收取的道路通行费偿还。除财政投资贷款外,道路公团还通过发行政府担保债券,以及引入部分商业贷款的方式筹集资金用于收费公路建设,部分收费公路还可以得到中央或地方的财政专项补助。在公路公团建设资金的六个来源(财投、中央资金、缘故债、外债、民间借入金、收费收入)中,以财投和收费收入占主导地位。以 1991 年为例,财投占日本公路公团资金总额的 49.68%,中央资金占 2%,缘故债占 3.2%,外债占 1.55%,民间借入金占 3.71%,收费收入占 39.86%。从近年的趋势看,财投对日本公路公团总投资比重保持在 50% 左右,最高年份所占比重达 70.2%。而中央资金对日本公路公团投入所占比重呈现下降趋势。2002 年日本道路公团的预算中,中央资金投入已从上年度的 305 亿日元减至零。

从 2005 年开始，道路公团开始进行民营化改革，成立了东日本高速道路株式会社(NEXCO 东日本)、中日本高速道路株式会社(NEXCO 中日本)、西日本高速道路株式会社(NEXCO 西日本)等民营公司，取代道路公团职能进行收费公路投资建设与运营管理。

(二) 美国公路投融资模式

美国公路尤其是高速公路发展一直处于世界领先的地位，其公路建设中政府投资占主导地位，目前联邦、州、地方等三级政府在公路建设中投资结构一般为 21%、52% 和 27%。表 8-2-3 为 2008 年美国公路投资构成情况。

美国公路投资来源(2008 年) （单位：千美元） 表 8-2-3

	项　　目	资本金	运行维护费	合计
联邦政府	公路合计	29955680	10009245	39964925
	行业自有资本(Own–Source Revenue)	27490462	9592145	37082607
	公路信托基金(Highway Trust Fund)	26824914	9585000	36409914
	燃油税与车辆税	665548	7145	672693
	支持性资本(Supporting Revenue)	2465218	417100	2882318
	普通基金(General Fund)	2009968	401000	2410968
	其他来源	455250	16100	471350
州政府	公路合计	68141362	44705344	112846707
	行业自有资本	29411986	19296252	48708238
	燃油税	14957776	9813313	24771089
	车辆税	10699600	7019661	17719261
	通行费	3754610	2463278	6217888
	支持性资本	12173383	7986563	20159946
	普通基金	3395887	2227932	5623819
	其他税收	3490332	2289894	5780226
	杂项收入	5287164	3468737	8755901
	转移支付(Grants)	19452716	12762298	32215015
	联邦	17697383	11610681	29308065
	地方	1755333	1151617	2906950
	债券	7103277	4660231	11763508

续上表

项目		资本金	运行维护费	合计
地方政府	公路合计	21869715	43487374	65357089
	行业自有资本	1564969	3606244	5171213
	燃油税与车辆税	726429	1426800	2153229
	通行费	477545	937960	1415505
	停车费	360995	1241484	1602479
	支持性资本	12706784	24957756	37664539
	普通基金	6799761	13355604	20155364
	财产税	2689415	5282357	7971772
	其他税收	1446776	2841654	4288430
	杂项收入	1770832	3478141	5248973
	转移支付(Grants)	5605282	11009494	16614776
	联邦	257767	506288	764055
	州	5347515	10503206	15850721
	债券	1992680	3913880	5906561
合计		119966757	98201963	218168721

资料来源：Government Transportation Financial Statistics 2012。

（1）联邦公路信托基金是联邦主要资金来源

美国是建立道路公共建设基金制的典型国家，联邦公路信托基金是联邦政府投资公路建设的主要资金来源。

1930年后美国经济处于第四次经济危机的低谷，罗斯福新政从国家一般预算中增拨了大量经费以建设公路；中间受第二次世界大战影响，联邦资助公路工作于1941年中止，后又于1946年重新开始。1956年国会通过《公路税收法》(Highway Revenue Act)，改变了过去由财政拨款投资公路基础设施的办法，而是授权联邦政府利用公路税收，包括对公路汽车燃料的征税、对重型汽车征收的零售销售税的部分款项、对重型汽车轮胎征收的制造商消费税，以及对重型汽车征收的年度使用税等收入)，建立由联邦财政部负责管理的联邦公路信托基金(Federal Highway Trust Fund，FHTF)。根据国会通过的法规，联邦公路信托基金主要用于资助各州建设和改造美国的高速公路系统，它通过国会审查批准的联邦资助公路计划来实现。该计划由运输部公路管理局具体负责实施。它的资助项目可以分为三大类：联邦资助系统项目、特别项目和示范项目。州际高速公路建设的资金供应，采用分期拨付的方式，一般联邦政府承担90%，其他各级政府承担10%。

图8-2-3所示为1995—2009年联邦公路信托基金投资公路基础设施的情况。从图中可以看出，信托基金是联邦政府投资公路建设的主要资金来源，其历年占联邦政府公路交通投资总额比例均达到了60%以上，甚至在1999年达到了93.81%。

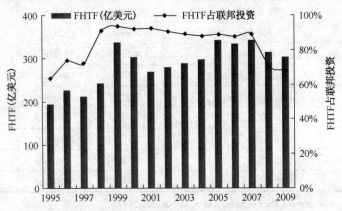

图8-2-3　1995—2009年联邦公路信托基金投资情况

资料来源：Government Transportation Financial Statistics 2012

（2）州燃油税和车辆税是州政府主要资金来源

美国各州政府的公路交通基础设施建设资金来源则相对多元化。除了征收州燃油税外，各州还可以收取道路通行费、汽车税，以及发行债券等，而且各州的道路建设资金的构成比例也相差悬殊。例如，美国各州的州燃油税税率为每加仑7.5美分~30美分；个别州的汽车税收入成为最主要的道路建设资金来源，而德拉维尔州的道路通行费收入甚至超过了燃油税收入。但就全国范围而言，州燃油税仍然是州一级政府公路建设资金的最主要来源，车辆税居次。

图8-2-4所示为1995—2009年州政府公路投资中燃油税投资和车辆税投资金额变化情况。从图中可以看出，1995年，州燃油税和车辆税投资公路建设金额分别为254.76亿美元和126.27亿美元，占当年州政府公路总投资的47.87%和23.73%，燃油税投资是车辆税投资的2倍；2009年，州燃油税和

车辆税投资分别为345.37亿美元和249.69亿美元，较1995年分别增长了35.57%和97.74%。

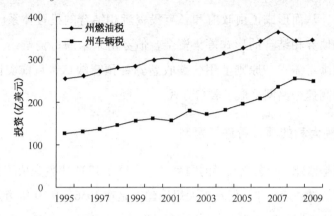

图8-2-4　1995—2009年州政府燃油税和车辆税公路投资情况

资料来源：Government Transportation Financial Statistics 2012.

（3）地方政府资金来源相对较为分散

地方政府公路投资来源包括一般财政收入、财产税、债券等。

一般财政收入拨款是地方政府公路资金的主要来源。据1987年资料显示：财政收入拨款占县乡政府公路资金来源的33.59%；占市政府公路资金来源的51.08%；但占联邦政府公路资金来源的7.82%，州政府公路资金来源的3.8%。

财产税在历史上也一直是地方政府公路资金的主要来源之一，即从居民财产税收入中提取交通基金。一些地方政府还从房产和城市发展的大宗拨款，以及经济发展基金等非使用税收中抽取一部分用于支持公路建设项目。有时，这部分资金可占整个地方筹集公路建设的80%。1987年来自其他税收的公路资金占县乡政府公路资金来源的30.36%；占市政府公路资金来源的13.85%；资源税、石油产地税往往是联邦政府返回到地方建设公路的资金来源之一，主要用于建设国家森林公路等。

债券集资是州和地方政府公路资金来源之一。历史上美国的债券集资曾经历了很长一段持续增长时期。特别是在第一、二次世界大战之后，经济恢复和快速增长时期，债券集资发挥了重要作用。1921—1930年间债券集资占美国公路资金来源的20%~40%。

此外，美国州际和国防高速公路建设资金还有一部分来自通行费，但仅占高速公路财政收入的5%左右。由于修建和维护高速公路的成本越来越高，全靠政府承担越来越困难，近几年美国政府通过立法确定允许私有投资者投资高速公路，从而形成了由政府和私有投资者相结合的投资体系。私有公司采用股票和债券相结合的形式筹集资金，债券由未来通行费偿还。由于专项投资已不能满足需求，原则上用公路收费弥补预算缺口，目前美国已经有9个州为更新高速公路网采取了收费方式。

（三）意大利的项目特许经营制

意大利是修建高速公路较早的国家之一，早在1934年就建成了长达126公里的米兰到都灵高速公路，但真正大规模建设是在1956—1970年道路建设规划制定之后。该规划计划新建高速公路1700公里，使高速公路通车里程达到2126公里，其中包括著名的长达738公里的米兰到那不勒斯的"太阳高速公路"。到1970年，意大利高速公路里程已达3913公里。据意大利交通部公布的数据，目前意大利高速公路通车总里程为7000多公里，其公路管理体制如图8-2-5所示。

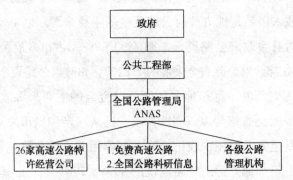

图 8-2-5　意大利公路管理体制

由于意大利在西方发达国家中经济实力相对较弱，特别是第二次世界大战后面临巨大的经济复苏压力，因此公路建设资金主要来源于车购税和燃油税。但是，这部分税收收入仅能满足约31万公里普通公路的建设和养护，更大规模的高速公路投资则是捉襟见肘。在此背景下，意大利成为为数不多的以企业行为为主，依靠特许经营投资进行高速公路建设的国家之一。意大利高速公路建设资金部分来源于国家预算或车购税及燃油税，而绝大多数则是由特许经营公司自筹（即融资的主体是高速公路特许经营公司）。

国家对特许经营公司的政策是：按照法律与公司签订合同，明确责、权、利，授权公司投资建设并独立经营和管理高速公路。核定经营期满后，公司将高速公路交回国家。公司负责筹集资金、工程建设及通车后的收、管、养、经营、还贷全过程。政府视建设情况可一次性或分期投入 30% 的资金，其余部分由公司向银行和私人借贷，国家对公司债务予以担保；国家对建设用地的征用给予优惠；政府确定收费标准，收取车辆通行费，用于维持正常的养护和管理活动、还本付息、股东分红、税金及投入新建高速公路等。

意大利高速公路特许经营模式投融资的要点为：

（1）投资来源主要靠项目公司发行债券

项目公司发行公路建设债务意味着投资来源主要是社会公众和企业资金。但出于经济和法律的需要，即使取得政府的担保，公司仍然要由各股东出资或利用自有资金形成项目的铺底资金（实际上相当于我国的资本金），其规模应不低于总投资的 10%。

（2）充分考虑项目的各种影响经济效益的因素

由于在公司申请贷款中项目造价、预期交通流量等因素至关重要，因此通过具体分析影响项目收益的各种因素，促使公司注意控制成本，才能真正以良好的工程质量和服务水平吸引交通量，实现预期的经济效益。

（3）按银行贷款的要求进行项目融资设计

项目发起人应具有所从事的项目相适应资质，要与银行共同承担风险，且按照银行贷款的要求设计项目融资框架。项目发起人只有在已取得特许经营权之后才能与银行商谈项目贷款。银行对项目贷款有以下考虑：需要有稳定的现金流量收入；对建设和养护费用要有最高限额的保证；应具备能保证贷款协议顺利执行的法律框架，要能够适应所在国的法律和财务规定，避免受限制而影响协议的执行；对不能自由兑换的货币，要解决外汇风险问题。

第三节　主要发达国家港口建设投资的模式与资金来源

港口基础设施建设是一项投资大、建设周期长、资金回收慢的社会宏观经济项目，体现社会综合效益，世界各国都由国家财政直接投入相当比例的资本金。但在支持本国港口基础设施建设方面的措施却不尽相同。

从资金来源上看，发行债券是美国港口建设资金的重要来源。美国港口建设和营运费原则上从港口收入中支付。港口收入扣除折旧、贷款、公债本息以及其他开支后，所有利润都归港务局所有，用于港口发展或兴办公共福利事业，不向国家和地区政府交纳所得税。来自联邦政府和州政府的投资用于港区以外进港航道建设和维护，而不对港口设施进行投资。港口防波堤以外的航道建设与维护、安监全部由联邦政府负责。防波堤以内的港口及疏运等设施由港务局负责，其融资方式是发行债券。美国大部分港口都有权发行债券，债券是港口建设资金的重要来源。联邦政府投资来源主要包括港口维护信托基金（Harbor Maintenance Trust Fund）、内河信托基金（Inland Waterway Trust Fund）等基金收入（见图8-3-1）和其他财政预算，州和地方政府投资来源则主要依托于港口费收入。

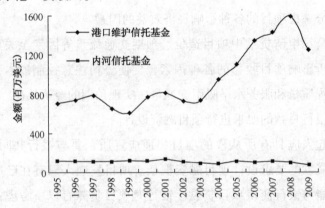

图8-3-1 1995—2009年美国港口投资基金变化趋势

从投资体制上看，英国政府不参与港口设施的投资。英国自治港所有的项目都由港务局自行筹资解决，主要资金来源于港口的业务收入和国际金融市场的资金。虽然英国政府不参与有关港口的投资，却给予了港口经营免税优惠，并且根据有关法令通过减免债务的方式给予补贴。

从港口建设项目的投资范围来看，德国的港口设施建设明确划分为基础部分和上部设施。基础设施指港口的锚地、岸壁、排水供水系统、交通道路、桥梁、铁路线和编组站、通信等有关基础部分。上部设施是企业从事经营必须拥有的设施。基础设施由国家投入,地方政府是港口基础设施的投资主体。而上部设施必须由企业自己建设,国家不给一分钱的投入。港区内各种地面设备、设施则由私人投资建设。根据多年经验,基础设施和上部设施的投资大约各占50%,表明港口是由政府和民间共建的,但这个共建要履行严格的法律程序和手续后才能签合同,(这种由政府和民间的共建模式称为汉堡模式)。另外,要完成较大工程项目时,依据程序法,项目必须经联邦政府和地方政府共同决定;若项目投资额超过500万马克,必须在欧洲范围内进行招标。

澳大利亚各个港口设港务局,负责港口规划,水下基础设施、港口通信、导航、防疫和水上消防的建设、经营、管理和维护,并收取水域使用费和码头管理费。基础性设施建设如航道、灯塔、码头等投资均由港务局负责。建设资金主要来源于计提的折旧、留用的税后利润和银行借款,银行借款不享受优惠。码头上的建筑、设施、设备、装卸机械、仓库、房屋等均由租用码头的装卸公司自行投资。

欧盟委员会对其成员国的港口制定了一个框架政策,要求各国港口企业之间公平竞争。为此还制定了一系列政策,特别明确规定港口基础设施建设由政府投资。欧盟各国港口筹集的基础设施建设资金中的5%~10%必须用于港口基础设施建设。如果政府要给企业资助,给企业贷款的利率远远低于市场利率的话,也要经欧盟批准。只要港口的年吞吐量达到300万吨以上或3年吞吐量在900万吨以上,或者年客运吞吐量超过50万人次、连续3年吞吐量在150万人次,欧盟就给予资金支持。

因此,纵观上述各国的港口管理和投融资体制,大体可分为两大类型,即地主型港口和各级政府直接投入港口基础设施的港口。

(一)地主型港口的管理和投融资体制

地主型港口的特征是指,港口所在城市的一级政府划定几块依托港口的区域范围,将范围内的土地交由特定的港口区域管理机构进行管理,发展与港口航运密切相关的产业经济。在具体运作上,港口区域管理机构通过设定特许经营制度,以招投标形式出售、转让或租赁港口及港口区域内的码头和土地使用权,并允许港口或港区的经营和服务多元化。使用者在向港口区域管理机构支付一定数额的土地和设施的使用费(或租金)条件下,根据合约期限使用港口的码头、岸线、土地、设施或自建有关设施,从事码头、物流、制造、加工等码头和产业经营活动。这种模式类似地主收租,故称为地主港模式。自 20 世纪 80 年代以来,约有 100 多个世界主要港口逐渐采用了地主港模式作为自己港口的管理基本框架,并获得了成功。近年来,地主港模式还被世界银行评定为向世界所有港口推荐的主要模式。

地主型港口基本特点是:通过港口规划,包括现有布局规划和长远发展规划,界定港口的区域范围。凡是港口区域范围的土地交由港口管理机构(港务局)或者政府主导组成的一个公共企业(其性质类似于我国三峡建设总公司和长江口建设总公司等)进行规划,并按照规划进行港口基础设施的建设,然后将符合建设码头、库场等条件的岸线、土地出租给港口经营企业,建设码头或库场等从事经营,收取岸线或土地出租费用;或者自行按照规划,建设光板码头、库场出租给港口业务经营企业从事经营,收取码头或库场租用费。港务局或者这个公共企业不以盈利为目的,而是通过规划、建设实施政府对港口的管理职能,不参与市场竞争,与以盈利为目的的企业具有根本不同的性质,因此其土地或者码头、库场等的租金收入免交各种税费,全部用于港口基础设施的再建设,即通过土地运作,实行滚动开发。

地主型港口的最大优点是确立了港口基础设施建设和管理的长远固定投融资渠道,不需要各级政府的投入(各级政府财政往往不投入),实施滚动开发,为港口的长远发展和有效管理提供了保障。不论是政府管理部门管理的港口,还是由公共企业管理的港口,地主型港口的模式无疑是促进港口持续、有序发展的重要途径。

地主港模式在世界各国实施过程中逐渐形成了两种具体表现形式,即政府管理制和公司制。

1. 政府管理制

政府管理部门管理的地主型港口,以荷兰的鹿特丹和比利时的安特卫普港最具典型。此外,美国部分港口,德国的国有港,北欧四国(瑞典、芬兰、丹麦、挪威)的港口等大都采用这一管理模式。

荷兰、比利时被称为法定公营管理港口的国家。两国的港口基本相同，一部分港口是由州、市组成的机构管理的市政港（如安特卫普港和鹿特丹港），其余的港口由地方公共团体（相当于地方的公共投资公司）管理。以鹿特丹港为例，其实行两级管理（图8-3-2），即市政委员会和港务局。市政委员会是港口的最高当局，具有制定法令权、任命权、财务预算权，分管港口的副市长是市政委员会分管港口的特派代表；港口管理局代表政府统一管理港口区域所有的生产和经营活动，在法律上拥有港区土地的使用权，承担港口规划、法律法规制定、租赁管理、港口基础设施建造和维护、港区和水上安全保障、船舶动态监督、装卸质量监督、各类信息服务提供及环境保护等职责。

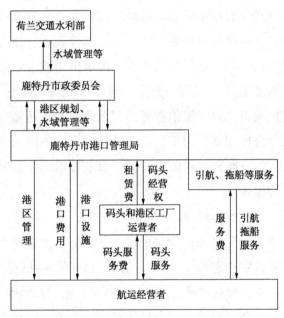

图 8-3-2　鹿特丹地主港运作与管理

在具体运作上，港口管理局采取实际产权和经营权分离的方式，对区域范围内的土地、岸线、航道等进行统一开发，将大部分码头及基础设施长期租赁给经营企业，经营，港口管理局收取一定管理费和租金，用于港口建设的滚动发展。港口的码头租期一般为25年或更长。港口的主营业务，如货物装卸、存储、拖带、船舶修理、物流供给等由企业经营，港口管理局行使一定的行政监管，（如船舶指泊、船舶进出港秩序等）。企业在租用土地码头后可建设其他设施和配置必要的生产设备,如吊车、厂房、油罐等。租期到时,要以原样交回或将所租土地上所有财产都交回。另外,港口管理局有责任保持港口区域内充分的市场竞争,避免垄断现象出现。

鹿特丹港的"地主港"模式,既保证了国家、政府对土地、岸线等重要资源的有效控制,又吸引了多方投资者参与港口区域建设和运营,极大地调动港口区域经营者的积极性。其优势一是打破体制约束,提高港口效率;二是减轻财政负担,兼顾政府与企业的利益;三是明确产权关系,减少重复投资;四是发挥各方积极性,解决资金缺口问题等。

2. 公司制

公司制地主型港口的特征是指,以政府所属港口管理机构或政府主导组成的并由政府拥有或控制的企业为主体,委托其代表政府拥有港区后方一定范围的土地、岸线及公共基础设施的产权。由该机构或企业对港口区域范围内的土地、岸线等进行统一规划、开发,对码头等基础设施进行统一建设,再以租赁的方式把港口、码头租给业务经营企业或船务运输公司经营,并收取一定的租金或特许使用费,用于港口公共基础设施的滚动建设和发展。目前德国的租赁港、俄罗斯和东欧国家的港口以及日本的埠头公社的码头等普遍采用公司制管理模式。

在公司制模式下,港口管理的基本职能包括:港口区域的行政管理、运营管理和实际发展,经营性基础设施的维护、更新、改造和建设;对私营经营者提供港口服务设定约定条件(特许、租赁)和其他条件(公共许可),船舶靠离码头的协调,保证公共秩序,港口环境保护,港口营销等。

波兰港口法为其公司制的港口当局选择了一个简明的地主模式。这些港口机构管理港口的职责包括如下内容,但不限于这些内容:管理土地和基础设施;预测、规划和计划港口的发展;建设、发展、更新和维护港口基础设施,并为港口的使用购买新的土地。

(二)由政府部门直接投入资金建设港口基础设施体制

除了采取地主港形式进行港口投资外,日本(埠头公社的码头除外)、新加坡、中国内地和香港以及法国、美国部分港口等采取政府通过财政拨款用于港口基础设施建设的方法进行投资。

以日本为例：日本的港口发展作为公共工程由政府财政投资。日本港口由中央和地方共同出资建设，凡新、扩建港口由地方政府拟定五或十年港口发展规划，报国土交通省审批。涉及陆域或建设省主管的岸线时，还需报建设省审批。重要港口新建或改建公众使用的水域设施、外围设施或系泊设施，工程费用由中央和地方政府对半分担。2012 年，日本将全国 996 个港口分为国际战略港口(5 个)、国际枢纽港口(18 个)、重要港口(103 个)、地方港口和避风港口等。特别国际战略港、枢纽港、重要港口投资的 75% 由中央政府负担，比例要明显高于对其他类型港口。海关、商检等配套单位的建设投资由其主管部门负责拨款。

日本港口的码头投资主体分为三类：港湾局建设和管理公共码头，出租给港运企业(即装卸、运输企业)经营；厂商自行建设、管理其使用的专用码头；埠头公社建设、管理轮渡码头和集装箱码头，出租给船公司使用。其中，港湾局为筹措业务经费征收设施的使用费和租赁费等，为筹措新建、改建和修复港口设施可以发行债券。但除公共团体外，任何团体不得向港湾局投资。

(三) 对国外港口投融资体制的分析

纵观各国港口基础设施和经营设施的投融资模式，可以发现其具有两个基本特点：

(1) 港口基础设施的建设和维护都由政府负责。地主型港口是由政府港口管理部门或者行使政府职能的一个公共企业(即公司制形式)通过规划或立法界定一定区域的土地使用权或所有权。港口管理部门或者这个公共企业通过对土地、航道、水域等基础设施的建设，形成可建码头的岸线，出租给经营人建设码头泊位(鹿特丹等港)或者由港口管理部门、公共企业建设好码头或码头水工部分出租给经营人从事码头经营业务(如德国的租赁港、北欧及东欧国家的港口、日本埠头公社的码头等)，而经营性的设施基本都由经营人自行建设、维护和管理。

(2) 港口的规划和港口基础设施的建设、维护和管理职能的统一。不论是地主型港口还是非地主型港口，港口规划和基础设施建设、维护和管理无一不是始终捆在一起,统一由负责港口管理的政府管理部门或者承担政府港口管理职能的一个公共企业来负责的。这是因为港口规划与公共基础设施的布局、安排建设,实际上是和作为政府提供基础设施的公共职能和对港口发展起主导、导向调控作用是不可分割的。如果港口规划由政府管理部门制定,而基础设施则由某一个企业去建设和管理,往往建设会偏离规划,难以真正使规划得到落实。我国港口在港务局政企不分的时候,港务局所作的规划和对公共基础设施的建设、管理都是围绕自身企业的经营进行的。这样的港口规划严格地说是一个港口企业的发展规划,而不是真正意义上的全部港口的发展规划。即便如此,那时的规划与基础设施的建设也是紧密联系在一起的。在市场经济条件下,港口实行政企分开之后,作为管理某个城市整个港口的港口行政管理部门,法律已经赋予其制定港口总体规划的职责。要真正使整个港口规划得以落实,使港口能按科学规划有序地发展,港口的基础设施应当由这个港口的港口行政管理部门负责建设、维护和管理。这是世界各国港口管理的共同内涵和共同特点。

第四节 主要发达国家机场建设投资的模式与资金来源

机场和整个国家(或地区)社会经济发展和公众消费需求紧密相关。随着世界各国民航机场的所有权、管理方式的转变以及财税制度的差异,各国根据各自国情,因地制宜地采取了不同的投融资模式,比较典型的包括以民营化投资为主的英国模式、以机场(收益)债券投资为主的美国模式和以政府财政投资为主的日本模式。

(一) 民营化投资为主的英国模式

英国共有民用机场139个,供航空运输使用的近100个,负责民航事务的部门是运输部下设的英国民航局(CAA)。英国"机场政策白皮书"(HMSO,1985)提出机场民营化问题,指出机场必须作为商业实体运营,机场政策必须支持引入民间资本以直接鼓励主要机场的企业化和高效运营。由此明确机场是以营利为目的的企业，而非一般公共品，机场建设投融资以民间资本为主成为英国机场融资模式的最突出特点。

英国机场投融资模式具有以下四个特点：

（1）以各种方式融入民间资本，大量出售大中型机场实现较彻底的民营化投融资。

自20世纪80年代撒切尔夫人推行民营化以来，英国民用机场作为国家控制的重要基础设施，逐步采用拍卖经营权、招标租赁、BOT等方式引入民间资本，甚至允许机场完全由私人投资兴建并拥有，从而大大拓宽了机场建设的融资渠道，改善了机场的管理水平，促进了机场的全面发展。目前，私人所有和管理的小型机场（如伦敦城市机场等）约占英国机场总数的一半。其中，英国机场集团BAA(British Airports Authority)成为机场彻底民营化的典型。

根据1986年的《机场法》，拥有伦敦三大机场的英国机场管理集团（BAA）于1987年实行民营化。1987年，英国政府宣布公开出售BAA全部股份。BAA原是拥有和管理伦敦希思罗、盖特威克、斯坦斯特德等英国七个最大机场的政府机构。BAA股票首次公开发行（IPO）14亿股，220万市民认购，筹集机场建设资金25亿美元。民营化后的BAA成为专业化的机场管理公司——BAA公众有限公司（PLC），拥有七个机场子公司。

按《机场法》，英国的营运收入超过100万英镑的大型地区机场（这些机场大多盈利）必须建立公众有限公司，由其所有者（即当地政府）运营。1989年初，16家机场公司建立，由一个或多个地方政府所有。与中央政府相比，地方政府过去在机场投融资中发挥更为重要的作用，地方政府和地方议会所有和管理的机场约占30%，如曼彻斯特国际机场、伯明翰、利物浦、卢顿等大中型机场。1999年以前，由于受到英国政府公共部门借款限额的限制，地方政府拥有的机场严格限制民间资本的介入。1999年这一约束被取消，进一步加快了机场民营化进程。原由地方政府拥有的许多机场都已经（正在）完全（部分）的民营化。随着机场民营化进程的推进，地方政府在机场融资中的作用日渐弱化。截至2002年，英国共有37个大中型机场已经（正在）实现全部（部分）的民营化融资（见表8-4-1），仅BAA拥有的7个旅客机场吞吐量就占到英国总吞吐量的65%以上。到目前，除部分苏格兰地区的偏远机场和少数小型地方政府拥有的机场外，其余机场大多使用私营股东股权投资、商业机构投资及内源投资，几乎不需政府财政投资。

英国部分机场民营化方案　　　　　　　　　　　表8-4-1

机场（集团）	民营化方案	年　份
BAA（7个机场）	向私营机构出售全部股份	1987
Liverpool	向私营机构出售全部股份	1990
East Midlands	向其他州部门出售全部股份	1993
Nottingham	向私营机构出售全部股份	1993
Belfast Int'l	管理层收购	1994
Bristol	向私营机构出售51%股份	1997
Birmingham	向私营机构出售51%股份	1997
Newcastle	向私营机构出售49%股份	2001
Luton	向私营机构出售全部股份	2001
Prestwick	二次出售给新西兰私营公司	2001
24个地方机场	向私营机构出售主要股份	正在进行

资料来源：http://www.caa.co.uk/，各机场主页。

(2) 民营化大型机场融资能力增强，政府保留必要的企业决策控制权

民营化前，BAA的资本性支出受政府财政政策和公共部门借款限额的限制。民营化使BAA能够自主地从一般商业渠道融资，比如1988年BAA投融资由35家银行组成的财团提供2000万英镑7年期多种可选用途构成；而高达1000万英镑的商业计划书，进一步削减了短期借款成本。加之利用欧洲投资银行1500万英镑的借款，BAA融资的灵活性大大提高。1990年，英国投资银行承诺借款高达3500万英镑，其中1500万英镑已投入盖特威克机场北候机楼的建设，1000万英镑计划用于盖特威克机场，其余1000万英镑用于斯坦斯特德机场或格拉斯哥机场。而1987年民营化所出售的25亿美元股票，5年后市值超过43亿美元。同时，BAA通过对所辖机场的自主经营，积极涉足商业活动，比如开发其大量土地的商业价值，并对国外机场进行管理输出，从根本上增强了内源融资和吸引外源融资的能力，形成了资金的良性循环和持续增值。

民营化后的BAA所有权不再属于政府，但政府仍对其保留了必要的控制手段：第一，实行金股制度（即通过立法或在公司章程中明确规定：在特定情

况下政府对机场决策有否决权），设立由运输部掌握的"金股"，行使法政审批和股权转移控制权，即 BAA 拟定的规章制度和股权交易必须得到运输部的批准；第二，《机场法》对其实施价格管制，飞机起降费按与机场其他无价格管制设施（如免税商品销售、停车收费及饭店等）的赢利高低成反比的原则收取。同时，机场航空收费由 CAA 经济委员会和竞争委员会共同管制，以"上限管制"的形式设立了各种管制条款。例如，从 1997 年到 2002 年，CAA 为希思罗机场设立的上限为 CPI－3%，为盖特威克机场设立的上限为 CPI＋1%。

（3）政府对偏远机场给予资本项目支出和运营补贴

英国政府一般不对民航业进行补贴，其对机场资本支出项目的财政支持主要针对位于苏格兰高原和海岛（the Highlands and Islands of Scotland）的偏远机场。这些机场业务量小，但社会意义十分重大。1992 年，为推行第三批次航空运输自由化方案，欧盟议会规章（Council Regulation）第 2408/92 号第四章准许欧洲境内定期航班实施普遍服务（PSO，Public Service Obligation）。英国也实施了这一机制，集中于苏格兰北部的 12 个普遍服务的机场名列其中。2000 年，这些机场服务旅客 40882 人次，英国政府对其资助总额为 280 万欧元，人均补贴 68.48 欧元。

（二）机场（收益）债券投资为主的美国模式

美国政府将机场定位为不以盈利为目的的、为社会提供公益服务的公共品和城市基础设施。基于这一定位，绝大多数机场归属于所在地的地方政府，但联邦政府对机场的基础建设提供资助。地方政府组织公用事业性质的机场管理局作为机场管理机构，并且通过发行机场建设债券、财政补贴以及人事任免等方式对机场实施控制。同时，地方政府对机场本身税费进行减免，而且返还部分从机场商店等经营收益中征收的税费支持机场的发展，但是机场利润只能用于机场建设和服务改进方面的投资。

美国机场主要投资来源包括三大类、五小类，即：①机场债券。由州和地方政府或机场当局发行的免税债券（包括票据），主要面向个人资金、货币市场基金、封闭基金、保险公司、商业银行、养老保险基金等。②政府财政投资。具体包括以机场和航路信托基金（来源于各种航空相关税收）为主体的机场改进计划基金(AIP)，国会立法授权、承运人向旅客收取的旅客设施费(PFC)，以及州和地方政府资助。③机场收益投资，主要包括空侧收入(飞机起降、客货服务收入等)和陆侧收入(特许经营和租赁收入)。表8-4-2为1996财年和1999—2001财年美国机场投资来源及构成情况。

美国机场投资来源及构成　　表8-4-2

投资来源	1996年		1999—2001年年均	
	金额(亿美元)	比例(%)	金额(亿美元)	比例(%)
债券	41.4	58.91	69	58.57
AIP	13.72	19.52	24.2	20.54
PFC	11.14	15.85	15.9	13.50
政府资助	2.85	4.06	4.4	3.74
运营收入	1.53	2.18	4.2	3.57
合计	70.28	100.00	117.8	100.00

资料来源：根据《民航管理杂志》数据整理。

不同机场利用这些资金来源的组合不同，这取决于机场自身融资状况以及项目类型。中、小型机场往往依赖于AIP资金，而大型机场则更多地到金融市场上融资或者征收乘客设施使用费。总而言之，美国机场建设投资具有以下三个特点：

(1)机场债券融资是大中型机场投资的主要来源

由于美国大、中型机场大多数由地方政府拥有，故机场债券是市政债券的重要组成部分。市政债券是指由地方政府或其授权代理机构发行的有价证券，其投融资核心是运用政府财政或项目现金流支持债券发行，其实质是利用政府信用为债券提供担保。另外，大部分市政债券都免征联邦所得税，这个鲜明特点使得这种融资具有成本上的优势，被大中型机场普遍采用。

按偿还资金来源和担保形式的不同，发行机场债券主要分为普通责任债券、收益债券和自偿性普通责任债券三类。

普通责任债券仅由地方政府发行，不与特定机场项目直接关联，通常由发债政府机构的信用和征税权担保，因此，其可以按比其他债券更低的利息发行。然而，近年来地方政府面临的财政压力越来越大，许多公共设施都希望通过此类债券的发行得到资金，而且此类债券的发行规模往往受到地方法律及年度财政收入的制约，所以目前公共机场依靠此类债券融资的效果有限。

收益债券的还本付息完全来自利用发行债券的项目所带来的运营收入（如航空公司长期租赁收入）、特许经营收入和其他收入。虽然机场收益债券的融资成本要高于普通责任债券，但由于这类债券的期限通常为25～30年，加之其针对性较强，不会直接增加纳税人的负担，故已经成为机场建设或更新改造的最普遍投融资方法。

自偿性普通责任债券介于普通责任债券和收益债券之间，由政府提供信用和征税权担保，但由机场收入负责偿还。当机场运营收入不足以偿还债券本息时，政府将履行担保义务偿还不足部分，因此其利息水平介于普通责任债券和收益债券之间，而且与机场运营规模及盈利记录有关。

美国政府问责局（U.S. Government Accountability Office，U.S. GAO）统计数据（图8-4-1）显示，机场债券是美国大型机场最主要投资来源。从图中可以看出，美国大型机场五年平均投资规模为9422百万美元，其中机场债券投资5921百万美元，占总投资的63%，而旅客设施费（Passenger Facility Charge，PFC）和机场更新改造计划（Airport Improvement Plan，AIP）投资比重相对较低。

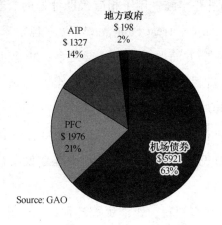

图8-4-1　2001—2005年美国大型机场年均建设投资规模

总体而言，机场债券投资是美国机场最主要投资来源，而大型枢纽机场基础设施建设也正是债券资金的最主要投资对象。根据GAO统计（图8-4-2）：2001—2005年全美机场债券投资总额为322亿美元，其中大型枢纽机场占总额的75%。

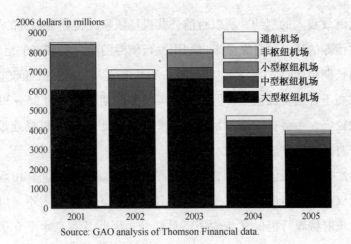

图 8-4-2　2001—2005 年不同机场债券融资规模

(2)联邦基金计划同时为小型或偏远地区机场提供投资

二战以后，美国联邦政府就实施国家财政拨款计划促进机场体系的发展，以满足国民经济和社会发展需要。联邦资助机场计划最早在 1946 年随《联邦机场法》一起诞生，其资金主要由国家财政拨付。1970 年，《机场和航路发展法》得到通过并实施，用于相应援助计划的资金来源于新设机场航路信托基金(Airport Airway Trust Fund，AATF)，包括来自航空用户的票价、航空货运和航油等几个方面的税收收入。之后，根据 1982 年的《机场和航路发展法》，联邦政府提出了机场更新改造计划(Airport Improvement Plan，AIP)，它通过机场和航路信托基金将机场规划和发展项目的资助集于一个单一的计划内，向国有以及一些私人所有者或实体提供资金以进行公共机场的规划和发展，但投资限于实际的基础设施建设支出，不可用于经营或融资成本支出。

目前，联邦政府将客票税、燃油税等各种税收合并成为航空消费税统一征收，加上利息收入构成了新的机场航路信托基金。表 8-4-3 为 1995 年以来主要年份机场航路信托基金各构成税种的收入情况。从表中可以看出，近年来基金总额呈稳步增长趋势，2009 年和 1995 年相比，基金总额已经翻了一番。2011 年，AIP 支持的机场更新改造项目数量为 2059 个，总投资 34.48 亿美元。

机场航路信托基金构成及金额 单位：万美元 表8-4-3

税费	1995年	2000年	2005年	2006年	2007年	2008年	2009年
航空消费税（Aviation excise taxes）	-	-	1031.4	1059	1146.8	1199.2	1195.79
客票税（Passenger Ticket Tax）	476.8	510.3	-	-	-	-	-
航段税（Passenger Flight Segment Tax）	-	165.5	-	-	-	-	-
乡村机场税（Rural Airports Tax）	-	8.6	-	-	-	-	-
货单税（Waybill Freight Tax）	36.1	50	-	-	-	-	-
燃油税（Fuel Tax）	21.1	88.7	-	-	-	-	-
国际起降税（International Departure/Arrival Tax）	23.3	134.9	-	-	-	-	-
常客税（Frequent Flyer Tax）	-	15.9	-	-	-	-	-
税费返还（Refund of Taxes）	-3.9	-	-	-	-	-	-
利息（Interest Income）	75.7	80.5	42.9	49.5	47.2	43.3	47
合计	629.1	1054.4	1074.3	1108.5	1194	1242.5	1242.79

资料来源：Government Transportation Financial Statistics 2012。

注："-"表示当年该项税费已取消或尚未出现。

1990年，《航空安全及扩容法》授权一项旅客设施费（Passenger Facility Charge，PFC）计划，允许机场投资方向每位旅客收取不高于4.5美元的机场设施费，作为AIP投资的补充，主要用于保证机场安全、降低噪声、偿还融资成本、土地开发或增加机场竞争力等项目方面。根据FFA数据，到2012年共有385个机场（包括99个TOP100机场）可以收取机场设施费。1992—2012财年（2012财年为预测数据），机场设施费可投资规模高达382亿美元，为机场建设投资需求提供了强力支持（见图8-4-3）。

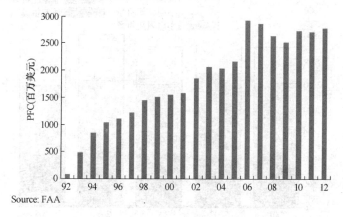

图8-4-3 1992—2012财年旅客设施费收入

通过机场航路信托基金和旅客设施费的支持，联邦政府负责小型机场、偏远机场更新改造投资的90%。图 8-4-4 是美国政府问责局(U. S. Government Accountability Office, U. S. GAO)统计的2001—2005年小型机场年均投资规模及其构成。从图中可以看出，美国小型机场五年平均投资规模为3590百万美元。其中，AIP投资2308百万美元，占总投资的64%；州和郡县等地方政府投资533百万美元/年，占15%；旅客设施费(Passenger Facility Charge, PFC)投资212百万美元/年，占6%。

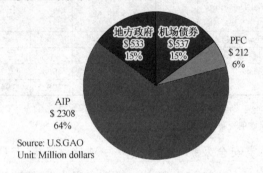

图 8-4-4　2001—2005 年美国小型机场年均建设投资规模

事实上，以机场航路信托基金为主体的 AIP 投资正是美国小型枢纽机场、非枢纽机场和通用机场最重要的投资来源。图 8-4-5 是 2001—2005 年机场航路信托基金投资项目资金分布情况。从图中可以看出，该投资主要分布在通用机场、小型机场等项目上，大中型机场投资相对较少。

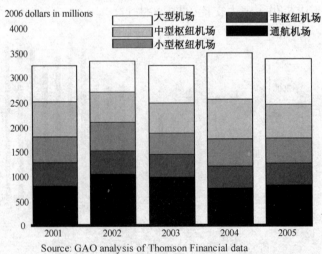

图 8-4-5　2001—2005 年机场航路信托基金投资分布情况

（3）政府补贴性投资促进了通用机场的快速发展

美国是全世界通用航空最为发达的国家之一。根据联邦运输部统计，2010年全美19802个机场中，只有551个是民航机场，其余19251个是通用机场，为公务机飞行、工业、农业生产、警察执法、空中救火、医疗救护、环境保护、旅游观光以及各类应急服务提供基础设施支持（见图8-4-6）。

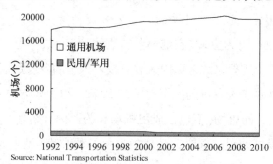

图8-4-6 美国通用机场和非通用机场发展情况

美国通用机场的发展，除了私人投资外，也离不开地方政府的支持。目前，美国联邦政府和州政府在修建小型通用机场方面一直保持合作，对于政府全额投资建设的小型通用机场，建设费用的85%是由国会进行拨款，10%是由州政府拨款，其余5%是由机场所在城市政府提供。

根据美国政府问责局统计，2001—2005财年美国各州政府共投资38亿美元支持全国机场基础设施建设，其中约70%的资金用于支持通用机场建设，具体如图8-4-7所示。

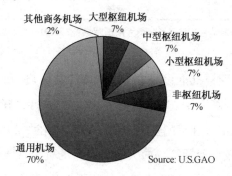

图8-4-7 2001—2005财年州政府机场投资分布

（三）政府财政投资为主的日本模式

和美国类似，日本也将机场定位于不以营利为目的的公共品，机场建设投资以政府财政投入为主是日本机场融资模式的最突出特点。政府作为主要投资主体，利用财政资金，统一协调和组织实施机场项目工程，在此过程中由政府信用作为担保，政府责任明确且责无旁贷。

(1) 中央财政投资为主，"空港整备特别账户"专款专用

日本机场投资最重要来源是以中央政府投入为主的政府财政投资。1992年，日本中央政府的财政投入占机场融资总额的59%，约为地方政府投入的10倍，银行贷款的1.7倍，而机场（不包括成田机场和关西国际机场）本身根本没有内源融资进行基础设施建设。同时，政府根据机场的类别（见表8-4-4），实施分类投资和管理策略，中央政府重点进行一类机场投资，同时对其他机场实施补助；地方政府重点对支线机场、通航机场和部分干线机场进行投资。

日本机场分类出资和管理表　　　　　　　　表8-4-4

机场类别	数量	主要功能	主要出资和管理机构
一类	5	国际运输，对民航业有全局性影响	国土交通省
二类(A)	19	干线机场，国内干线运输	国土交通省
二类(B)	5	干线机场，国内干线运输	地方政府
三类	52	支线机场，国内支线运输	地方政府
其他	15	军民合用	国防机构和美国空军
		通航	地方政府

资料来源：国土交通省网站。一类机场包括大阪国际机场、成田机场、羽田机场、京都中部国际机场、关西国际机场。

中央政府方面，国会批准设立"空港准备特别账户"（Special Account，或称为"机场建设专项预算"），由大藏省委托民航局执行，其宗旨是为民航基础设施投入提供较为稳定、规范的资金渠道。该账户由大藏省（2001年以后为财务省）提供的政府财政一般预算、向大藏省借入的资金、飞机燃油税、机场使用费（起降费、停机费等）、机场内部设施租金收入等几部分构成，主要用于机场和航路建设、中央政府管理的机场建设投资和日常运营投入、对地方管理的机场的部分投资、机场运营亏损补贴等。1996—2002年"机场建设七年计

划"中所提供的中央财政投资总额为 3.6 万亿日元,约合 300 亿美元,年均投入约 43 亿美元。

(2) 大型机场投资方式灵活,政府开始通过官方代理机构间接支持机场融资

日本机场财政投资模式在战后日本机场的修复和机场体系的建设中发挥了非常重要的作用,它迅速集中有限的人财物力投入到机场建设和运营中,确保了日本航空运输业的持续发展。近年来,随着机场建设资金需求的剧增,财政融资的有限性越来越突出,日本政府开始从"仿商业化运作"的角度探索提高机场的融资效率和管理效率的途径,从面向市场的角度探索扩大资金来源的途径,从而弥补财政融资模式的缺陷。

1992 年关西国际机场和成田机场融资已经突破传统的机场融资模式,开始利用内源融资(企业自有)发展机场建设。这两个机场中央和地方政府投入平均比例为 22.5%,而银行贷款平均比例高达 60%,信贷融资(银行贷款)取代了财政融资的主导地位。而 2000 年 8 月开始兴建、2005 年 2 月正式运营的京都中部国际机场债务融资比例更是高达 87%(见表 8-4-5)。但政府财政投资仍然主导京都中部机场资本金和无息资金,来源于国家、地方政府和民间的资本金比例分别为 5:1:4,来源于上述三者的无息资金比例分别为 4:1:1。

京都中部国际机场投资构成 表 8-4-5

投资方式		投资来源	金额(亿日元)	比例(%)
资本金		国家	410	5.34
		地方公团(地方管理当局)	102	1.33
		民间	512	6.67
债务融资	无息贷款	国家	1638	21.33
		地方公团(地方管理当局)	140	5.34
	政府担保债券	政府资金、公库资金、民间资金		
	日本政策投资银行贷款	日本政策投资银行	4608	60.00
	城市贷款	商业银行		
合计			7680	100.00

同时,尽管京都中部机场融资总额中政府直接投入的财政融资比例锐减,但实质上政府给予机场债务融资以重要支持:机场所发行债券由政府担保;

而作为50多家可以向财政投融资计划合法贷款的代理机构之一，日本政策投资银行由政府出资，且每年可向政府资金运用部借款，其对机场的贷款多为平均贷款期限15年左右的长期固定低利率贷款。

（四）国外机场融资模式对我国的启示

上述几个国家的机场融资模式都较好地平衡了机场的公益性与收益性，缓解了本国机场的投融资需求压力，既各具特色，又有共同之处。其各自特点与其机场业的发展状况、国家的经济运行机制、政治体制、历史背景甚至文化传统都密切联系，其共同之处反映了机场融资的普遍规律，对我国有深刻的启示。

（1）政府对机场定位明确是决定融资模式的重要因素

将机场定位为以营利为目的的实体进行商业化运营，还是定位为公共设施履行提供公共服务的义务，是机场定位的两种选择。换言之，即机场的首要目标是以向用户收取的费用弥补所有成本，还是为现有和潜在的用户提供更好的服务，而无论这种服务获得的收入是否能弥补成本。后者的根据是机场外部效益大于内部成本，其服务的受益者不仅仅是直接用户，还有周边的整个社区。政府对机场的定位是确定融资模式的基点，决定着政府是否在机场融资中发挥主导性作用，并直接影响到机场收费水平的确定、补贴政策的制定以及机场收入用途的限定，从而影响到机场内源融资的能力。英、美、日三国对机场的定位都很明确，从而保证了融资模式的稳定性和融资政策的一致性。

（2）无论机场定位如何，对机场内源融资都非常重视

机场的公益性与收益性并非势不两立，无论定位如何，由于内源融资能力是机场自我发展的根本，是吸引外源融资和保证机场资金链持续发展的关键，各国对机场内源融资都非常重视。英国本身就将机场定位为以营利为目的的企业，要求机场商业化运作加强自我积累自我发展；美国将机场定位为公共设施，基于"谁投资，谁受益"的原则，要求接受过政府资助的机场所得收入必须用于机场本身，防止机场内源融资的对外流失；日本虽然也将机场定位为公共设施，但出于提高运营效率以增收的目的，对机场进行仿商业化

运作，并将机场内商业租金收入纳入"机场专项预算"。即使是将机场作为公共设施，也要确保机场以最低的成本尽可能高效地提供普遍服务，机场的公益性并不必然导致低效率，不能将公益性作为低效率的挡箭牌。机场建设和运营耗费的是国家财政纳税人的资金，如果由于运营低效导致亏损，实质上就是对资金资源的浪费，对机场正外部效应的损失。

(3) 对机场分类融资

政府对所有机场并非"一视同仁"，对其融资大包大揽，而是按照规模、作用、国家的发展目标等因素对机场进行分类融资。一般盈利性强的大中型机场更多地参与市场化融资，而盈利性弱的小型机场则更多地依靠政府财政融资。但对于将机场定位为公共设施的国家，政府财政都在机场融资过程中间接或直接地发挥着基础性作用。例如，美国机场债券更多地以普通责任债券为主，而这种债券仍然以政府信用作担保。日本则直接大量使用国家专项预算，并发行政府担保债券。

(4) 中央和地方政府的职责分明

机场作为基础设施要获得全面发展，必须要有足够的经济实力，要有财政做后盾支持，这一财政负担应由中央和地方政府共同分担。即便是机场民营化融资的英国，在机场完全民营化之前，也是由地方政府进行投资，中央政府只对英格兰偏远地区的小机场进行补贴。从美日两国的情况来看，由于空管设施是一个覆盖全部空域的不可分割的整体，且涉及国家主权，应由中央政府投入和管理；而机场带来的外部性主要为地方受益，所以一般应由地方政府投入和管理。同时，中央政府负有科学制定相关政策，有效进行宏观调控的职能，包括：对机场布局进行规划和管理；对机场融资进行引导；对机场融资产生的绩效进行评价；对机场收费水平进行规制，使之既符合市场化定价趋势，又利于协调机场、航空公司、旅客的利益关系；对机场的适航条件和安全性进行管理；对机场的持续运营和公平竞争进行管理等。宏观调控职能的实现，既需要法律手段，又需要税收、补贴等经济手段。

(5) 各国机场融资模式都在不断调整，在机场业发展初期多以政府财政融资为主

机场融资模式的形成需要经过一个较长的过程讨论、研究、实施，并随

机场运营环境调整，在机场业发展初期多以政府财政融资为主。例如：美国机场体系建立之初，机场融资模式以政府财政融资为主导。为健全美国机场体系，1946年杜鲁门总统签署《联邦机场法》，授权通过联邦资助计划(FAAP)七年内拨款5亿美元资助机场。FAAP存在的24年里，对机场投入了12亿美元资助，所有资金均由国家财政拨付，其中近10亿美元用于修建跑道和道路，其余用于土地、航站楼和助航灯光系统。

(6)中央政府都对机场进行补贴，且补贴侧重于中小型或偏远机场

为了实现普遍服务，各国对机场的补贴都十分可观。有的将盈利机场的利润交叉补贴亏损机场，但更多的是以国家财政收入补贴盈利性差的中小机场。日本中央政府提供建设(投资)补贴和运营补贴，英国政府提供投资补贴和运营补贴，美国联邦政府AIP着重于投资补贴，PFC则包括投资补贴和还贷补贴。政府对补贴持有的态度和当地经济的发展状况对普遍服务的程度有重要影响，而补贴政策的制定对有效利用有限的政府财政融资有决定性作用。

为了确保补贴的实质效果，各国对补贴的审核也都非常严格。以美国ACIP计划为代表的补贴审核程序集中反映了政府对机场补贴的严格评估手段和办法，确定出补贴的优先级别并以此为基础分配补贴的金额。这种思路对于如何确定我国的机场补贴有很重要的借鉴意义。

(7)机场民营化融资趋势势不可挡，但要谨慎选择民营化方式

机场是一个资金密集型行业，为完善机场体系并维持其发展，不仅需要国家财政融资，更需要吸纳社会各方投入，机场民营化融资趋势势不可挡。特别是我国加入WTO以后，不去拓展投融资渠道，寻找发展建设的资金来源，只会坐吃山空。虽然英美日三国都出现了民营化机场，但民营化的方式和程度不同。美国机场民营化多用管理合同和长期租赁，而日本采用部分IPO，英国全部IPO，且都立足于本国的特定经济环境选择适用可行的方式，着眼于降低融资成本，分散财务风险。因此，要结合我国国情，谨慎选择民营化方式，有效地将机场开发的风险和成本从政府部门转移到私营部门。

(执笔人：刘明君)

第九章

交通基础设施建设的政策取向与面临的资金问题

内容提要：未来交通建设任务仍然很重，交通建设资金筹措难度进一步加大。交通基础设施回归公益性的要求趋强。但政府性资金不足；收费公路政策的调整使公路建设、养护资金的来源产生明显变化；清理规范地方融资平台导致地方政府失去很大一块融资基础；铁路高额债务影响了其进一步融资的能力；支线机场长期运营亏损难以吸引社会资金进入。

我国交通基础设施的不断加速发展是在各种运输方式投融资体制改革不断深化的支持下取得的。一是铁路、收费公路、港口码头、机场等大量项目以准公共品形式，按照建设投资进入运营成本或直接对使用者收费的形式收回投资及获利，由政府或吸引社会资本进行投资建设提供，扩大了投资主体范围，实现了投资主体多元化以及利用收回的投资资金滚动发展；二是实施项目资本金制度，投资主体在投入一定比例的资本金后，以债务性融资的方式向银行及社会筹集项目建设其余所需资金，由此拓宽了交通基础设施建设的资金来源，使投资规模不断增长。在近十几年的持续快速发展后，一方面是交通的大幅改善、便捷性的提高；另一方面是部分效益好的收费高速公路、增加了民众通行成本和社会物流成本，部分观点认为政府未尽到提供公共品的责任。同时，由于项目集中建设，以政府为主导的整个行业累积的债务性融资规模增长迅速,还债压力和风险增大。

根据前面分析的交通基础设施建设发展的要求和发展趋势,目前的现实是"十二五"、"十三五"时期中西部地区还需要建设大量的高速公路、铁路;正在编制的全国城镇化发展规划颁布实施后,全国各城市群、都市圈的城际铁路、市域铁路、高速/快速公路的建设需求还将较大规模增长。"十三五"、"十四五"总投资需求仍然不小,分别高达10万~12万亿元和9万亿~11万亿元以上。而且建设成本不断上涨,每相同单位的基础设施建设任务相应需要更多的资金。总的看,交通建设资金筹措难度进一步加大,将有很大缺口。

从目前情况看,交通建设资金主要是中央政府投资、地方政府投资、社会资金投资、银行贷款四大块。其中,中央政府投资比例不大(2010年公路约占13%,港口约占3%,铁路约占9%),除了少部分中央预算内资金以外,主要是由各交通部门分别管理使用的为各种运输方式发展而征收的基金;地方政府资金主要来源于财政和土地出让资金,所占比例也不大(2010年公路约占28%,港口约占7%,铁路约占22%);社会资金包括企业投资、战略投资者投资、股票、受让经营权等,占一定的比例(2010年公路约占7%,港口约占63%,铁路约占1%);占比例最大的是银行贷款和企业债券(2010年公路约占35%,港口约占23%,铁路约占45%)。由于交通建设投资每年超过2万亿元的规模,要大幅改变资金的来源结构不是一件容易的事。适当提高中央政府、地方政府的财政资金投资比例有一点点可能,但幅度有限;未来的交通投资还是要通过进一步深化投融资体制改革,以进一步吸引包括民间资金在内的各种社会资金参与交通建设投资和经营,减少政府借款投资而形成的高债务负担;同时,银行贷款仍是大头,社会资本进入仅是解决资本金问题,资本金以外的部分还是要靠银行贷款,只是有一部分原来需要政府借款的转为项目公司或企业借款。

第一节 政策回归民生与政府性资金不足的矛盾

随着我国经济社会的快速发展,国家经济实力的增强,关注民生、加大民生投入是政府的重要政策倾向。交通运输方面，加大了对公共交通、农村公路以及基本交通服务等方面的投入，保障了城乡居民的基本出行；对人民群众反映的收费公路问题进行了清理整顿，取消了二级公路收费，还出台了争议较大的节假日7座以下客车免收通行费的通知。社会特别是网民对收费公路的规模、收费水平、收费期限、管理监督等有很多意见，引起了政府重视，也引发了很多对发展模式的思考，有的专家说还是要通过加大社会化的投资解决交通的发展问题，有的专家认为要提高政府的投资比重，减少收费公路的建设，也有的专家认为收费路多了是因为高速公路发展太多造成的，不需要那么快的发展。铁路、民航等的发展也是如此。

交通发展的目的不是本身，它在促进经济和社会发展、国土开发、国际竞争力提高、人们生活方式转变和质量提高、工业化、城镇化等方面有着重要的基础性、先导性作用，不能仅看交通本身的效益。交通发展快了还是发展慢了，不同的人站在不同的角度有不同的看法，但有一点是肯定的，现在交通发展取得的成绩是在很多的经济专家争议的情况下由各地政府为主力军积极推动取得的，对经济的持续较快发展和全国交通条件的大幅改善起到了重要支撑。当然，在现行的体制下，地方政府有争上项目、争投资、超前规划建设的一些倾向及行为。但是，不能因为有这些倾向就认为这些交通项目是不必要的或太过超前。总之，按照目前各地的规划，未来10~15年仍然是较大规模的交通基础设施建设期。

在交通发展的过程中，减少收费规模和降低使用成本以更加突出交通基础设施的公益性，体现民生，关键取决于政府的财政资金投资能力。但政府性资金需要兼顾涉及民生及发展的若干领域，用于交通基础设施建设的资金量与实际需求相比会有相当的差距。从近年情况看，交通运输基金的征收量增长也呈下降态势，政策倾向回归民生与政府性交通投资资金不足的矛盾正在凸显。

（一）交通基础设施回归公益性的要求趋强

改革开放以来，促进经济增长是政府工作的重中之重。作为国民经济和社会发展的基础性、先导性产业，交通基础设施建设的首要目的就是要尽快解决供给严重不足问题，保障国民经济快速发展的需要。而政府财政收入有限,为了加快发展和解决政府资金投入严重不足问题,逐步扩大了以经营性和准公共产品的发展模式建设发展交通基础设施的比例,以公益性产品发展模式建设的交通基础设施所占比例降低,大量的资金投向了经营性、准公共产品的交通项目,交通基础设施原本的公益性被大大削弱。改革开放三十年来,我国的交通基础设施和经济实力与前二十多年的情况相比,发生了翻天覆地的变化。

目前,我国的交通基础设施总体网络已取得巨大发展,由铁路、公路、水路、民航和管道共同组成的"五纵五横"综合交通运输网络建设进程加快,运输能力紧张状况总体缓解,基本适应经济社会发展需要。在这种形势下,交通基础设施的公益性属性被强调,公益性交通基础设施需求进一步增长,交通运输服务作为准公共产品对改善民生、促进公平正义的作用更为重要。"调结构、上水平、惠民生、可持续"成为今后一个时期综合运输体系建设发展的基调,而"惠民生"成为其中重要主题。社会公众对政府的交通运输基本公共服务产品的提供能力提出更高的要求。例如,近年来国内对于取消收费公路的呼声越来越高,认为国外公路很少收费。但事实并非如此,国外高速公路收费方式各有不同,作为准公共性质的建设,从全部收费到免费通行,各有选择,并非一刀切。日本高速公路几乎全部收费;法国收费高速公路总里程达到8522.4公里,约占高速公路总里程11000公里的77.48%;从2005年1月开始,德国开始对12吨以上的卡车收取高速通行费;全美各地仅有少部分公路象征性收费。

同时,"十二五"及今后更长时期,为了促进区域协调发展,推进基本公共服务均等化,需要使交通基础设施覆盖经济较为落后的老少边穷地区。此类地区多数资源禀赋较差、地理条件复杂,经济发展水平较低,缺少交通基础设施,对交通基础设施的公益性要求更强。以贵州为例,截至2011年年底,全省铁路营业里程2066公里,复线里程636公里(株六复线),复线率仅30.8%,基本格局只是个"十"字型;公路里程虽然达到了157820公里,但是等级质量低,等级公路比例仅为50.46%,排名全国倒数第一,二级及以上公路仅占3.81%,排名全国倒数第二,高速公路2023公里,排名全国第22位,全省9个市(州)府所在地还有毕节市(2010年市域总人口653.6万人)、六盘水市(市域总人口320万人)尚未通高速公路,接近一半的县未通高速公路,规划的与周边省(自治区、直辖市)高速公路通道连接口 17 个,目前仅形成 5 个。

在经济实力上,中国已经超越日本成为世界第二大经济体,2011 年国内生产总值达到 47.16 万亿元,国家财政收入也持续高速增长,这从另一个角度增加了人民对政府性资金投资交通基础建设投资的需求。随着经济社会发展和消费结构升级,人民群众日益增长的公共产品需求与供给相对不足的矛盾成为一个亟待解决的问题。这个矛盾构成了政府从"建设型"向"服务型"与"建设型"功能兼备转变的压力和动力,有效提供公共产品、着力改善民生成为政府的首要价值。《国民经济和社会发展第十二个五年规划纲要》提出,要"坚持把保障和改善民生作为加快转变经济发展方式的根本出发点和落脚点","推进基本公共服务均等化,提高政府保障能力,建立健全符合国情、比较完整、覆盖城乡、可持续的基本公共服务体系。"可以预计的是,不仅在"十二五"期间,"十三五"、"十四五"以至今后更长时间,这都将是政府决策的基本取向和财政支出的重要方向。在政府提供的公共产品中,交通基础设施建设是其中的重要组成部分。

(二)政府性资金对交通基础设施投资比例难有明显增长

首先,征收的各种运输方式的建设发展基金虽然还会有一定的增长,但增幅不大。我国中央政府层面的交通基础设施投资除少量的财政预算内资金以外,主要是通过"以路养路、以港养港"的方式,向使用者收取费(税)建立用于各种运输方式发展的政府性基金。各交通主管部门以专项资金的形式和"以收定支、收支平衡、专款专用"的原则对重要交通基础设施建设项目进行投资或投资补助,以此调动地方积极性和引导社会资金投资交通基础设施。目前,交通方面的中央政府性基金有:铁路建设基金,民航发展基金(2012 年 3 月由民航机场管理建设费、民航基础设施建设基金合并而成),港口建设费等。以税征收的有车辆购置税,用于公路建设。

铁路建设基金主要对铁路货物运输征收。随着客运专线的逐步建成使用,既有铁路线的货运能力释放,铁路货运量会有较大幅度的增长,铁路基金本应随之有所上涨。但是,近十几年来主要是以合资铁路公司的方式建设新的铁路线，而合资铁路和地方铁路不征收铁路建设基金，因此铁路建设基金增长幅度不大。

《民航发展基金征收使用管理暂行办法》规定，2012年3月由原民航机场管理建设费和原民航基础设施建设基金合并为民航发展基金，乘坐国内航班的旅客每人次50元，乘坐国际和地区航班出境的旅客每人次90元，乘坐国内支线航班的旅客免征。这比原机场建设费和民航建设基金的征收标准低了很多。

车购税的增长受汽车销售量和价格的影响很大，在经历了前几年汽车销售量大幅增长后，2011年达到了1850万辆，2012年增幅已明显放缓，有的月份甚至下降。虽然汽车进入家庭和普及还会持续相当一段时期，年均增长速度会是有限的。而且随着技术的进步，车辆价格呈下降趋势，也会使车辆购置税的增长减缓。

随着上述政策调整，近年来我国交通运输基金增长幅度迅速下降（表9-1-1），从2010年的37.46%到2012年的5.07%，其中港口建设费的2012年收入预算数甚至低于2011年的收入决算数。2002年，国务院批准财政部颁发了《关于公布取消部分政府性基金项目的通知》，明确今后除法律、国家行政法规明确规定外，原则上不再设立新的政府性基金项目。目前，还有呼声要将现有的许多收费项目与现行税制进行衔接，例如将铁路建设基金、旅游发展基金等与营业税衔接，如果这一"溶入式"的费改税思路得到落实，交通运输基金征收将进一步减少。

交通运输基金收入决算数（2012年为收入预算） 表9-1-1

年份 项目	2009	2010	2011	2012（预算）
铁路建设基金（亿元）	544.11	616.92	648	680.40
民航基础设施建设基金（亿元）	49.45	58.63	60.88	63.92
民航机场管理建设费（亿元）	115.00	136.41	147.08	154.43
港口建设费（亿元）	105.55	114.44	136.03	92
车辆购置税（亿元）	1163.92	1792.59	2044.89	2200
合计（亿元）	1978.03	2718.99	3036.88	3190.75
增长速度（%）	—	37.46	11.69	5.07

资料来源：财政部网站。

第二财政收入增速放缓决定了政府总体投资规模，包括对交通基础设施的投资不会有明显上升。2012年以来,中央和地方财政收入增幅均大幅回落,统计全国31个省(区、市)前6个月财政收入数据,并对比年初设定的财政收入目标发现,全国有近四成地方政府在时间过半的情况下,并未完成一半的财政收入任务。这与经济增长率回调、进出口增长率下滑、物价因素和实行结构性减税等措施都有很密切的关系。未来我国经济增长目标主动下调,而且在当前及未来的国际竞争形势越来越激烈的形势下,我国的财政税收势必会受影响。同时,我国正处于经济结构的调整期,发展趋势是藏富于民,决定了财政收入增速的放缓将是一种趋势性的变化。尽管未来随着GDP总量的扩大,财政收入绝对规模降低的可能性不大,但增速放缓不可避免。财政收入的放缓决定了未来的政府投资规模不会有特别明显的上升。随着总体投资规模的压缩,交通基础设施建设虽然仍能在其中"分得一杯羹",但投资金额预期不可过于乐观。

第三随着基本公共服务均等化推进,财政支出结构相应调整,公共财政资金将更多投向公共教育、就业服务、社会保障、医疗卫生、人口计生、住房保障以及公共文化等领域,投资于交通基础设施的比例不会有明显增长。前些年政府资金投入中,重点是交通运输、水利、公共管理、电力、教育等行业,其中交通运输、仓储和邮政业所占国家预算内资金投资比重最大,但近年来其比例已经有所下降。2010年与2005年比较,交通运输、仓储和邮政业在国家预算内资金投资中所占的比例下降了近4个百分点(见表9-1-2)。随着经济社会发展水平的提高,公共需求的结构发生变化,政府投资结构也会进行相应的调整。以公共教育为例,2005年和2006年,世界各国平均公共教育经费占国内生产总值比重分别为4.60%和4.57%,而中国这一比例分别只有2.82%和3%,只有世界平均水平的61%和65%。再以医疗卫生为例,2004—2006年间,世界平均的医疗支出占国内生产总值比重在9.8%~9.9%之间,而中国的比例仅仅为4.7%,只有世界平均水平的47%。因此,加大教育和医疗等领域的政府投资,是社会公众的强烈呼声,也是政府承担公共服务责任的必然要求。此外,政府投资的重要领域还有公用事业、环境保护、水利事业、老年事业、战略性新兴产业等,交通运输基础设施在政府投资中所占比例很难有特别明显的增长。

城镇各行业国家预算内资金投资　　　　　表 9-1-2

年份 项目	2005(亿元)	2010(亿元)	2005(%)	2010(%)
全国总计	3637.9	13104.7	100.00	100.00
交通运输、仓储和邮政业	1069.5	3403	29.40	25.97
水利、环境等	773.7	3272.3	21.27	24.97
公共管理	574.3	1178.7	15.79	8.99
电力、燃气和水的生产供应业	320.7	904	8.82	6.90
教育	183.5	793.1	5.04	6.05
房地产业	44.8	774.8	1.23	5.91

资料来源：中国统计年鉴。

第四从已经显现的趋势看，交通基础设施领域的固定资产投资增速有明显下降，而交通运输行业对政府资金还是有相当的依赖。2010年国家预算内资金在交通运输行业投资资金来源中占12.54%。2012年一季度，全国完成公路水路交通固定资产投资为1854亿元，同比下降7.7%。分区域看，东部、中部、西部地区完成交通固定资产投资分别为646亿元、382亿元和826亿元，分别下降10.2%、12.9%和2.9%。在国家统计局近日发布的2012年1—3月份固定资产投资中，铁路运输业为530亿元，同比下降41.8%。

第二节　收费公路政策调整对公路建设资金筹措的影响

收费公路政策是公路交通发展最重要的筹融资工具。改革开放30多年来我国公路交通建设取得巨大成就，与这一政策的实施有着直接关系。现有公路网中95%的高速、61%的一级、42%的二级公路都是依靠收费公路政策建设的。随着我国社会经济发展，公路收费问题日益成为社会关注的热点，甚至受到相当程度的质疑。收费公路政策的逐步调整完善已是一个现实趋势，无疑将对公路建设资金筹措带来多方面影响。

（一）公路收费政策的演变与调整

收费公路政策是改革开放的产物(表9-2-1)。改革开放初期，广东省为了解决交通制约经济快速发展的"瓶颈"问题,最早提出"贷款修路,收费还贷"的设想,试行集资建路建桥并收取车辆通行费。国务院于1984年12月确定了对全国公路建设实行"贷款修路、收费还贷"等政策,并出台四项优惠措施。1988年1月1日实施的《中华人民共和国公路管理条例》,从法律上对公路收费予以确立。1988年1月5日,交通部、财政部、国家物价局联合发布了《贷款修建高等级公路和大型桥梁、隧道收取车辆通行费规定》,使我国高等级公路、大型桥隧的收费有了法规依据。1994年交通部颁布《关于转让公路经营权有关问题的通知》,开始了公路经营权转让(主要是政府还贷公路项目)的试点。1996年10月9日,交通部9号令《公路经营权有偿转让管理办法》,明确非经营性公路也可以依法依规转让。1998年,《中华人民共和国公路法》颁布实施,提出了公路经营收费期限概念,并明确收费期限由各省(自治区、直辖市)根据国务院交通部的规定确定执行。2004年,国务院417号文颁布《收费公路管理条例》,第一次明确了公路收费期限在东部发达地区为25年,中西部落后欠发达地区为30年的规定。同时,国家还批准公路运输行业征收各种规费,形成系统内部资金积累能力,实现滚动发展。各地方政府通过提高公路养路费的征收标准,扩大征收范围,并相继出台征收客货运输附加费、公路建设基金等政策,获取更多的资金用于公路建设和养护,这些规费后来又成为贷款的信用保障。这些政策,在当时的特定阶段,对于促进我国公路交通建设实现跨越式发展发挥了重要作用。

近年来收费公路相关政策一览表 表9-2-1

颁布时间	政策文件名称	性质
2005.04.27	关于2005年治理公路"三乱"工作的实施意见	管理政策
2006.11.27	关于进一步规范收费公路管理工作的通知	管理政策
2008.08.20	收费公路权益转让办法	融资政策
2008.12.18	国务院关于实施成品油价格和税费改革的通知	融资政策
2009.02.17	关于转发发展改革委交通运输部财政部逐步有序取消政府还贷二级公路收费实施方案的通知	管理政策
2011.04.24	关于进一步完善投融资政策促进普通公路持续健康发展的若干意见	融资政策
2011.05.06	2011年治理公路"三乱"工作要点	管理政策
2011.06.10	关于开展收费公路专项清理工作的通知	管理政策

资料来源:交通运输部网站。

面对近年来社会各方面反应，中央政府对相关收费政策开始进行调整完善。2005年，出台了《关于年治理公路"三乱"工作的实施意见》；2006年，发布了《关于进一步规范收费公路管理工作的通知》；2008年，交通运输部、发改委、财政部制定了《收费公路权益转让办法》，对收费公路权益转让做了明确界定，同时首次提出严格限制转让政府还贷公路项目；2008年国务院《关于实施成品油价格和税费改革的通知》规定，取消公路养路费、航道养护费、公路运输管理费、公路客货运附加费、水路运输管理费、水运客货运附加费等六项收费，逐步有序取消政府还贷二级公路收费。这之后，又出台多个文件以规范公路收费，促进公路发展。

（二）未来公路建设与养护资金需求

公路建设资金需求主要包括偿还债务、新增建设投资、养护管理资金等。综合这几方面情况看，未来10~15年内公路建设资金需求是巨大的。

从已有债务规模看，截至2011年11月，除西藏外的其他30个省份收费公路累计债务余额近2.3万亿元，其中银行贷款余额为2.07万亿元，债券、有偿集资等共0.22万亿元，目前总体资产负债率为64%。据估算，除已建成投入使用的收费公路形成的债外，如果加上在建的收费公路、已撤销政府还贷二级公路、打捆贷款和地方融资平台配套资金等形成的债务，全国公路总的债务规模已超过5万亿元。

专栏　　　　　　　云南公路建设资金需求

从2001年至2011年的10年间，云南高速公路每公里造价增长了近1.8倍。已建成通车的高速公路平均每公里造价约为4700万元，在建的大丽、保腾、昆武、昆明绕城高速公路西北段平均每公里造价概算已达9000万元左右，拟建高速公路平均每公里造价可能突破亿元。按照《云南省公路水路交通运输"十二五"发展规划》，至2020年高速公路通车总里程突破6000公里，"十二五"期间续建及新开工里程达2615公里，资金需求约2400亿元。预计"十二五"期间国省干线改造总投资480亿元，全省农村公路建设总投资420亿元。

从未来10~15年投资需求看，公路水路"十二五"规划的投资需求规模约为6.2万亿元，比"十一五"的4.7万亿元(其中公路约为4.1万亿元，水路约为0.6万亿元)增长31.9%。据本研究估算，"十三五"期公路水路的建设投资需求规模约为5万亿~6万亿元，"十四五"期约为4万亿~5万亿元。

从养护管理资金需求看，经过"十五"、"十一五"的公路建设大发展，我国已经形成巨额公路资产，前期建成的国省道公路与农村公路在"十二五"时期相继进入大修期，养护任务繁重。随着我国公路里程的不断增长、交通流量的快速增加以及公众需求的日益提高，公路养护管理任务越来越艰巨，资金需求越来越大。据交通运输部的全国公路养护与管理资金需求研究课题组(2007年)预测，全国公路养护与管理资金总需求2015年、2020年将分别为5630亿元、8889亿元。另据其他有关课题研究，"十四五"期的公路养路与管理费总额将超过3万亿元(包含高速公路养护费用)，接近公路建设投资的资金规模。

目前收费高速公路的养护费是从收取的通行费中支出，如果大量现在收费的高速公路不能再收费，养护资金将成为一大问题。2011年成品油税费改革一般性转移支付581亿元，专项转移支付中的石油价格改革对交通运输的补贴640亿元，成品油税费改革税收返还1531.10亿元(根据2011年中央对地方税收返还和转移支付决算表)。2011年地方用于养路费的支出仅为541.11亿元(根据财政部2011年全国公共财政支出决算表)，其他相当部分要用于普通公路的改造等。如果高速公路也要用燃油税的收入进行养护，将存在较大的养护资金缺口。根据有关资料，目前每公里的高速公路养路费有的达到每年约50万元，低一些的每年也要接近20万元，而且每隔几年要进行大、中修等。根据在贵州的调查，隧道比例越大养护资金支出越多，一个300m的隧道，每年通风照明的费用达30万元左右，400~500m的隧道达50万元左右；二级公路养路费每年4.5万元，三级公路养路费3.5万元，7~8年要进行一次大修。

(三) 政策调整对公路建设筹资带来多方面影响

2009年1月1日《国务院关于实施成品油价格和税费改革的通知》施行，开始了我国公路税费改革，取消"六费"，提高成品油消费税单位税额，由中央财政通过财政转移支付方式分配给地方；逐步有序取消政府还贷二级公路收费，从新增的成品油消费税收入中安排260亿元专项补助资金用于债务偿还、人员安置、养护管理和公路建设等。《国务院办公厅转发发展改革委财政部交通运输部关于进一步完善投融资政策促进普通公路持续健康发展若干意见的通知》(国办发〔2011〕22号)对燃油税的使用进行了进一步的明确，规定"成品油消费税替代原公路养路费的专项资金原则上全额用于普通公路的养护管理，不得用于收费公路建设；中央取消政府还贷二级收费路专项补助资金在债务偿还完毕后，全额用于普通公路养护管理和建设。"

政策调整后，中央政府对政府还贷二级收费路的债务提供了专项补助，但实际上有的省在10年内仍无法全部还清，主要原因是拿不出足够的配套资金。如贵州省二级公路债务余额为147亿元，国家2011年给补助8亿元，2012年补助6亿元，省里从转移支付的车辆购置税中拿出1~2亿元，这些资金只能还每年的利息和少量的本金。

在政策调整前，养护与管理资金主要来源渠道有养路费、通行费、车购税返还、交通部专项工程费、中央和地方财政投入及银行贷款等，其中养路费占有较大比重，约为70%左右。国家相关公路收费政策调整后，公路建设养护资金来源发生明显变化。养护资金主要来源渠道有财政转移支付、交通运输部路网改造补助（由税费改革后新增的税收收入中中央本级安排的部分资金和车辆购置税的部分资金组成）、收费公路养护资金、各级财政预算资金以及其他渠道筹集的资金。国省道公路的建设发展主要利用中央车购税转移支付、省分配到的燃油税资金以及地方政府通过其他渠道筹集的资金进行投资难以满足需要，这必须进一步扩大社会资本投资。

行业主管部门近来出台了《关于鼓励和引导民间资本投资公路水路交通运输领域的实施意见》，鼓励和引导民间资本以独资、控股、参股等多种方式进入交通运输基础设施、交通运输服务和交通运输新兴业务领域。但是，要有盈利条件，民间资本才会进来，如果不能收费，则需要有其他的补偿措施。为了解决政府资金短缺，加大包括民间资金在内的社会资本进入，各省市都采取了很多措施。例如，山西省政府提出鼓励省内国有大型企业、央企和社会资金投资高速公路领域。山西焦煤集团、山西同煤集团、山西潞安集团、山西阳煤集团、山西晋煤集团、山西煤运集团、山西煤炭进出口公司等7家省属国有煤企,每家拟出资15亿元,筹备建立交通子公司,由省交通厅代建代管,购买在建或新建高速公路项目。为了加快推进高速公路项目建设,解决以贵州高速公路开发总公司为政府投资主体筹融资不足的问题,贵州省创新试点采取了 BOT + EPC、BT 等模式。BOT + EPC 模式即 BOT 项目的投资运营主体是具有投资和融资能力的工程总承包企业。目前,除了中国交通建设集团、中国城市建设集团等国有企业积极参与外,成都思珩集团、浙江广厦集团等民营企业也参与竞标。BT 模式是建设—移交,整个项目融资和建设均由一家有投融资能力的工程总承包企业实施。贵州省采用的方式是与 BT 总承包企业签订协议,项目建成通车后 7~8 年由政府回购。云南省最近举行了经营性高速公路通行费收费标准调整听证会,在云南省物价局所提出的两套调整方案中,云南 30 条收费公路的费率均有较大幅度提高,即通过适当调整收费标准,以期有效减轻高速公路对社会经济发展的制约。

专栏 云南对车辆通行费收费进行标准结构性调整,以有效
缓解付息还本压力

云南省 2011 年共收取车辆通行费 69.6 亿元,扣除管养费用 23.9 亿元后,尚不足以支付贷款利息 65.9 亿元,亏损 20.2 亿元。云南省决定改变现行费率模式,根据不同路段的建设投资和运营成本制定费率标准,"一路一费率",500 米以上桥隧单独计费,体现通行费收费的公平性。以 2011 年为测算基数,按新费率计算,全省高速公路预计通行费收入将会适当增加,有效缓解收费公路付息还本压力。

从有利于长期可持续发展的角度,国家对公路收费政策的调整是必要的,是适应我国经济发展阶段变化的要求,有利于社会的稳定和和谐,有利于资源的再分配和运输成本的降低,有利于提高产品的市场竞争力,有利于减轻老百姓负担和改善民生。但是,如何调整公路收费政策,也要考虑公路建设和养护的需求,以及政策对产权和收益权的保护,维护已经建立起来的法律制度和市场经济制度。结合各方面的诉求,以及公路的债务偿还和养护需要,必须研究逐步降低公路收费标准问题。同时,根据国家财力增长,增加政府性资金投入,发展和改善非收费公路。

专栏　　　　贵州安顺交通部门所提的政策建议

1. 稳定建立多渠道投融资机制

稳定公路建设的政府资金来源渠道，进一步加大一般财政的投资力度，并充分发挥市场在资源配置中的基础性作用，吸收民营资本进入交通基础设施建设领域，建立完善多主体、多渠道的投融资机制。

①规划区域内项目争取进入"十二五"国家及省规划中，筹集部分项目建设资金。

②充分利用区域内的土地资源。

③充分吸收多种经济成分的建设资金进入该项目领域。

④争取金融单位资金支持，建立稳定银企、银政的长效合作机制。

2. 多渠道支持公路建设投融资平台做强做大，提供项目贷款资本金，解决项目贷款担保和质押问题。

①授权和允许公路建设投融资平台参与城市规划区和交通建设项目涉及的县区城市规划区内土地和交通建设项目沿线具有开发价值的土地的一级开发，并参与土地一级开发利润的分成；同时依法进入市土地二级开发市场，从事土地二级开发。将以上开发获取的利润用于增大公司注册资本，做强做大公司。

②建立长效的交通基础设施建设资本金投入机制。建议市人民政府参考省内部分地区的做法，由市和各县区政府从每年的财政预算中拿出一定资金（建议市级1亿元，各县区5000万元）作为交通发展基金注资到交投公司，用于市高速公路和其他需要贷款建设的交通基础设施项目资本金，解决地方建设项目资本金缺口问题。

③规划、整合和完善全市交通客运和站场资源，由市交通建设投融资平台进行建设和管理，壮大公司资产，为公司后续发展和投融资奠定基础。

④支持公路建设投融资平台作为我市部分农村公路建设项目业主参与项目建设。一来在项目建设中通过强化管理、优化设计，降低工程投资，为公司创造合理的效率；二来也可解决县区配套资金融资难、管理人员缺乏等问题。

⑤支持公路建设投融资平台参与我市其他如泛黄果树旅游圈交通基础设施等有较好经济和社会效益的项目开发建设，多渠道谋求发展，不断增强公司的发展后劲。

第三节 清理整顿和规范地方融资平台对交通建设资金的影响

在交通基础设施投资中，公路、机场、港口以地方为主，除了中央以交通专项资金和少量的预算内资金以及国债投资以外，建设所需资金主要由地方政府筹措和向银行贷款。中央主要是以补助的形式。在铁路建设方面，虽然主要是以铁道部为主导和以"统贷统还"形式向银行贷款，但地方政府和地方企业也要承担相当部分的投资。国家干线，地方至少要承担沿线的征地拆迁费，约占总投资的10%～16%；其他线路，地方一般要承担30%～49%的资本金。在地方资金中，地方政府或代地方政府投资的企业资金占主要比例，其他社会资金所占比例不高。地方政府筹措的资金，除少部分为财政资金以外，很大部分是地方通过各种融资平台筹集的，不仅省级政府有许多融资平台，地市级政府的交通资金来源也主要是来自地市的各种融资平台。融资平台进行清理规范后，"土地财政+政府性投资公司（融资平台）+政策性银行打捆贷款"的融资模式被打破，省以及地市的交通建设资金筹措遇到了很大的压力。面对依然很繁重的建设任务，地方使出浑身解数保障交通投资。对于中央采取补助的投资项目，如农村公路、国省道干线等，地方也在加紧争取项目以获得国家补助，改善地方交通，但往往又缺乏配套资金。

（一）地方融资平台支撑了近几年交通建设投资的高速增长

2008年国际金融危机以来，在四万亿投资拉动和银行信贷大幅增加的支持下，交通投资规模大幅增长，从1.49万亿增长到了2.52万亿。在加快交通基础设施建设的形势下，受财政投资能力所限，各地为了筹集资本金和取得银行贷款，纷纷采取成立各种融资平台的手段进行较大规模的融资，解决公路建设投资、铁路建设地方出资的问题。地方投资中相当部分作为资本金的投入实际上来源于贷款。

地方融资平台一方面支撑了交通投资的快速增长，有效缓解了交通建设配套资金不足的矛盾；另一方面则大大增加了金融与信贷风险。截至2010年年底，全国地方政府性债务余额达10万亿元，其中融资平台公司举借的为4.97万亿元，政府负有偿还责任、担保责任和可能承担一定救助责任的债务分别占63.21%、16.38%、20.50%。10万亿中投向交通运输的债务为2.39万亿元，政府负有偿还责任、担保责任和可能承担一定救助责任的债务分别占14.83%、49.39%、28.58%。以贵州省高速公路建设为例，省高速公路开发总公司承担了相当比例的融资任务。采取一事一议的方式，有的通县高速公路省里出资35%（或者省与市县各负担22.6%、12.4%），其余主要依靠融资平台进行贷款和招商。以陕西省为例，陕西高速公路建设和运营管理平台陕西交建管理着省内51%的已通车高速公路，2012年三季度报表显示，公司总债务为1262.3亿元，资产负债率为70.38%，其中短期债务为221.2亿元，财务利息支出42.4亿元，经营活动净现金流仅为48.6亿元。

地方政府采用建立地方融资平台进行交通融资的考虑因素是多方面的，主要有如下四个原因：

一是交通建设的发展需要地方政府配备大量资金。地方政府为了尽快改善交通条件，完善交通网络，克服交通瓶颈制约和区位劣势，吸引产业布局，支撑和促进工业化、城镇化和经济社会的快速发展，规划了较大规模的铁路、公路、机场、港口等项目。这些项目既是经济发展的需要，也有很多直接与改善民生密切相关。它们的建设实施需要大量的建设资金。以贵州为例，全省规划的未来铁路里程为7000多公里，比目前增加5100公里左右。2012—2020年，续建和规划开工建设的铁路项目26个，省境内合计里程约4870公里，其中续建项目合计里程1182.14公里，争取"十二五"开工项目合计里程2062公里，2015年后开工项目合计里程1626公里。2009年贵州省人民政府批准通过了《贵州省高速公路网规划》，全省高速公路网为"6横7纵8联"及4个城市环线（简称678网），总规模约6851公里，其中国家高速公路2251公里、省高速公路4600公里。根据正在编制报批的《国家公路网规划》，贵州省新增国家高速公路约1300公里。国发〔2012〕2号文件颁布后，调整的贵州省高速公路里程将超过7000公里。"十二五"规划建设高速公路项目50个，总里程4119公里。到2015年全省高速公路通车里程达4500公里以上，基本实现县县通高速公路;建设国省干线项目60个1876公里,农村通达工程(通村公路)5575公里、通畅工程(通乡油路)363公里、通村油(水泥)路42401公里。贵州目前有一个贵阳龙洞堡干线机场和5个支线机场,"十二五"规划完成贵阳龙洞堡二期工程以及铜仁机场改扩建,新建遵义、毕节、六盘水、黄平机场,研究建设仁怀茅台机场,适时开展龙洞堡机场三期扩建工程。待建的还有黔北、威宁、罗甸等机场,以及低空空域试点开放后的一批通用机场。

二是地方政府财力不足,需要进行融资。地方政府承担着提供地域性公共产品与服务的任务。就交通基础设施而言,地方政府承担着相当的建设和养护任务。2010年公路投资中地方政府占27.73%,铁路地方政府及路外企业投资占21.72%。财政预算内资金是建设资本金的基本来源,又是偿还银行贷款的最终源泉。但由于我国分级分税制有待进一步完善,地方政府普遍存在财力与事权不匹配的情况。同时由于交通基础设施建设具有集中投入、长期受益的特点,地方政府难以单纯依靠当年财政资金进行建设。因此,地方政府融资是必要的。而按照我国法律,"除法律和国务院另有规定外,地方政府不得发行地方政府债券"。除在1998年以及2009年金融危机后中央以国债转贷或代发形式发行有限数量的地方债外,地方政府只有自寻出路。设立地方融资平台,成为几乎所有地方政府的选择。

三是通过融资平台,土地能够为地方政府筹集更多资金,而清理整顿地方融资平台会使地方对土地的依赖更甚。近年来,"土地财政+政府性投资公司(融资平台)+政策性银行打捆贷款"的组合成为地方政府融资的基本模式。地方政府通过出卖增量土地使用权的收入筹措资金,形成了地方政府交通基础设施的投资来源之一。政府不但可以通过土地直接招拍挂获取土地出让金,还可以土地注入融资平台的方式进行融资(如用土地担保)以获得更多的资金来源。据国务院发展研究中心一份报告显示,土地出让金、房地产相关税收占地方预算的40%,而土地出让金净收入在一些地方政府的预算外收入中甚至达到了60%以上。地方政府对土地财政的依赖程度可见一斑。

通过土地转让收入既可以充实地方政府投资建设的资本金,又可以作为获得银行贷款的抵押品,也有地方政府用土地进行资产融资。因此,随着地方融资平台的清理,土地财政在地方政府融资模式中起到更为重要的作用。

贵州省高速公路项目，建设资金全部需要省内自己解决。贵州省采取了省与市(州、地)共同出资的方式进行建设，目前确定的资本金分担比例是：省级政府22.6%，市(州、地)政府12.4%。市(州、地)政府缺资金，主要是以土地投入。如黔东南州采取的方式就是由黔东南州畅达交通建设投资有限公司与贵州高速公路开发总公司全资子公司贵州高速公路投资有限公司共同出资组建贵州东南高速投资有限公司(简称东南高投)，负责本州的高速公路投资。贵州高速公路投资有限公司占股51%，黔东南州畅达交通建设投资有限公司占股49%。黔东南州在州府凯里城区拿出4000亩土地给东南高投(出让价格35万元/亩，市场价格约100万元/亩)用于商业开发经营，计划筹集高速公路资本金10亿元，目前已到位8亿元。

(二) 融资平台清理后，相当部分交通建设项目无法贷款融资

由于地方政府大量的债务融资分散于众多的职能部门及其所属的企事业单位，游离于中央政府和地方人大的监督管理之外，致使债务融资总量难以把握。为有效防范财政风险以至系统性金融风险，国务院于2010年发出《关于加强地方政府融资平台公司管理有关问题的通知》(国发〔2010〕19号)，明确要求抓紧清理核实并妥善处理融资平台公司债务，对融资平台公司进行清理规范，加强对融资平台公司的融资管理和银行业金融机构等的信贷管理，坚决制止地方政府违规担保承诺行为。以贵州省为例，原来各个地市都有融资平台公司，清理后仅余贵州省高速公路开发总公司、贵州省公路局高速公路建设管理办公室以及作为试点的毕节地区洪欣城市建设有限公司。

随着国家对地方融资平台的清理规范，以及《固定资产贷款管理办法》和《流动资金贷款管理办法》等政策的实施，地方政府失去了很大一块融资基础，交通筹资难度进一步加大。一是国内成品油价格和税费改革后，取代原交通六项费用的资金由中央直接征收和分配，通过财政系统转移支付，使原有普通公路建设和改扩建资金以养路费收入作为担保或融资平台的融资方式丧失，无法申请银行贷款融资。二是出于防范金融风险的自身放贷要求，银行对融资平台的资产质量和贷款担保要求进一步严格。目前短期周转贷款受到严格控制，非收费的普通公路不得新增贷款。在这种情况下，地方政府需要想办

法充实保存下来的合规融资平台，注入资产和土地，还要通过提高项目资本金比例，相应减少贷款比例，以获得银行的贷款。这都增加了交通筹资的难度。同时，还需要特别指出的是，在经济形势比较好的时候，地方政府可以通过借新还旧延缓危机，但在经济下行压力较大的情况下，还旧既难、借新更难，可能形成恶性循环。近两年处在贷款债务偿还高峰期，同时土地出让收入增速放缓，进一步加剧了资金紧张局面。

同时，银行贷款也受突发事件和交通基础设施资产负债率影响。如铁路建设项目贷款是以铁道部作为借款主体向银行贷款，受2011年7.23甬温线动车事故影响，银行对铁路的贷款信心大幅下降，导致2011年下半年对铁路的放贷大幅下降，大量铁路项目因缺资金而停工或半停工，国家发展改革委不得不出面协调财政部、银监会、银行等部门解决3000亿元的资金。铁路负债率逐步升高也是影响银行向铁路项目贷款信心的另一大因素。此外，地方政府保留的少数几个融资平台的融资规模不断增大，也对进一步扩大融资产生制约。

> **专栏　　　　陕西高速公路建设资金压力沉重**
>
> 陕西交建目前有五个在建项目，分别为西商二通道、洛南－岔口铺、神木－府谷、榆林－绥德和延志吴高速公路，预计2013年建成通车。预算总投资435.59亿元，截至2011年9月已完成投资335.24亿元，未来仍有100.35亿元需要投资。未来五年公司还将会有14个项目开始建设，资金支出仍保持较大规模，将进一步推高公司负债规模。为了缓解资金压力，除了频繁转让资产套现外，陕西交建6月份业已发行了2012年第一期20亿元短期融资债券，用以补充运营资金和偿还银行贷款。

> **专栏　　　　云南向银行贷款或融资修路越来越难**
>
> 云南处于全国公路网末梢，交通流量小、建设成本高、通行费费率低。按现行费率，在30年经营期内，全省高速公路无力偿还银行贷款本息。目前，云南11个高速公路经营主体的资产负债率普遍较高，近三年的资产负债率均在75%左右。另外，云南二级公路通车里程达10016.06公里，也背负了1298.46亿元的债务。较高的资产负债率，加之偏低的现行收费标准，导致向银行申请贷款的难度加大。

第四节 铁路高额债务和支线机场亏损对进一步融资的影响

(一) 铁路高额债务对进一步融资的影响

随着我国铁路建设步伐的加快以及建设规模的扩大,铁路债务规模也急剧扩大。根据铁路部门统计,2010年铁路基本建设投资达到近年来的最高值7009亿元,是2004年的13.2倍,与之相对应的铁路部门总负债也高达1.9万亿元,资产负债率超过55%。2011年铁路领域总负债进一步增加,达到2.3万亿元左右。

铁路领域高额的负债,与铁道部近年来的主导融资模式密切相关。从目前铁路建设融资模式来看,占主导地位是"省部合作模式",即由地方(省、直辖市、自治区)与铁道部合资成立铁路项目公司。该模式除资本金的一部分地方筹集外(大约占20%左右),其余均由铁道部负责筹集。铁道部自身较为稳定的资金来源主要包括铁路建设基金(每年大约500~600亿元)、原本应用于既有铁路更新改造的固定资产折旧提成(每年大约200亿元),剩余部分通过贷款、发债及各种短期融资方式等筹集。资金主要来源于外部融资,使得铁路部门的债务余额逐年大幅度上升。加之铁路运价由国家制定,较低的运价影响了铁路行业的盈利水平以及社会资金的进入,也使得铁路债务问题面临着居高不下的困苦境地。

由于铁路部门自身建设资金来源较为有限,以及铁路自身经营的现金流无法与巨额的债务规模相匹配,导致铁道建设目前更多采用"寅吃卯粮"的方式,通过借新还旧来以债抵债。铁路的债务问题已经引起了社会各界的广泛关注,甚至有些专家学者尖锐的指出:"铁路行业在自身现金流被基本漏空的情况下,实际上不但已经失去任何建设所需要的内源性投融资能力,而且也在很大程度上失去了相当长时期内的财务自生能力。如果处理不当,铁路的恶性债务将会越滚越大,并很快变得无法收拾,不但整个铁路行业无法自拔,还必然会较为严重地拖累银行以至整个金融系统，并不可避免地危及国家财政的安全。"

高额的债务负担，在一定程度上影响了铁路的进一步融资能力，也对铁路事业的发展产生了一定的消极影响，特别是对银行的放贷信心造成了负面影响。2011年"7·23甬温线"事故之后，国内主要银行纷纷取消对铁道部下调10%的优惠贷款利率。此外，铁道部作为单一举债主体，触动了银行贷款的集中度"红线"，也在一定程度上对铁路建设的债务性融资产生了不利影响。从2011年第三季度开始，银行业对铁路领域的放贷有所紧缩。2012年上半年，铁路领域的银行贷款相比以往也有较大幅度的下降。

但客观而言，从我国的实际情况来看，铁路的高额负债不会出现太大问题。首先，铁路不同于一般竞争性生产企业，是投资大、回收期长且具有公益性质的基础性产业。鉴于我国当前所处的发展阶段，其大规模的建设投资单靠政府性资金根本无法实现铁路快速发展的目标，铁路能力紧张的问题也不可能在较短时期内得到改善，铁路在长时间内依旧是制约我国经济社会发展的"短板"。因此，要快速扩大铁路路网规模、改变落后面貌、提升供给保障能力，就需要通过扩大债务性融资等方式暂时性解决。对于铁路发展而言，只要其现金流能够实现自我平衡就能持续发展，暂时性的债务问题可以通过政府有效的政策支持(如补贴、运价改革等)予以解决。铁路大部分债务主要是由于近几年铁路加快投资建设所产生的，距离最终还债期限还有较长时间。目前铁道部4万亿左右的总资产中，有60%左右(约2.3万亿)是2005年以后形成的，而2005年底的账面总资产仅为1.27亿元。2005年前的铁路营业里程为7.54万公里，建设成本相对较低，有的折旧计提时间长达几十年，至少还可以继续使用数十年，因此资产价值实际上是被低估的。如果按照实际资产价值计算，铁路的资产负债率要比目前低很多。第三，尽管目前铁路整个行业盈利能力较低，但折旧以及财务费用都已计入成本，每年所提的折旧资金仍可以用于铁路投资和还债(尽管此部分金额相对较少)。随着铁路价格的改革，铁路盈利能力、自我造血功能增强，铁路盈利能力和偿债能力将会得到大幅提高，这对于加快铁路的债务偿还、降低铁路的高额负债将会产生显著效果。

但不可否认，当前铁路的高额负债问题，已经使铁路部门面临较高的资金压力，也给铁路的进一步融资带来一定的负面影响。当务之急，必须认真对待铁路的债务问题，通过改革铁路政企不分的管理体制以及不符合市场经济运行条件的运价定价机制等问题，切实破解铁路发展面临的融资渠道不畅、融资能力不足等关键问题。

（二）支线机场亏损对进一步融资的影响

机场是一个城市、一个地区的重要窗口和开放的象征，一个城市有没有机场既反映城市的大小规模，也反映城市的经济实力和发展水平，是投资环境和招商引资的重要砝码。因此，明知建设机场要很大的投资，建成后基本上是运营亏损、政府要从财政拿出资金进行补贴，地方政府也要争取建设自己本地的机场。2012年7月，国务院发布的《关于促进民航业发展的若干意见》（国发〔2012〕24号）也提出了要主动适应、适度超前发展，完善财税扶持政策，加大对民航建设和发展的投入，中央财政继续重点支持中西部支线机场建设与运营，并确定了到2020年航空服务要覆盖全国89%的人口的发展目标。然而，由于中小机场普遍亏损，（2010年全国175个机场中大约有130个亏损，亏损面达到74%，亏损额为16.8亿元；2011年180个机场中亏损的机场为135个，亏损面高达75%，其中中小机场占119个，亏损合计约为20亿元），几乎难以吸引社会资金进入，只能依靠地方政府投资和中央政府投资补贴。

中小机场尤其是支线机场运营亏损主要是起降的飞机和进出的旅客少。其原因有多方面：一是吸引服务范围的人口规模和经济发展水平的原因，即本身客源不足；二是飞行的航线航班少、航班的时点差，未能形成有效的服务，影响了客源产生；三是由于航线飞行亏损，以及航空公司缺少飞机和飞行员，即使地方政府提供航线补贴，航空公司对支线机场的航线培育也不积极。除了设施建设一次性投入以外，还需要大笔的运营经费和维护费用，机场收入远抵不上运营开支，只能依靠国家民航局和地方政府对机场的运营补贴。如贵州省运营的5个支线全部亏损，其中航线飞行相对较好的铜仁凤凰机场，2010年的旅客吞吐量只有4.2万人次，航空性和非航空性业务收入只有338万元，不计折旧的总成本达950万元，2009年和2010年民航局共给予补贴861万元,地方政府给予补贴52万元,负债总额达20516万元,负债率高达193.31%。飞行差的荔波机场2010年完成旅客吞吐量仅有4261人次,航空性业务收入仅19万元,几乎全靠运营补贴生存(表9-4-1)。

贵州省部分支线机场经营财务情况 表9-4-1

机场名称	年份	总收入(万元)				总成本(万元)	不计折旧的总支出(万元)	资产总额(万元)	负债总额(万元)	负债率(%)
		航空性业务	非航空性业务	中央运营补贴	地方政府补贴					
铜仁机场	2009	75	189			1931	1160	10947	20097	183.6
	2010	105	233	861*	52	1630	950	10613	20516	193.3
兴义机场	2009	64	46		17.5	2839	1219	34996	6784	19.4
	2010	61	173	851*	91.68	2484	923	33470	6633	19.8
荔波机场	2009	19			123	1786	380	38279		
	2010	19		783*	53	1869	448	38626		

资料来源:根据贵州省民航调研汇报材料整理。

注 * 为收到的2008年、2009年两年的补贴额度。

支线机场的运营亏损与航线的运营培育有着极大的关系。往往培育一条航线,地方政府每年要拿出几百万元至一千万元补贴航空公司航班飞行。因此,投资机场不是仅建一个机场那样简单,还有建成后的机场运营与维护、航线开发与培育等,这些都阻碍了社会资本投资建设支线机场。现有的支线机场都是由地方政府和中央政府投资建设。如2010年批准建设的六盘水机场,总投资13.988亿元,其中国家财政25%,国家民航局33%,其余由六盘水市自筹(主要是以土地抵押向银行贷款)。

从建立地方窗口、改善投资环境以及完善机场布局和提高防灾救灾保障能力等角度,大量的支线机场还需要建设发展,但是支线机场的长期运营亏损又很难成为一种投资行为,吸引社会资本进入。因此,支线机场的发展短期内将要进一步增加地方政府的财政负担。为了减轻政府的压力,地方政府应研究和采取相应的财税、土地开发等层面的制度设计与安排,以特许经营、公私合营等模式,加大对社会资本的吸引。

(主要执笔人:宿凤鸣;指导:罗仁坚)

第十章

贯彻政策取向、加大政府投资的措施

内容提要：从我国交通运输发展的客观实际来看，未来铁路领域面临的资金压力更为迫切。为此，必须深入研究并贯彻落实解决铁路高额债务和提高铁路筹融资能力的相关措施，包括稳步推进社保基金进入铁路建设领域、深入改革运输定价机制、加快推进铁路管理体制改革等。此外，也需要进一步深化相关举措，加大政府对交通基础设施的投资力度，包括增加各级财政预算内资金投入、发行各类交通专项债券、有效推行"地主港"模式等。

第一节 解决铁路高额债务和提高铁路筹融资能力的相关措施

（一）社保基金等以优先股方式进行投资，铁路部门未来逐步回购

铁路项目集中安排建设和由铁道部以"统贷统还"的方式向银行贷款，造成了铁道部高额债务，不仅影响了铁路建设发展的进一步借贷融资，（2012年8月份的发债已超过了净资产40%的红线），而且也使债务风险加大。这既有铁道部履行社会责任，加快铁路建设和现代化，尽快从根本上增加供给，解决供需矛盾，方便人们出行和满足货物运输需求的客观现实；也有铁路改革滞后，社会资本进入太少的原因。当然，为了减轻融资和债务压力以及社会

舆论压力，铁道部也可以放慢建设发展速度，不主动提前或消极应对各种运输需求以及地方经济发展对铁路建设的需要。但是，作为一个负责任的政府部门，铁道部依然会根据国家战略和经济社会发展对铁路的要求积极推进铁路网络的建设发展。"十三五"、"十四五"的铁路建设还需大量的资金，累积的债务规模和负债率还将进一步上升。为了解决这一问题，一方面需要进一步加大铁路管理体制和投融资体制的改革力度，增加铁路建设投资和融资的主体，改变铁道部包揽融资和债务的方式，以及积极吸引包括民间资本在内的各种社会资本参与投资铁路；另一方面，可以通过引入社保等基金持股的方式对现有债务进行重组，降低铁道部的债务规模和负债率，也可以引入社保等基金以优先股的方式对铁路新项目进行投资。

我国绝大多数铁路项目资产都是优质资产，拥有稳定的随运输需求不断增长的现金流。目前主要是因为项目大规模集中建设，债务增长过快，以及建成项目运营初期运量增长需要有一个过程（一般需要项目投产运营3-5年后才可基本达到盈利）。目前的压力主要是还本付息过于集中，大量新投产的项目还没有盈利，造成铁道部财务现金流相对紧张。有效的办法是通过相应的安排将大部分还本付息需求往后推延，在铁路集中建设期过后再逐步加大偿还力度。从城镇化发展和综合交通运输体系结构优化调整的发展方向看，未来铁路运输需求将呈快速增长，铁路价格管制也将有放松趋势，铁路盈利能力和投资回报增强，还本付息偿还债务的能力也将逐步增强，完全有能力偿清以往形成的债务。

社保基金具有较大的资产规模，在保证基金资产安全性、流动性的前提下，有着实现基金资产增值的需求。社保基金投资的主要要求是资产安全和稳定收益，投资铁路符合其要求。而且，全国社保基金理事会也在研究社保基金以优先股的方式投资基础设施。

具体思路是：选择一部分效益较好的已建成投产运营的项目公司，由社保基金以优先股的方式入股，签订固定回报的股息率，并约定项目公司在今后某一时期逐步回购其持有优先股股份的条件和价格；项目公司将社保基金的入股资金用于偿还银行的贷款，降低借款债务总额；社保基金每年获得股息收益，实现资产增值；根据合同约定的期限，项目公司以约定的价格和条件回购股份,社保基金收回投资。

这一模式对于项目公司或铁道部来说,相当于把支付银行的贷款利息支付给社保基金,总支出基本不增加,但债务总额减少,负债率降低,资产质量提高,最重要的是还本时间延后,错开了集中还本付息期,大大减轻了财务压力。对于社保基金来说,选择了较好的、风险小的投资品,获得了稳定的投资收益。对于银行来说,降低了对单一借款主体的贷款比例。重要的是铁路的资产质量提高,有效降低了风险。

项目公司支付给银行的利息是作为财务费用在税前列支,而股票分红是由税后利润进行分配,如果优先股的固定股息也按股票分红对待,则项目公司要增加相应的税金支出。因此,需要协调财政、税务等相关部门,明确社保基金以优先股投资铁路基础设施的固定股息支出在税前列支。

(二) 改革运价定价机制与管理

1. 当前铁路实施严格的价格管制,企业缺乏定价权

价格是市场经济环境下调节供给与需求的重要手段。随着我国社会主义市场经济体制的不断深化,大部分商品价格已实现市场自发调节,但包括铁路运输等在内的一些行业依然采用政府定价、政府指导价格等形式。自1955年我国统一铁路运价以来,一直实行全国统一水平的国家定价。1998年7月《价格法》实施后改成政府定价。经国务院批准,1998年4月起,允许部分铁路旅客票价向下浮动;2000年11月起,允许部分铁路旅客票价以公布的《铁路旅客票价表》为基准上下浮动。

目前我国铁路领域的政府定价主要体现在运价率的制定上,主要分为三类:一是国家铁路的客运票价率和货运运价率由国务院铁路主管部门拟订,国务院批准;二是地方铁路的客运票价率和货运运价率由地方政府物价主管部门会同国务院铁路主管部门授权的机构规定;三是专用铁路的客运票价率和货运运价率由地方政府物价主管部门规定。

尽管目前铁路运价仍处于管制的阶段,但已有逐渐走向放松管制的趋势。如2002年实行了政府定价听证会制度,快运运价、新路新价、春节暑运等季节性浮动15%价格等更加灵活的运价形式也相继出现。但客观而言,铁路运输领域的定价机制还不合理，还存在着诸多问题影响着铁路运输领域的健康持续发展。突出的表现在以下几个方面：

一是价格形成机制的政府主导特征明显，政府核定基准价格的本质仍旧是政府价格意志的体现，铁路企业缺乏充分的定价自主权，直接影响了铁路整体融资能力、资金循环和运营收益水平。

二是价格管制方式单一，效果不佳，既不反映成本，也难以反映供求关系。铁路运价的制定主要根据现行的价格水平、企业财务报表和近几年行业经营成本的变化情况对原有价格进行适当调整，定价依据是已经发生的数据。而且需要经过一定的时间段后才会进行再次调整，无法反映出现在和未来的运输成本变化。

三是政府指导价过度强调统一运价，忽视了分布于全国不同地区、不同运输企业、不同运输性质、不同消费群体和不同供求关系等方面的差异性，进而影响了资源配置的效率和效果。

四是统一清算一定程度上也影响了企业经营积极性。我国铁路经营实行统一运价、一次收费、一票到达，即各铁路局将收入统一交到铁道部，由清算中心对单位运输量（如货物周转量）制定出单价，再根据各铁路局在管内完成的运输量，将两者相乘即是清算额。由于不同路段、不同运输对象的运输成本有所不同，仅根据运输量（如货物周转量）进行清算不能反映出各铁路局运输经营的实际情况，难以真正体现公平合理，因此影响企业经营的积极性。除此之外，目前铁路管理部门对于不同所有制的运输企业之间的结算还没有制定出具体的规范，也影响了其他所有制企业积极参与铁路发展建设的积极性。

2. 运价机制改革是提高铁路自身发展能力和实现融资多元化的重要前提

随着改革开放以来我国各种运输方式的快速发展，目前竞争性的运输市场已基本形成，公路、民航均已采取较为灵活的价格政策。长期以来，国家对铁路运价实施较为严格的管制，实行政府定价，企业缺乏自主权，不能根据运输市场和供求关系的变化而进行价格调整。国家对运价的调整又往往滞后和低于能源、材料、人员工资等上涨造成运输成本与费用的上升。除少数资源型运输的铁路项目公司以外，长期以来因政策性原因而非市场原因，铁路经营总体处于低盈利乃至亏损状态，铁路行业依靠利润的自身积累很低，在很大程度上影响了铁路的发展。而且，铁路行业还要承担很多公益性运输和不盈利线路的经营，如军事物资、扶贫救灾、军人残疾人以及在校大学生等的运输，只能在全路系统内以效益好的补贴效益差的进行交叉补贴，这也是社会资本不愿进入铁路的重要原因。为利于社会资金的进入和促进铁路的健康发展，应积极推进运价机制改革，建立科学合理的价格形成机制。

(1) 实施铁路价格分类管理

铁路运价的制定有多种类别，包括政府定价、政府指导价、企业浮动价、企业定价等，其中企业定价又具体包括按成本加利润率定价、按质量定价、议价、合同运价等多种方式。实施铁路价格分类管理，就是针对不同类别的铁路运输，采取不同的价格管理政策。

一是对公益性运输与经营性运输实施不同的价格管理政策。对于公益性运输服务，包括抢险救灾物资运输、支农物资运输、军用物资运输、伤残军人和学生运输、军运客运、市郊旅客运输（如具有城市交通特征的市郊铁路、都市圈城际铁路）、铁路支线运输（如专门服务于林区、矿区、农场等特点地区的通勤运输）、特定物资运输等，采取政府定价，当公益性服务的运价收入低于成本时，政府予以补贴。目前，这部分运输在铁路运输中占有较大比重。据相关报道称："铁道部部长说，2011年铁路公益运输线路亏损高达700亿元。"因此，对于这部分运输造成的亏损，应着力研究制定相应的政府补贴政策。对于经营性运输服务，则主要按照市场经济的规律与原则，实行政府指导价，并给企业一定的浮动权。需要注意的是，无论政府定价还是政府指导价，都要根据社会物价总水平的波动和铁路运输成本的变化进行及时调整。

二是对大众化铁路运输与中高端铁路运输实施不同的价格管理政策。比如，普通铁路的硬座以及高速铁路的二等座都属于大众化铁路运输服务，而普通铁路的软座、软卧以及高速铁路的一等、特等座则属于中高端铁路运输服务，其目标群体有着明显不同，前者是普通大众，后者是中高端旅客。因此，对大众化铁路运输价格应采取政府最高限价，而对中高端铁路运输价格则应采取市场调节价。

(2)明确企业的市场主体定位,推进铁路运价的市场化改革

一是赋予铁路企业更多的定价权(包括地方铁路、专用铁路等),使铁路运输价格能结合物价、运营成本、客户满意度、运输产品的特点和供需市场等的变化而变化,提高经营效益以及企业的经营热情和生产积极性。二是借鉴国外铁路和我国民航等领域较为成熟的定价经验,逐步推进铁路领域运价的市场化改革,包括:根据市场需求,选择长期或短期成本作为定价的底限,灵活运用价格折扣方式;对竞争性货物运输采用合同运价作为主要形式,提供多种运价表现形式;按照运输品质的不同分别计费,实行优质优价;增加合同运价计费方法在供求双方之间的透明度,增加公布运价计费方法对公众的透明度,简化运费计算等。

(3)建立透明的铁路运输成本财务报表制度以及完善的清算制度

一是推进铁路运行成本的透明化,逐步完善铁路成本、收入等核算机制。摸清铁路运输的成本、收益及支出是确定项目类型的重要环节,也是确定亏损补贴标准的基础。应建立分线路成本、收入、支出等核算制度,按区域、线路进行经济核算,并以此作为铁路分类定价的重要依据。要逐步建立运输企业定期财务公开和运营情况上报机制,让定价部门和人民大众及时了解运输企业的经营成本变化。在实施不同运输分类定价时,可选择较发达地区先行试点自主定价,总结经验教训和分析可行性。此外,完善核算监管体系,以规范行业内部核算手段和企业内部控制体系为核心,规范各种关联交易行为,确保项目建设和运营成本及财务公开透明,提高建设和经营效率。二是完善财务清算机制,重点建立科学、合理、高效的清算规则和清算标准,逐步形成合理的经营收入分配机制,真正调动运输企业的经营积极性。同时,改革清算制度时,要注重开发相应的配套计算机清算系统,改进和完善地方运输企业的财务制度。

(三)推进铁路体制改革以及分类建设制度,吸引更多的社会资金进入

体制问题是影响和制约我国铁路快速发展的重要因素,目前铁路行业政企不分以及投融资、清算等方面的制度性障碍,严重影响着铁路市场化改革

的进程和速度,极大制约着铁路领域的融资渠道和筹融资能力。未来我国铁路要实现科学健康发展,首先必须着力推进以政企分开为基础的铁路管理体制改革,按照分类建设、差异化管理的思路,切实推动铁路市场化改革进程,有效吸引各类社会资本进入铁路领域,全面提升铁路建设与发展的资金保障能力。

1. 深入推进铁路体制改革,重点实施铁路政企分开

目前,我国铁路管理部门政企合一。铁道部既是政府行政管理部门,承担着全行业发展规划、产业政策、行业规章制度的制定以及行业监管和国有资产的保值增值等职能,同时又是具体的运输企业,从事运输生产经营活动,承担企业经营性职能,负责全路的投资、生产、经营等活动。铁道部的"裁判员"、"运动员"双重身份导致了制度性障碍,已经严重影响铁路行业的运行效率,以及铁路行业的建设与发展。

我国铁路运输管理体制改革,要按照"政企分开、微观再造、适度竞争、集中监管"的思路,切实推进铁路管理部门的政企分开,打破封闭垄断,引入适度竞争,深化国企改革,重塑监管制度,建立真正的符合市场经济要求的法人主体,增强企业在铁路建设、运营、管理等方面的决策自主权,最终形成一个市场开放、运作高效、持续发展的市场化运行机制。

2. 加快建立铁路分类建设制度,拓宽铁路融资渠道

从不同的角度,铁路线路可以分为不同的类别。例如,按照线路服务属性可分为公益性铁路和经营性铁路(见表10-1-1);按照线路功能可分为国土开发型、国家边防型、少数民族地区型、扶贫开发型等;按照盈利能力可分为较好盈利型、不能盈利型以及运营亏损型等(一般而言,随着发展某些铁路线路可能会由不盈利型转为盈利型,这往往与价格以及相应体制机制有密切关系)。对于运输服务也有不同的类别划分,如从运输服务性质角度可分为公益性运输和商业性运输,其中公益性运输主要有9大类别,包括抢险救灾物资运输、支农物资运输、军用物资运输、伤残军人和学生运输、军运客运、市郊旅客运输、铁路支线运输(如专门服务于林区、矿区、农场等特殊地区的客货运输)、特定物资运输等。

我国铁路线路属性类别划分表　　　　　　　表 10-1-1

类别	判定标准	收益水平	铁路类别
公益型	以国家利益为目的，为国家政治、经济、社会和国防需要服务，不仅具有促进国土开发、资源开发和边贸性质，而且具有加强民族团结、维护边疆安定的政治意义	财务内部收益率一般远低于6%以下	区域开发性普通铁路（西部开发性项目等） 经济开发类铁路（西部地区城际铁路、市郊铁路等） 国际通道铁路
经营型	可以推向市场，任凭其在充分的市场竞争中经营发展的铁路线路。该类铁路往往具有充足运输需求，可以在兼顾公共运输服务的同时，产生良好的盈利能力	财务内部收益率一般接近或高于6%	客运专线 部分经济开发类铁路（东中部地区城际铁路、市郊铁路等） 资源开发类货运铁路（煤运通道、矿石通道等）

资料来源：黄民著《铁路公益性 理论、识别、实证》，（中国铁道出版社）。

> **专栏**《铁道部关于鼓励和引导民间资本投资铁路的实施意见》
>
> 一、鼓励和引导民间资本依法合规进入铁路领域。规范设置投资准入门槛，创造公平竞争、平等准入的市场环境。市场准入标准和优惠扶持政策要公开透明，对各类投资主体同等对待，对民间资本不单独设置附加条件。
>
> 二、深入推进铁路投融资体制改革，探索建立铁路产业投资基金，积极支持铁路企业股改上市，创新铁路债券发行方式，鼓励保险基金扩大投资铁路的范围和力度，探索利用项目融资、融资租赁、信托计划等多种融资工具，为民间资本投资铁路提供投融资平台，拓宽民间资本投资参与铁路建设的渠道和途径。
>
> 三、鼓励民间资本投资参与建设铁路干线、客运专线、城际铁路、煤运通道和地方铁路、铁路支线、专用铁路、企业专用线、铁路轮渡及其场站设施等项目。
>
> 四、鼓励民间资本进入铁路工程建设领域，凡符合国家规定资质条件的民营企业，允许参与铁路工程勘察设计、施工、监理、咨询以及建设物资设备采购投标。对民营企业和其他各类所有制企业采用统一的招标条件，确保

公平竞争。

五、鼓励民间资本投资参与铁路客货运输服务业务。鼓励民营企业和国铁企业开展多种方式的物流合作，提高铁路物流运输服务水平。

六、鼓励民间资本参与铁路技术创新，投资铁路新型运输设备、轨道桥梁设备、电气化铁路设备器材、节能环保设备器材、安全检验检测设备及其他铁路专用设备的研发、设计、制造和维修，平等参与设备采购投标。

七、鼓励民间资本通过参股、控股、资产收购等多种形式，参与铁路非运输企业改制重组，推动企业转换经营机制，提高市场竞争能力。

八、鼓励民间资本投资参与铁路"走出去"项目。支持民营企业与国铁企业组成联合体，发挥各自优势，开展多种形式的境外投资和经济合作，开拓国际市场。

九、鼓励民间资本投资参与铁路产品认证、质量检验检测、安全评估、专业培训、合同能源管理及其他相关技术服务活动。

十、完善相关政策措施，按照平等准入、公平待遇原则，在铁路市场准入条件、财务清算办法、运输管理、项目审批、接轨许可及公益性运输负担等方面，建立健全相应的规章制度，保护各类投资者的合法权益。

十一、加强铁路行业管理和政府监管，统一铁路网建设规划，完善铁路技术标准体系和规章制度，推进铁路法制建设，严格依法履行铁路安全监管和市场监管职责，为民间资本投资铁路提供良好环境。

十二、进一步减少和规范铁路行政审批事项，凡市场机制能够有效调节的，公民、法人及其他组织能够自主决定的，可采用事后监管和间接管理方式的，一律不再实行行政审批。完善行政许可"一个窗口对外"工作机制，提高行政服务效率，推动许可管理内容、标准、程序的公开化、规范化，做到依法行政。

十三、加强政务公开与政府信息公开工作，及时向社会提供发布有关铁路政策法规、规划、标准、市场准入、建设、运输、投资等方面的信息和规定，积极向民营企业提供铁路技术、管理和人才支持，引导民间投资主体强化铁路安全质量意识、诚信自律意识和社会责任意识，做到依法合规经营。

> 十四、切实转变铁道部职能。按照政企分开、政资分开的要求,加大铁路经营管理体制机制改革创新力度,确立铁路运输企业市场主体地位,创造良好市场环境,促进民营企业及各类所有制企业公平竞争、共同发展。

不同类别的铁路线路以及不同性质的运输服务,其自身财务循环周期及能力各不相同(即建设、运营、养护、维修等成本与收益之间的相互关系不同),因而决定了其建设责任主体、融资方式以及相应的定价和准入等政策也不尽相同。特别是不同类别的铁路线路,对于融资的影响更为直接,因此,合理划分铁路线路的类别属性,是推进铁路分类建设管理的重要前提。

根据国际社会铁路发展实践以及我国公路、民航等发展经验,推进我国铁路分类投资建设与管理,是落实铁路"政府主导、投资主体多元化、融资渠道多元化"的投融资政策和扩大吸引包括民间资本在内的社会资本投资铁路的重要条件之一,是在铁路领域界定政府投资(包括直接投资、引导性投资、投资补助、运营补贴等)范畴和有效发挥市场配置资源基础性作用的重要基础。

具体而言,对于公益性铁路,即以国家利益为目的,为国家政治、经济、社会和国防需要服务,不仅具有促进国土开发、资源开发和边贸性质,而且具有加强民族团结、维护边疆安定的政治意义的线路,如青藏铁路、南疆铁路、北疆铁路以及西部地区部分城际铁路等,由于其本身不具经营能力和还贷付息能力,经营大多为亏损,财务内部收益率一般低于6%,甚至有些线路财务内部收益率小于0,其建设资金应由中央和地方财政予以解决。可以采取政府财政拨款、政府注入资本金、贷款贴息、税收优化、直接补贴(明补的方式)或其他公益性基金支持等方式,弥补企业建设资金不足以及运营过程中的各类亏损,保证公益性铁路基础设施的建设以及运输服务效能的有效发挥。

在中央与地方责任方面,跨区域之间的区际通道和普通干线,以中央政府投资为主;地区性通道和城际铁路,应以地方政府投资为主,中央政府给予一定的资助。运营方面可以采用两种模式:一是"国有国营",即由国家投资、国家管理、国家经营,运输价格由国家确定,运输价格保持在与受众承受能力相当的水平，经营亏损由财政补贴。二是"国有民营"，即投资与经营分离，由国家投资建设，市场化经营。国家与运输企业签订运输合同，规定合同价格和服务品质要求，运输企业按照国家合同规定的要求完成运输任务，对于运输经营中出现的亏损，由国家核算补贴，或者通过其他补偿方式（如给予运输企业优先开发、经营土地权利等），给予企业适当的补偿。

经营性铁路，即可以推向市场，在充分的市场竞争中经营发展的铁路线路，如高速铁路、部分城际铁路以及经济开发类货运铁路（疏港通道）、资源开发类货运铁路（煤运通道、矿石通道等）等，往往具有充足运输需求，可以在兼顾公共运输服务的同时，产生良好的盈利能力，其财务内部收益率一般都等于或高于6%。因此，其建设可以依据"谁受益、谁投资、谁负担"的原则，由中央、地方、企业按《公司法》的要求共同组建股份公司，采取市场化运作的模式和方法，通过银行贷款、发行债券、股份融资、项目融资（BOT、TOT）等方式筹集建设资金，积极和引导各类社会资本（包括外资、民间资本等）以独资、合资、合作、联营、项目融资等方式，参与铁路项目的建设及其运营和管理。建设债务应由运营企业负责偿还。

运营方面，一般采取市场化的原则经营。对于中央政府、地方政府投资的铁路可以采取"国有民营"的方式，与运输企业签订合同保证相应的服务质量，由运输企业负责具体经营。运输企业作为市场竞争的主体，根据市场供需情况及线路性质合理确定运输价格，可以实行普通运输价格或特殊政府指导运价。对于企业投资的铁路，运输企业自主经营、自负盈亏，通过有效的市场经营获得收益，同时承担铁路建设运营的风险。

第二节 加大政府对交通基础设施投资的主要措施

（一）增加各级财政预算内资金对交通基础设施投入

交通基础设施是社会经济发展的基础，具有很强的基础性和公益性。为了改变交通基础设施建设相对滞后现象及其对国民经济发展的瓶颈制约，国家逐步调整了相关投融资政策，鼓励各种交通基础设施采取准公共产品的供给和市场化的生产方式，以允许收回投资和获取投资回报吸引和促进各类资本加大对交通基础设施的投资，从而形成资金来源多样化的建设投资模式（资金来源渠道主要包括国家预算内资金、国内贷款、债券、利用外资、自筹资金、社会集资、个人资金、无偿捐赠等），极大地缓解了政府交通建设投资资金的不足，保证我国交通基础设施建设的快速推进，有效支持了国民经济持续高速增长。但是，这也在很大程度上降低了交通基础设施的公益性属性，导致使用者负担加重，交通运输成本增加，并传导到生产资料和产品价格，对民生产生了一定的影响。鉴于此，随着交通基础设施水平的改善和国家经济实力的大幅提高，越来越多的人认为，交通基础设施应从经营性、准公益性更多地向公益性回归。

1. 公益性回归的基本要求

在改革开放之前和改革之初，我国交通基础设施基本上都是以公益的性质进行建设，由国家财政投资。各级政府财政预算内资金在相当长一段时间内是我国交通基础设施建设资金的最主要来源，尤其改革开放以前国家投资占交通基础设施建设总投资的80%以上。

20世纪80年代以后，国家投资大部分改为"拨改贷"，并积极引进外资，鼓励地方自筹。从资金来源的绝对金额看，在交通运输业固定资产投资中，1985年自筹资金超过国家投资，1986年国内贷款超过国家投资，1993年利用外资超过国家投资，投资主体逐渐走向多元化，基本上形成了"国家投资、地方筹资、社会融资、引进外资"的格局。近年来，由于国际金融危机等原因，同时出于拉动经济增长考虑，国家财政对交通基础设施投资有所增加，但国家预算资金所占的比例很小，仍远小于国内贷款和自筹资金，具体见表10-2-1。

然而，随着政府对民生问题的日益关注，交通基础设施建设及使用已作为重大民生问题逐渐提上各级政府议事日程。《国家基本公共服务体系"十二五"规划》明确指出，基本公共服务范围在广义上还包括与人民生活环境紧密关联的交通等领域的公共服务，"十二五"期间要实现基本公共服务的供给有效扩大、发展较为均衡、服务较为方便、群众比较满意的目标。

2004—2010年交通运输业投资来源　　单位：亿元　　表10-2-1

年份	国家预算资金	国内贷款	利用外资	自筹资金	其他资金	合计
2004	820.1	2331.2	169.8	2808.1	406.3	6535.4
2005	1055.6	2714.2	199.1	3674.6	499.9	8143.4
2006	1355.1	3298.4	270.2	4603.3	941.4	10468.4
2007	1573.4	3896.7	180.7	5048.8	986.8	11686.4
2008	2061.9	5061.0	171.0	6230.6	1343.0	14867.6
2009	3032.6	7882.8	171.7	8285.6	2081.8	21454.6
2010	3356.1	10019.2	131.2	9588.0	2112.0	25206.4
2011	3361.6	8667.6	154.0	10449.3	2543.4	25175.8

数据来源：中国统计年鉴2005—2012。

注：国家预算包括一般预算、政府性基金预算、国有资本经营预算和社保基金预算。各类预算中用于固定资产投资的资金全部作为国家预算资金填报，其中一般预算中用于固定资产投资的部分包括基建投资、车购税、灾后恢复重建基金和其他财政投资。各级政府债券也应归入国家预算资金。

但是，由于目前财政预算内资金投入交通基础设施领域的资金规模有限，交通建设发展主要依靠政府或企业向银行贷款融资，投资回报和利益的偿还加重了使用者负担，而且也积累了较大规模的政府债务。根据审计署2011年第35号文件，截至2010年年底，全国地方政府性债务余额107174.91亿元，比当年全国财政收入（83101.51亿元）高出24073.4亿元，其中银行贷款84679.99亿元。省、市、县三级地方政府负有偿还责任的债务率，即负有偿还责任的债务余额与地方政府综合财力的比率为52.25%，加上地方政府负有担保责任的或有债务后的债务率则高达70.45%。

作为公共基本服务和社会基础设施的重要组成部分的交通基础设施，具有较强的公益性与准公共性，在目前我国经济实力、综合国力和国际地位显著提高的条件下不宜再继续大幅依赖于国内贷款等方式进行投资，而应该逐步增加各级财政预算内资金投入，保障综合交通运输的可持续发展并适应国民经济发展要求所需的长期、稳定和充足的资金来源。

2. 国际社会发展的普遍趋势

事实上，美国等西方发达资本主义国家的交通基础设施建设投资也经历了政府财政预算由少到多逐渐增加的过程。可以说，加大交通基础设施建设的政府性投入已成为国际社会发展的普遍趋势。

图 10-2-1 所示为 1940 年至 2012 年美国交通基础设施投资预算资金及其占联邦财政支出总预算金额比重的变化情况。从图中可以看出，美国交通基础设施投资基本可以分为三个阶段：

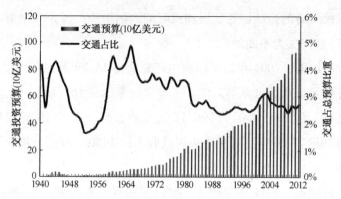

图 10-2-1　1940—2012 年美国联邦交通基础设施预算

第一阶段，1940 年代至 1950 年代中期。1940 年联邦交通投资预算额仅为 3.9 亿美元，即使到 1955 年也才 12.5 亿美元，15 年间交通投资预算占联邦总预算资金的平均值为 2.86%。事实上，这一时期正值美国高速公路交通发展的萌芽时期，但是由于整个 20 世纪 40 年代的其他法案都没有为州际公路系统的建设解决资金来源，加之受第二次世界大战的影响，建设速度相当缓慢，平均每年新建高速公路不到 1000 公里，直到 1953 年艾森豪威尔总统执政时才累计建成 1.03 万公里。

第二阶段，1956 年至 1978 年。在这一阶段，联邦政府通过了《美国联邦资助公路法》等法案，确立了联邦政府提供交通基础设施建设的大部分资金。在此期间，联邦交通基础设施预算投资由 14.5 亿美元增加到 155.2 亿美元，交通投资预算最高占到了总预算额的 4.87%。值得注意的是，这一阶段正是美国高速公路交通大发展的关键时期，1956—1978 年的 20 余年间全国性的州际公路系统中平均每年新建成高速公路约 3000 公里，其中在 1966 年的一年间新增里程就达 16000 公里。

第三阶段，1980 年代以来。这一阶段，交通基础设施建设较为稳定，交通投资占比也基本稳定在 2.70% 左右，但是交通投资预算额度仍一直保持上升趋势。特别是进入 21 世纪以来，尽管美国 GDP 增长幅度不大，但交通投资预算水平增加却十分明显,到 2012 年交通投资预算额已高达 1025.5 亿美元,年均增长率高达 8.04%。

3. 我国已初步具备适当增加财政对交通投资的条件

随着国民经济的持续快速发展和税收的大幅增长,国家和地方各省(自治区、直辖市)经济实力不断增强。

中央政府层面,2004 年以来国内生产总值由 15.99 万亿元增加到 2011 年的 47.16 万亿元,跃居世界第二位,平均增长率达到 16.71%;国家财政收入持续高速增长,从 2004 年的 26396.47 亿元增长到 2011 年的 103740.0 亿元,平均增长率高达 21.59%,其中中央财政收入由 14503.10 亿元增长到 51306.2 亿元,平均增长率为 19.78%。

地方政府层面,2011 年全国 31 个省(自治区、直辖市,不含港澳台地区,下同)有 27 个省(自治区,直辖市)GDP 超过了 1 万亿元,其中广东最高,达到了 5.3 万亿元,而在 2004 年仅有广东、山东、浙江、江苏 4 省 GDP 过万亿元。财政收入方面,2011 年同样有 27 个省(自治区、直辖市)超过了 1 千亿元,其中广东以 5514.84 亿元位居第一,而在 2004 年仅有广东和上海 2 省市财政收入超千亿元。

持续增长的国内生产总值和财政收入,为各级财政预算内资金加大对交通基础建设投资的力度提供了良好的条件。表 10-2-2 展示出国家预算内交通投资额与近年财政收入基本成正相关关系。

2004—2011 年我国 GDP、财政收入和国家预算交通投资规模　　表 10-2-2

年　份	GDP（亿元）	财政收入(亿元)			国家预算内交通投资	
		合计	中央	地方	金额(亿元)	占 GDP 比重(%)
2004	159878.3	26396.47	14503.10	11893.37	820.1	0.51%
2005	184937.4	31649.29	16548.53	15100.76	1055.6	0.57%
2006	216314.4	38760.20	20456.62	18303.58	1355.1	0.63%
2007	265810.3	51321.78	27749.16	23572.62	1573.4	0.59%
2008	314045.4	61330.35	32680.56	28649.79	2061.9	0.66%
2009	340902.8	68518.30	35915.71	32602.59	3032.6	0.89%
2010	401202.0	83101.51	42488.47	40613.04	3356.1	0.84%
2011	471564.0	103740.10	51306.20	52433.90	3361.6	0.71%

数据来源：中国统计年鉴 2005—2012。

但是，目前我国财政预算支出执行的是收支平衡的政策，国民经济各部门都要求增加预算支出，能否做到对交通基础设施建设增加财政预算投资，关键在于政府部门对交通基础设施的认识和投资政策取向。只要真正贯彻落实《国家基本公共服务体系"十二五"规划》，确立交通基础设施是基本公共服务体系的重要组成部分观点，依托较雄厚的经济实力基础和不断增长的财政收入，在相应的政策取向支持下，完全有能力通过增加各级财政预算内资金对交通基础设施的投资，不断增加更多的公益性交通基础设施的供给，有序推进交通运输基本公共服务均等化，支撑交通基础设施的建设与发展。

（二）发行交通专项债券，增加政府性交通投资资金

发行交通专项债券，既是解决交通建设资金来源的重要渠道，也是政府建设公益性交通基础设施的一种重要手段。债券融资依靠价格机制，能够迅速聚集大量社会资金，引导社会储蓄转化为长期投资。根据国家发展和改革委员会公布的数据，"十一五"时期我国企业直接债务融资产品的发行量达5.05万亿元，而国家发展改革委核准发行的企业债券累计也高达12970亿元，有力地支持了实体经济发展。

相对于银行借款，发行债券可以在不显著增加货币供应量的情况下满足各类市场主体的资金需求，有利于降低银行贷款对货币供应的影响，有效降低社会通胀预期，保持经济增长的活力与动力。"十二五"期间，交通基础设施建设投资规模较大，以政府举债的方式解决当前交通基础设施大规模集中建设的资金需求，投资建设更多的非收费路等基础设施，相当于先向老百姓借钱用于公共基础设施建设，然后通过往后的财政收入逐步还清借款，平缓投资资金的集中需求，保障公益性的足够供给。从目前我国经济社会发展和市场环境来看，发行政府债券和交通专项债券，增加政府性交通投资资金恰逢其时。

1. 日趋成熟的债券市场为发行交通专项债券奠定了基础

经过十余年的发展，我国债券资本市场逐步趋于成熟，市场的监督、管理手段和能力也逐步增强，这为开放政府债券市场和发展交通专项债券提供了一个良好的外部环境，奠定了有利的基础。

首先，发行技术较为成熟。在发行技术方面，我国已有多年发行国债、

企业债、金融债的经验,特别是近二十年的国债发行实践使我国在债券的发行方式、品种结构、期限结构、利率结构等方面都积累了丰富的经验。国债市场上形成了长中短期国债相结合,一般国债、专项国债、特种国债相结合,可上市国债和不可上市国债相结合,凭证式国债和记账式国债相结合,无记名国债和基本券面国债相结合,付息国债和贴现国债相结合的局面,同时也培养了一批精通债券发行和流通的中介机构和专业人才。这些都为地方债券的顺利发行提供了技术上的支持和保证。

其次,证券交易网络较为完善。我国现有的证券交易网络,包括上海、深圳两个交易所,银行间债券交易市场以及即将发展起来的场外交易市场(如柜台交易市场)等,和交易规则都为政府债券和交通专项债券的交易和流动性创造了最基本的条件。同时,我国市场中介机构,如投资银行、信用评级机构、会计审计机构等,已经有了较大的发展,它们能够为政府债券和交通专项债券的发行、承销、评级、流通转让提供全方位的服务,并且对债券发行主体进行有效的市场约束和监督。

再次,监管日益加强。为避免债务违约等现象的出现,政府对债券市场加强了监管。例如,2010年10月,国务院下发19号文,对城投公司等融资平台债券进行了更为严格的监管,提出城投债券不能直接或间接由政府担保(包括但不限于承诺函、流动性支持、回购协议等)、资产必须做实、发债城投公司的收入必须是经营性收入(包括BT项目收入)、地方政府负债过高则不能发行城投债券等措施;同年11月,国家发展改革委又下发《国家发展改革委办公厅关于进一步规范地方政府投融资平台发行债券行为有关问题的通知》(发改办财金〔2010〕2881号),规定主要资金来源于政府财政资金的投融资平台,除满足现行法律法规规定的发行条件外,还须提供本级政府债务余额和综合财力的完整信息;若其所在地政府负债水平超过100%,其发行企业债券的申请将不予受理。

最后,强大的保险保障。我国保险市场的不断扩大(包括外资保险公司的进入)和保险体系的逐步完善(通过保险公司为政府债券和交通专项债券进行保险),为转移政府尤其是地方政府的发债风险,提高广大投资者对政府债券和交通专项债券的信任度,增加债券的流通性提供了保险保障。

2. 既有债券的成功融资为发行交通专项债券提供了经验

随着资本市场的发展，我国的交通基础设施建设通过资本市场发行债券筹措资金也不乏成功的案例，其中以中国铁路建设债券最为典型。纵观中国铁路建设债券的成功融资，有三点经验值得重视：

第一，准国债（国债）的定位。中国铁路建设债券由铁道部发行，以铁路建设基金担保，是"目前唯一经国家发展改革委、中国人民银行批准的以政府名义发行"的债券，"具有政府信用特征"，可以认为是最早的交通专项债券。事实上，市场对铁路债券的定位是非常准确的。债券甫一发行，市场就将其称之为"银边债券"，十分看好其政府支持背景。2011年10月，为进一步支持该债券，发改办财金〔2011〕2482号文《国家发展改革委办公厅关于明确中国铁路建设债券政府支持性质的复函》正式明确中国铁路建设债券是经国务院批准的政府支持债券。如此一来，中国铁路建设债券正式成为中央政府发行的第一支交通专项债券，成为了"国债"。

第二，高水平的信用。中国铁路建设债券以银行间债券市场债券发行系统招标的方式，通过承销团成员设置的发行网点向境内机构投资者（国家法律、法规另有规定除外）公开发行，以铁路所拥有庞大的运输资产作为偿债保证。同时，铁道部门以每年上千亿元的现金流入作为债券到期兑付的基础，又以每年数百亿的铁路建设基金提供不可撤销连带担保。同时，对于国家部委中唯一发行债券的部门，相关评级机构均肯定了我国铁路行业在国民经济中的战略重要性、国家对铁路建设事业有力的政策支持和铁道部的行业地位及综合竞争实力，并授予中国铁路建设债券AAA的信用评级，有力地支撑了市场信心。

第三，丰富的债券品类和积极的财税支持。在1997年1月发行的96中国铁路建设债券的品种设计中，首次采用同期发行3年期、5年期的设计，此后均采用多期限品种的设计；而在1998年第二期铁路建设债券的发行过程中，首次在企业债券市场上引入了10年期设计，成为我国债券市场最早的长期债券。之后，又陆续推出了15年期、18年期、20年期、30年期等长期企业债。同时，根据《财政部、国家税务总局关于铁路建设债券利息收入企业所得税政策的通知》（财税〔2011〕99号），税务部门对企业持有该债券取得的利息收入，减半征收企业所得税。丰富的债券产品和积极的财税支持政策有效吸引了资本市场中的各路投资者,充分满足了不同市场和层次的投资需求。

基于上述特点,市场对中国铁路建设债券普遍高度认可。自1992年至2012年10月30日,该债券共发行38期,募集铁路建设资金6207亿元,为中国铁路交通基础设施的建设与发展做出了突出贡献。同时,该债券的成功融资,也为其他交通专项债券的发行提供了经验。

3. 地方政府财政收入的增长为偿债提供了保障

近年来,国内部分机构对中国地方政府债务风险以及城投债券风险给予了关注,产生了较大影响。

事实上,相对于欧美等发达国家和地区的政府负债余额水平,我国政府债务完全可控。表10-2-3为欧美部分发达国家和地区及我国政府债务余额占

近年部分发达国家与中国政府债务余额占 GDP 比重(单位:%) 表10-2-3

国别	2006	2007	2008	2009	2010	2011
日本	166.7	162.4	171.2	188.8	192.7	205.5
希腊	117.0	115.4	118.7	134.0	149.6	170.0
冰岛	57.4	53.3	102.1	120.0	125.2	128.3
意大利	116.7	112.1	114.6	127.7	126.5	119.7
葡萄牙	77.3	75.4	80.7	92.9	103.2	117.6
爱尔兰	29.0	28.6	49.5	71.1	98.4	114.1
美国	66.4	67.0	75.9	89.7	98.3	102.7
比利时	91.6	87.9	92.9	99.9	100.0	102.3
法国	71.2	73.0	79.3	91.2	95.8	100.1
英国	46.0	47.2	57.4	72.4	81.9	97.9
德国	69.8	65.6	69.8	77.4	86.8	87.2
欧元区15国	74.7	71.8	77.0	87.8	93.1	95.1
经合组织34国	76.0	74.5	81.0	92.5	98.7	103.0
中国*	16.2	19.6	17.0	17.7	16.8	15.2

数据来源:OECD Economic Outlook No. 91, OECD Economic Outlook:Statistics and Projections (database), 7 June 2012;中国统计年鉴2012。

注:中国数据是根据中国统计年鉴数据计算得到,结果可能比实际偏小;但根据国家审计署2011年第35号文,2010年我国地方政府性债务总额为107174.91,据此得到政府债务余额占GDP比重为26.69%。

GDP 比重情况。从表中可以看出,到 2011 年年底,日本、希腊、冰岛、意大利、葡萄牙、爱尔兰、美国、比利时、法国等国家政府债务余额占 GDP 比重已超过 100%,严重超过了 60% 这一公认警戒线,其中最严重的日本政府债务余额占 GDP 比重甚至达到了 205.5%,是警戒线水平的 3 倍。而相比之下,得益于近年经济水平持续向好,经济总量大幅提升,我国政府债务余额占 GDP 比重不到 20%(即使按审计署公布数据计算,这一比重也不超过 30%),远低于欧美国家和地区的负债水平。

另外,依托于日益增长的中央和地方政府财政收入,相对于目前的负债规模,政府总体上具有较强的偿债能力。图 10-2-2 所示为 1978 年以来中央政府和地方政府财政收入情况。从图中可以看出,自 1995 年以来,中央政府和地方政府财政收入增长较为迅速且稳定,每年以 20% 左右的增长幅度增加。到 2011 年年底,中央和地方政府财政收入分别达到 51327.32 亿元和 52547.11 亿元。

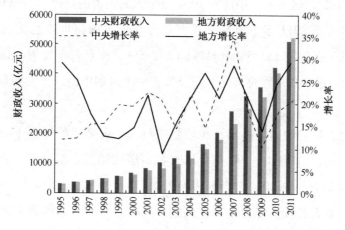

图 10-2-2 1978 年以来政府财政收入增长情况

事实上,从举债目的看,我国地方政府性债务,特别是地方投融资平台公司形成的债务,主要是用于各地基础设施的投资建设。考虑到基础设施建设具有一次性投入规模大、投资回收期长、当代人投资后代人享用等特点,通过举债进行建设,当代人和后代人共同承担债务还本付息责任,可以更好地体现代际公平,克服当期建设资金不足的瓶颈制约,有利于加快完善基础设施和投资环境,促进社会经济发展,是一种合理的基础设施投融资建设行为。政府举债建设形成了大量资产，相当一部分具有长期的直接收益，一些没有直接收益的项目也具有间接的经济效益或社会效益，对促进当地经济增长和政府财力的增长都具有积极意义，不能简单地用"寅吃卯粮"作价值判断。当然，这并不意味着政府可以无节制地借债，关键是要把投资规模和债务规模控制在合理的范围内，防止出现系统性的偿债风险。

总之，考虑到我国正处在经济快速增长期，政府财政收入增长速度也相应较快，政府还拥有较多的可变现资产，相对于目前的负债规模，政府总体上具有较强的偿债能力，不大可能出现债务违约问题。

4. 巨大的投资需求为债券的发行提供了市场

近年来，我国债券融资市场快速发展，但从直接融资所占比例来看，与市场需求仍有不小差距。2010 年，我国债券市场规模已达 20.4 万亿元，位居世界第五位、亚洲第二位。但相对于 2010 年全球 92 万亿美元的债市规模和美国所占的 32 万亿美元，中国的 20.4 万亿元人民币的规模只占全球的 3% 左右。同时，截至 2011 年 6 月底，我国债券存量占国民生产总值的比例约为 52%，远低于美国的 151.5% 和日本的 251.6%，而且低于发展中国家的平均水平 100%。这一比重很难满足当前及未来一个时期中国经济发展和结构转型的需要。

事实上，目前我国金融市场规模越来越大，资金供给能力十分充足。个人投资者方面，自 20 世纪 90 年代以来我国居民储蓄存款余额上升很快，平均每年递增 27%，到 2011 年年底人民币储蓄存款规模高达 34.36 万亿元。因此，个人投资者的投资能力不存在问题，问题是要有更多的投资品种和渠道选择。

机构投资者方面，2011 年我国基本养老保险基金资产规模 1.5 万亿元、社保基金 8688.20 亿元、企业年金 4198 亿元、外汇储备 31811 亿美元。而根据目前国家有关规定，企业年金、社保基金等机构资金以投资安全性的品种为主，而大量资金存放在银行却未能实现资金的有效流动与增值。凭借较高的收益率和较低的风险，债券正好成为这类亟需找到在保证基金资产安全性、流动性的前提下有效实现资产增值的机构投资者的青睐对象。

5. 目前政策松动为发行交通专项债券提供了机会

从国际经验来看,允许各级政府发行专项债券,是实行分税分级财政体制国家的普遍做法。如英国、美国、德国和日本等国家,地方政府专项债券在其财政收入及债券市场体系中都占有重要地位。通过发行政府专项债券,交通基础设施建设得到了持续稳定的资金支持,实现了交通事业的长足发展。

近年来,在地方政府发债方面,国家政策开始逐渐放宽。2009 年,财政部连续发文,就财政部代理发行地方政府债券的财政总预算会计核算、发行兑付、监督使用等工作做出了具体规定,并于当年成功发行 2000 亿元地方政府债券,2010 年、2011 年又分别代理发行地方政府债券 2000 亿元和 1781.6 亿元。

2011 年,国家进一步放开地方政府债券政策。当年 10 月,财政部下发《关于印发〈2011 年地方政府自行发债试点办法〉的通知》(财库〔2011〕141 号,简称《通知》),决定上海市、浙江省、广东省、深圳市四省市自行组织发行政府债券。虽然从《通知》对发债规模管理、债券期限、发行方式、发行利率、发债定价机制、偿债保障机制等方面的规定来看,地方债试点只能说是目前中央代理发行和地方自主发行之间的过渡模式,但已经表明系统性地解决地方政府债务问题已经破冰。此次地方债试点突破了 1995 年《预算法》对地方政府发债的约束,实际上将地方政府自行组织发债合法化,预计未来 2~3 年试点将在全国逐渐展开,市场化的地方债券市场将逐步建立。这对防范银行体系风险,保持"十二五"期间经济的平稳运行具有重要的意义,也为政府发行交通专项债券提供了机会。通过这一契机,可以将地方政府交通融资途径由单一银行信贷方式转向金融市场,同时将即将到期的贷款转化为更长期的交通专项债券,延长地方政府还本时间,还能改善政府的短期现金流,防止银行体系流动性风险。

> **专栏**   **交通专项债券发行环节**
>
> 2011 年初,财政部财库〔2011〕141 号文开始在上海、浙江、广东、深圳开展地方政府自行发债试点,为交通专项债券的推出提供了难得机遇。在此对交通专项债券发行主体、发行流程、期限、募集资金用途、使用与管理方式、偿债资金来源、债券承销等环节考虑如下:

(1)发行主体。参考美国的"一般责任债券"和"收益债券"两种市政债的成功经验和运作模式，交通专项债券作为市政债的一种，发行主体包括地方政府、政府机构以及政府授权的机构。募集资金的用途完全用于机场、港口、铁路、公路、桥梁等交通基础设施，其偿债资金主要来源于这些设施有偿使用带来的现金流收入，而上述项目的未来收益、燃油税、车船税等均可作为交通专项债券的抵押担保。同时，也需要明确省市级政府在交通专项债券中的担保责任。在适当时机，可考虑由地方财政设立一个专门的偿债基金，安排专业的第三方托管机构进行托管，用于在需要政府履行担保责任的时候提供资金，但政府的直接还款付息支持主要在项目的现金流不足时体现。

(2)债券发行规模。可借鉴外债管理的余额管理制，由中央政府预算委员会根据相关省市的财政预算及收支情况，分省市给予一定的年度发债担保额度。举债额度统一由中央政府审批和调配，可有效控制地方政府过度举债的冲动，防止地方债务规模失控。在中央政府核准的额度范围内，地方政府根据社会发展的需要甄选适合发债的交通基础设施建设项目。

(3)发行环节。交通专项债券的发行利率应市场化，发行方式可以考虑公募与私募并举的模式。如果公募发行，从国外市政债券发行的经验来看，常用竞价承销和协议承销两种方式进行，由国内现有的债券市场的发行商(如银行、证券公司等)发行承销。而私募发行则可以向养老基金、保险等机构定向发行，发行效率会更高。

(4)二级市场交易。建立发达的二级市场，使尽可能多的投资者群体参与，最大限度地利用目前的交易所平台和银行间市场进行二级市场交易，并通过银行柜台和券商渠道接触到零售投资者。最终建立起便于买卖双方进行沟通的交易系统和交易机制以及准确及时的债券清算系统。此外，交通专项债券还应享受地方债和国债的税收优惠，即利息所得免征所得税，以反向刺激机构和私人投资者对投资债券的积极性，进一步增强二级市场流动性。

(5)风险防控。借鉴发达国家市政债券市场发展的重要经验，采用规范的证券市场运作方式，对发行的交通专项债券进行必要的信用评级，对债券的投资风险和信用水平进行评估。

(三)推行"地主港"模式的交通基础设施建设与运营

1."地主港"模式运行及特点

"地主港"模式特指一种国际上较为通用的港口建设方式,是指政府委托特许经营机构代表国家拥有港区及后方一定范围的土地、岸线及基础设施的产权,对该范围内的土地、岸线、航道等进行统一开发,并以租赁方式把港口码头租给国内外港口经营企业或船公司经营,实行产权和经营权分离。特许经营机构收取一定租金,用于港口建设的滚动发展。"地主港"模式在各国的发展过程中,按照特许经营机构的形式不同,逐步形成了政府管理形式的"地主港"模式和公司制形式管理的"地主港"模式。其中,实施政府管理形式的"地主港",主要由政府所属的港务局作为特许经营机构,进行基础设施的投资和管理,并将港口租赁给经营企业,收取相应的租金。目前,美国、德国的部分港口和丹麦、荷兰、挪威等北欧国家的大部分港口均采用这种形式进行建设和经营。实施公司制管理形式的"地主港",主要由政府主导下的公共企业作为特许经营机构,进行基础设施的投资和管理,并将港口租赁给经营企业,收取相应的租金。目前俄罗斯、东欧以及日本部分港口采用这种形式进行建设和经营。

"地主港"模式的具体运行程序主要包括以下三个步骤:首先,对港口进行规划,并界定港口的区域范围,由港务局或政府主管的公共企业,按照规划进行开发。其次,当符合建设码头、库场等条件的岸线、土地及基础设施开发完成后,通常由从事港口具体业务的经营企业提出租用和建设码头或库场的项目,港务局或公共企业根据政府发展意图、规划要求、经营可行性等内容,对该项目的市场预测、工程技术、经济评估、环境影响从不同角度进行评估。最后,若该项目通过评估,经政府批准后,港务局或公共企业可直接将符合建设码头、库场等条件的岸线、土地出租给港口业务经营企业,由经营企业自行建设相关设施开展经营,并收取岸线或土地出租费用;也可自行按照规划建设光板码头、库场并出租给港口业务经营企业从事经营,收取码头或库场租用费。

"地主港"模式具有以下两个特点。一是政府主导进行港口的开发,即要求政府筹资建设好码头基础设施以供租赁;二是经营的市场化,由于"地主港"模式最终是将设施租赁给相关企业开展具体运行,政府并不参与市场的具体运行。

> **专栏　　　　　　　　　国外"地主港"案例**
>
> 鹿特丹港。鹿特丹港实行两级管理的模式。港口的土地、岸线和基础设施所有权归属于鹿特丹市政委员会。市政委员会是港口管理的最高当局,负责制定法令、人事任命以及编制财务预算等。市政委员会下设港务局作为特许经营的机构,其行政长官是由市政委员会任命的,雇员是市政府公务员。港务局承担港口的开发建设和日常管理及行政管理工作,下设海运、市场销售和技术更新3个处。海运处负责海运管理、安全和环境保护;市场销售处负责出租基础设施和场地、收取租金、港口税;技术革新处负责实施预测和港口经济、港口和人力资源规划、收集市场销售数据以及港口和工业区的战略规划。港口的大部分码头长期出租给经营企业,租期一般为25年以上,由经营企业具体开展货物装卸、存储、拖带、船舶修理、供给等港口业务。
>
> 纽约新泽西港。美国纽约新泽西港于1921年成立纽约新泽西港务局,纽约新泽西港务局在财务上自给自足,没有征税的权力,也不享受州或地方当局税收的支持,但作为特许经营机构拥有对沿岸土地的征用权,并统一经营机场、铁路和公路。港务局主要依靠港口出租带来的租金收入,维持港口开发过程中的资金平衡,以尽量提高效率和改善服务为目的。港务局作为"地主"将设施租赁给拥有较强专业技能的私营公司去具体经营,在保障资金来源的基础上,又充分发挥了私营企业的经营优势,推动港口的发展。

2. "地主港"模式的价值

"地主港"模式有利于政府基础设施资金来源问题的解决。我国《港口法》规定,县级以上有关人民政府应当保证必要的资金投入,用于港口公用的航道、防波堤、锚地等基础设施的建设和维护。但从实际操作看,政府部门包括代表政府行为的港口管理局在财政有限的条件下,实施起来存在困难。在"地主港"模式下,港口管理部门可以将土地、设施等投入运行后的预期收益,转变为固定的资金来源,开展各种融资,从而解决资金来源的问题。如可以与租赁企业签订中长期的使用合同,一次性或分期收取租金用于港口设施建设，以租金转作建设资金。或者由政府给予港口管理部门启动资金，港口管理部门以租金返还。

"地主港"模式有利于国家对港口发展各项意图的贯彻。"地主港"模式下，国家对港口的发展具有较强的控制力，这种控制力来源于两个方面：首先，政府控制着基础设施的建设，不管是港口管理部门自行推动建设，还是由港口运行企业提出的相关建设要求，经政府部门审批后建设，政府均可较好掌握建设、运营与规划的关系，从而贯彻国家发展意图；其次，作为基础设施的建设和维护者，港口管理部门对港口企业运行的监管深度和力度均较高，能更好地开展各项管理工作。

"地主港"模式有利于平衡和维护好国家和企业各方利益。一方面，港口投资的大规模特征，决定了个别企业难以撬动其开发的进程，由政府主导建设，企业只需以租赁费的方式进行投入，即可获得港口的运行权利，对于企业而言是一种潜在的发展利益；另一方面，港口等基础设施的开发，总是伴随着土地等资源价值的提升，在"地主港"模式下，由于政府掌握着对土地以及设施的所有权，这种价值的提升不会长时期由个别企业享有，当相关企业在租赁期内获得一定的升值红利之后，国家将收回这部分利益，保障大众的利益，从而平衡和维护好各方的利益。

3. 推行"地主港"模式的交通基础设施建设与运营

"地主港"模式的本质，是一种政府利用土地等资源，将基础设施的建设与运行很好结合，解决政府基础设施建设资金问题，较好贯彻国家的相关发展意图，维护国家和企业各方利益的基础设施系统滚动开发方式。

基于对"地主港"模式本质的界定，虽然"地主港"模式是特指港口建设和运营模式，但作为一种具有多重优先的融资与运营相结合的开发模式，更可广泛应用到我国各类交通基础设施建设与运营当中，成为政府加大对交通基础设施投资的一种有效措施。

"地主港"模式在各类交通基础设施建设和运营中的应用，不应拘泥于"地主港"模式的一些具体的做法，而应当吸纳其资源与运营系统结合的关键思想，按照有利于解决融资问题，有利于基础设施功能的科学发挥，有利于各方利益的合理保障等原则，结合各种交通基础设施的特性，灵活加以运用。

目前,我国已经有一些港口应用"地主港"模式推动建设,或者采用了其中的主要思想,并取得了成功,如南通港、黄骅港、嘉兴港等。以南通港为例,南通市政府结合港口岸线资源调整,出资在通吕河口建设了一座5万吨级散货码头。新码头形成能力后,作为政府投资的港口公共基础设施,在公用性质不变的情况下,出售给天生港电厂经营,达到了滚动开发、规模开发的目的。成功运作通吕码头后,南通又把"地主港"模式逐渐推广到港口其他公共基础设施建设之中。在洋口港建设上,积极探索运用土地资源与国际资本相结合,以临港工业区海域使用权折价1亿元与香港保华建筑集团合资,发展港口公共基础设施。

在我国的一些其他交通基础设施的建设上,具有"地主港"模式特征的建设和开发模式也正在得到应用。如在场站基础设施建设上,我国部分物流园区的开发就体现了"地主港"模式的主要特征。

目前,我国物流园区开发中的一种主要模式为,政府规划并主导建设,园区入驻企业交付土地或设施的租金开展运行。具体做法为,政府确定物流园区的发展规划,对园区发展方向进行把控,并由政府主导成立投资企业,完成园区开发范围的"三通一平"等基础设施开发,以及部分园区内道路、仓库等其他园区设施建设。在园区基础开发完成后,具体开展运输、仓储等物流经营业务的物流企业通过租用土地,或租用设施的方式进驻,租金用以支付园区的运行管理和开发费用的补偿。

上述物流园区企业开展建设的资金融资模式与"地主港"模式相类似,均向后续进驻园区的运行企业融资,或直接由运行企业参与投资解决资金问题。在开发后的利益分配,以及对园区运行方向和过程的把控上由政府主导,同样也可较好地保障各方利益的分配。

(执笔人:樊一江　刘明君　陆成云;指导:罗仁坚)

附录（调研报告）

西部地区贵州省交通建设需求与资金筹措模式

内容提要：我国交通基础设施获得了巨大发展，但区域发展差距较大。本调研报告主要是想通过一些省份的调研反映西部地区交通发展现状和未来建设需求，以及建设资金主要来源。报告对贵州省"十一五"交通建设资金来源渠道和结构以及筹资模式案例进行了较详细介绍，根据贵州省交通规划，对"十二五"和未来的建设任务、面临的形势以及资金需求进行了分析和概括总结，对调研中发现的相关问题提出了具体建议。

一、贵州省基本省情

贵州是我国西部多民族聚居的省份，也是贫困问题最突出的欠发达省份。2011年全省GDP5701.8亿元，人均16408元，仅为全国平均的46.8%，列西部末尾、全国倒数第一。全省面积为176167平方公里，2010年户籍人口4189万人，常住人口3479万人，城镇人口1176万人，城镇化仅为33.8%，比全国平均水平低16个百分点；2011年末，全省农村劳动力在外就业人数达704.63万人，其中跨省人数为536.17万人。国务院《关于进一步促进贵州经济社会又好又快发展的若干意见》（国发〔2012〕2号文件）指出，贵州尽快实现富裕，是西部和欠发达地区与全国缩小差距的一个重要象征，是国家兴旺发达的一个重要标志。

二、交通落后是重要原因之一

贵州省拥有丰富的能源矿产资源、旅游资源，是西电东送的重要省份之一，年外送量约500亿千瓦时（主要送往广东、广西，以及部分送往重庆、湖南),经济和城镇化发展落后,主要是交通基础差、发展滞后严重制约了贵州省的对外对内开放、产业集群形成、人口向行政中心集聚的发展进程。贵州省交通发展一直落后于全国,直到"十一五"期才有了较大的思想和认识转变,围绕"构筑以高速公路和快速铁路为重点的贵州现代交通体系"进行了思想统一和调整了规划编制的思路与目标,加大加快了交通基础设施的投资建设。2008年两会期间,温家宝总理参加贵州代表团审议时特别强调"改善贵州的生产生活条件,重点看来首先还是路和水,这是制约贵州发展的两大瓶颈"。

1990—2005年全国经济快速发展的15年间,贵州全省铁路里程仅增加505公里,平均每年33.7公里;高速公路里程增加577公里,平均每年38.5公里;公路水路固定资产投资累计完成656.56亿元,占全国公路水路同期总投资的2%,平均每年43.8亿元。

"十一五"期交通建设开始加快,公路水路完成的固定资产投资达到了1248.30亿元,高速公路里程增加了701公里;铁路建设项目的总投资规模达到了1291.6亿元,完成了黔桂铁路扩能改造、贵阳枢纽南编组站工程、改貌货运中心站,开工建设了贵阳至广州高铁、长昆铁路客运专线、六沾铁路复线等项目。

到目前为止,贵州仍然没有摆脱交通落后的制约,截至2011年年底,全省铁路营业里程2066公里,复线里程636公里(株六复线),复线率仅30.8%,基本格局仅是个"十"字型;公路里程虽然达到了157820公里,但是等级质量低,等级公路比例仅为50.46%,排名全国倒数第一,二级及以上公路仅占3.81%,排名全国倒数第二,高速公路2023公里,排名全国第22位,全省9个市(州)府所在地还有毕节市(2010年市域总人口653.6万人)、六盘水市(市域总人口320万人)尚未通高速公路,接近一半的县未通高速公路,规划的与周边省(自治区、直辖市)高速公路通道连接口17个,目前仅形成5个。

三、未来交通建设任务依然很重

铁路。根据贵州省规划的未来铁路里程为7000多公里,比目前增加5100公里左右,2012年至2020年,续建和规划开工建设的铁路项目26个,省境内合计里程约4870公里,其中续建项目合计里程1182.14公里,争取"十二五"开工项目合计里程2062公里,2015年后开工项目合计里程1626公里。以上项目基本都是列入《国家中长期铁路网规划》(2008年调整)、部省纪要、国发〔2012〕2号文件中的项目。

公路。2009年贵州省人民政府批准通过了《贵州省高速公路网规划》,全省高速公路网为"6横7纵8联"及4个城市环线(简称678网),总规模约6851公里,其中国家高速公路2251公里、省高速公路4600公里。根据正在编制报批的《国家公路网规划》,贵州省新增国家高速公路约1300公里。国发〔2012〕2号文件颁布后,调整的全省高速公路里程将超过7000公里。"十二五"规划建设高速公路项目50个,总里程4119公里,到2015年全省高速公路通车里程达4500公里以上,基本实现县县通高速公路;建设国省干线项目60个,总里程1876公里,以及农村通达工程(通村公路)5575公里、通畅工程(通乡油路)363公里、通村油(水泥)路42401公里。

机场。贵州目前有一个贵阳龙洞堡干线机场和5个支线机场,"十二五"规划完成贵阳龙洞堡二期工程以及铜仁机场改扩建,新建遵义、毕节、六盘水、黄平机场,研究建设仁怀茅台机场,适时开展龙洞堡机场三期扩建工程。待建的还有黔北、威宁、罗甸等机场,以及低空空域试点开放后的一批通用机场。

四、交通建设资金需求和主要来源构成

(一)相关资金政策

国家对贵州省的交通基础设施建设在资金上给予了比其他一般省市更大的倾斜支持。

铁路项目。国家铁路大干线建设项目,贵州省仅需承担征地拆迁费用,计入项目总投资;列入部省纪要的省内或区域性铁路建设项目,贵州省承担30%的资本金及征地拆迁工作。

公路项目。国家高速公路建设项目,交通运输部按建安费的50%给予补助,约相当于总成本的30%~40%,地方不需要出资本金;国省干线二级公路项目,交通运输部全国统一补助标准是:一类地区550万元/公里、二类地区400万元/公里;通村公路10万元/公里;通村油路(水泥路)20万元/公路,地方配套15万元/公里。从2013年开始,武陵山片区县通村油路交通运输部

补助提高到 50 万元/公里。

机场项目。根据各机场项目的不同情况，中央财政资金和民航专项建设基金提供相应的资金补助，支线机场建设项目补助一般都达总投资的 50% 以上。

贵州省为了支持交通基础设施加快发展，也制定了相应的政策。从 2009 年开始，从省财政中分别拿出 10 亿元、4 亿元、1 亿元用作高速公路、铁路、水运建设资金，以后每年按 10% 增长。

（二）"十一五"交通建设资金构成

铁路。"十一五"以来，贵州省开工的铁路项目共计 11 个，省境内的投资规模为 1245.61 亿元（未含 2008 年已完成的黔桂铁路扩能改造），按批复的项目概算贵州省承担 124.15 亿元，约占总投资的 10%，（但由于实际征地拆迁费高于批复的概算，贵州省实际需要承担的资金为 188.33 亿元，约占项目投资的 15.1%），至 2011 年年底已安排 117.29 亿元，其余由铁道部出资和贷款。

公路和水路。"十一五"贵州省公路水路投资中，交通运输部补助了 268.12 亿元，占总投资的 21.48%；国债和中央预算内资金 23.16 亿元，占 1.86%，主要用于支持农村公路建设；省内自筹和贷款等 956.82 亿元，占 76.66%（见表1）。

"十一五"贵州省公路水路投资资金来源构成　　　表1

序号	项目名称	合计（亿元）	交通运输部补助		国债和中央预算内资金		省内自筹及其他	
			金额（亿元）	比例（%）	金额（亿元）	比例（%）	金额（亿元）	比例（%）
	总投资	1248.14	268.12	21.48	23.16	1.86	956.82	76.66
1	重点公路	842.83	164.53	19.52	0.7	0.08	677.6	80.40
	其中：高速公路	837.15						
	其中：二级公路	5.68						
2	国省干线	119.52	17	14.22	2.3	1.92%	100.18	83.82
	其中：二级公路	94.57						
3	农村公路	265.28	82.72	31.18	19.7	7.43	162.86	61.39
4	枢纽站场	12	1.21	10.08			10.79	89.92
5	内河水运	8.51	2.66	31.26	0.46	5.41	5.39	63.34

在地方投资中,地方财政专项资金、燃油税切块资金、通行费三项合计102亿元,占10.54%,银行贷款达82.85%(见表2)。

"十一五"地方投资的资金来源构成　　　　　表2

项目名称	合计	地方财政资金	燃油税切块	通行费	企业自筹	银行贷款	其他
金额(亿元)	968	55	25	22	46	802	18
比例(%)	100.0	5.68	2.58	2.27	4.75	82.85	1.86

(三)"十二五"交通建设资金需求

铁路资金需求和投资比例。"十二五"续建和拟建铁路项目在贵州省境内里程4870.14公里,总投资3944.98亿元,其中根据国家批复和部省纪要贵州省需承担的资本金494.02亿元,约占总投资的12.5%,至2011年年底已累计安排95.86亿元,还需安排398.16亿元。其余的投资由铁道部出资和向银行贷款,其中资本金比例一般是总投资的50%(包括地方出资和征地拆迁费计入)。

公路水路资金需求和来源结构。根据贵州省交通运输厅"十二五"规划,公路水路总投资将达2750.28亿元,为"十一五"期的2.2倍。其中,拟申请交通运输部补助727.42亿元,为"十一五"期的2.71倍;利用银行贷款1600亿元,占高速公路投资的70%(如果按此比例,资本金未达到恢复35%的要求——作者注)。2011年全省已完成公路水路投资520.6亿元(见表3)。

"十二五"贵州省公路水路投资资金计划来源　　　　表3

项目名称	合计(亿元)	交通运输部补助		省内自筹		企业自筹		银行贷款	
		金额(亿元)	比例(%)	金额(亿元)	比例(%)	金额(亿元)	比例(%)	金额(亿元)	比例(%)
总投资	2750.61	727.4	26.5	403.69	14.7	19.5	0.71	1600	58.2
高速公路	2285	512.2	22.4	159.21	6.97	19.5	0.85	1600	70.0
农村公路	271.98	184.5	67.8	87.48	32.2				
内河水运	21.84	9.4							

机场建设资金需求和来源结构。目前在建的4个机场项目加上拟近期开工的3个机场项目,总投资为91亿元。在建的4个项目总投资为61.8亿元,其中中央预算内资金10.6亿元,占概算总投资的17.2%,民航专项建设资金

14.1亿元，占22.8%，地方政府出资15.9亿元，占25.8%（见表4）。

在建机场项目资金来源结构　　　　　表4

项目名称	总投资（万元）	中央预算内资金		民航专项建设资金		省和市州地方政府出资		企业自筹、银行贷款	
		金额（万元）	比例（%）	金额（万元）	比例（%）	金额（万元）	比例（%）	金额（万元）	比例（%）
在建项目	618062	106094	17.2	140650	22.8	159429	25.8		
贵阳机场二期	364503	50000	13.7	55350	15.2	40000	11.0	200154	54.9
毕节机场新建	79386	14578	18.4	25000	31.5	50493	*		
六盘水机场新建	129888	31300	24.1	43300	33.3	55288	42.6		
遵义机场改扩建	44285	10216	23.1	17000	38.4	13648	30.8		

注：市州政府出资包括其从银行贷款投入的资金。

* 包括了超概算部分，由地方政府承担。

根据贵州省铁路、公路水路、民航"十二五"规划，省和市（州、地）政府自筹资金需达900多亿元。而2011年贵州全省一般预算收入仅为773亿元，一般预算支出2244.32亿元，很大比例要依靠中央财政转移支付，因此，财政上难以拿出较多的资金以满足交通资金的大幅增长需求，资金来源将面临很大压力。

五、地方政府解决交通建设资金的一些方式

（一）铁路项目的地方政府资金筹措

贵州省的铁路投资任务主要是由贵州铁路投资有限责任公司（以下简称"公司"）承担。公司资金来源主要依靠省财政投入以及中电投贵州遵义产业发展有限公司、贵州茅台、贵州赤天化等3家企业定额参股（3家企业股东定额参股共计5.86亿元）。省财政投入主要是原来规定的以2009年4亿元为基数、每年增长10%的财政资金。不足部分由公司采取相应的方式融资，但由于公司缺乏经营性实体资产，融资能力有限。

（二）高速公路项目的一些筹资和建设方式

贵州省是我国经济欠发达的西部内陆省份，交通量相对较小，而且地形

条件复杂、交通设施建造成本高，交通项目向社会融资困难。"十一五"期间新开工的 36 个高速公路项目，只有 3 个项目采用 BOT 模式建设，仅占 7.89%，与我国东部、中部地区大部分高速公路采用招商引资的方式建设有很大的不同。

国家高速公路项目，建设资本金基本可以通过交通运输部的补助解决，其余资金由业主向银行贷款。

省高速公路项目，建设资金全部需要省内自己解决。贵州省采取了省与市(州)共同出资的方式进行建设，目前确定的资本金分担比例是：省级政府22.6%，市(州)政府12.4%。市(州)政府缺资金，主要是以土地投入。如黔东南州采取的就是由黔东南州畅达交通建设投资有限公司与贵州高速公路开发总公司全资子公司贵州高速公路投资有限公司共同出资组建贵州东南高速投资有限公司(简称东南高投)，负责本州的高速公路投资，贵州高速公路投资有限公司占股 51%，黔东南州畅达交通建设投资有限公司占股 49%。黔东南州在州府凯里城区拿出 4000 亩土地给东南高投(出让价格 35 万元/亩，市场价格约 100 万元/亩)用于商业开发经营，计划筹集高速公路资本金 10 亿元，目前已到位 8 亿元。

为了加快推进高速公路项目建设，解决以贵州高速公路开发总公司为政府投资主体筹融资不足的问题，贵州省创新试点采取了 BOT + EPC、BT 等模式。

BOT + EPC 模式。BOT 是 Build—Operate—Transfer(建设—经营—转让)形式的简称；EPC 是英文 Engineer、Procure、Construct 头字母缩写，是指对一个工程负责进行"设计、采购、施工"，与通常所说的工程总承包含义相似。BOT 项目的投资运营主体是具有投资和融资能力的工程总承包企业。为了解决资金短缺，吸引社会和民间资金加入交通建设，贵州省创新提出了 BOT + EPC 方式招商引资模式。第一条采用 BOT + EPC 方式建设的是贵都(贵阳到都匀)高速公路，中交集团用 2 年半的时间，就完成了 75 亿元的投资，建成了80 公里，比原计划缩短了整整 1 年的时间。这一项目的建成，不仅解决了政府交通建设资金压力，也让中交以及其他企业参与贵州交通项目有了更好的信心。除了贵都高速公路以外，还有在建的其他三条高速路项目也是采取

BOT+EPC 模式，总里程 426 公里，投资规模 398 亿元。2012 年还将采取 BOT+EPC 方式建设的项目有贵阳至瓮安、贵阳至黔西、沿河至德江、织金至普定、独山至平塘 5 条高速公路。目前，除了中国交通建设集团、中国城市建设集团等国有企业积极参与外，成都思玛集团、浙江广厦集团等民营企业也参与竞标。省外具有投融资能力的工程建设集团参与，也解决了不占用贵州省银行贷款指标的问题。

第一条 BOT+EPC 模式建设的高速公路项目

贵州至都匀高速公路是贵州省第一条采用 BOT+EPC 模式建设的高速公路项目，主线全长 80.68 公里，双向四车道，路基宽 26 米，设计行车速度 100 公里/小时，总投资约 75 亿元。由中交集团下属的路桥集团国际建设股份有限公司、中交投资有限公司、中交第一公路工程局有限公司 3 家公司共同出资组建项目公司以 BOT 方式投资建设。项目收费期 29 年 6 个月。该项目已于 2011 年 4 月 1 日建成通车。

BT 模式。与建设—运营—移交的 BOT 模式不同，BT 模式是建设—移交模式，其最大的特点是促进了金融资本、产业资本、建设企业间的衔接度有效提高。整个项目融资和建设均由一家有投融资能力的工程总承包企业实施，总承包企业不仅是建设期间的业主，也是整个工程的投资方。贵州省采用的是与 BT 总承包企业签订协议，项目建成通车后 7~8 年由政府回购。这样，既减轻了政府投资的资金压力，7~8 年后稳定的通行费收入不仅可以更容易地向银行贷款融资，还可改善政府高速公路运营企业的现金流状况。贵州省采取 BT 模式建设的第一个项目是毕节—威宁高速公路，建设单位是贵州省公路工程集团。

BT 模式建设的毕威高速公路

毕(节)威(宁)高速公路长 126.06 公里，总投资 110 亿元。2009 年，毕节市高速公路开发总公司与省公路工程集团总公司签订了 BT 建设协议，贵州公路工程集团有限公司组建了毕节毕威高速公路有限公司，负责融资筹建毕威高速公路，解决了项目建设融资难题。毕威高速公路于 2010 年 6 月 22 日正式动工，预计 2012 年底实现单幅通车。所有设施建设完毕后，将交付毕节市高速公路开发总公司运营，然后按照协议由运营业主分期回购整条道路。

工程总承包商与政府联合投资模式（PPP 模式）。即由负责设计、采购、保险、土建、安装、调试、试运行、最后移交业主的工程总承包商出资一定比例，与政府联合对项目进行投资和运营。六盘水至盘县高速公路就是采用该模式进行建设和运营，路线全长 91 公里，双向四车道，设计速度 80km/h，概算总投资 70.2 亿元。由贵州高速公路开发总公司、六盘水市政府、贵州路桥总公司共同组建贵州水盘高速公路有限公司，作为项目业主，工程总承包单位为贵州路桥总公司。项目资本金为 24.57 亿元，其中贵州高速公路开发总公司出资 9.83 亿元（占资本金的 40%）、六盘水出资 5.65 亿元（占资本金的 23%）、投资施工总承包单位贵州路桥总公司出资 9.09 亿元（占资本金的 37%），其余部分由贵州高速公路开发总公司向银行贷款。该项目已于 2008 年 6 月进场施工，预计 2012 年年底建成通车。

六、问题和建议

在这次调研中，调研组成员深切地感受到西部地区与东中部地区的交通差距还很大，不仅许多农村地区交通状况差，而且还有相当一批数量的地市、县的交通很不便捷。总体上，西部省份无论是与周边城市群、省会城市连接的对外快速交通网络，还是省内城市间以及县级以上行政单元连接区域中心城市的便捷交通网络还未有效建成，交通对经济发展和脱贫致富的瓶颈制约依然很强。诚然，西部地区因经济发展水平低交通流量较小是事实，但同样或更需要用快速的交通改变制约经济发展的条件，吸引发展要素和承接产业转移。而在建设的交通基础设施中，没有高标准，就没有快速度。因此，对西部地区高等级交通基础设施的布局建设应从创条件促发展、区域协调与公平，以及适度超前建设的战略高度来认识和给予支持。

这次调研还了解到以下情况和问题：

1. 地市级政府对改善与大通道、省会城市的连接非常迫切

由于受资金所困，贵州省高速公路在"十一五"之前进展缓慢，至今，经济总量排行第三、第四的毕节市、六盘水市还没有通高速公路。六盘水市是一个拥有人口 320 万、2011 年 GDP613 亿元的中等城市，如果是在东部或中部地区早已通高速了。对此，六盘水市政府非常着急，主动想办法筹集资金

推动相关高速公路建设。如六盘水至六枝高速公路是六盘水通往省会贵阳的重要通道，《贵州省高速公路网规划》(678 网)中的重要项目，为了促使该路早日开工建设，市委市政府多次与省交通厅、贵州高速公路开发总公司进行沟通交流，并由六盘水市政府先行借资3.8亿元给项目业主作为项目资本金启动该项目(2012年7月已进场施工，预计2014年建成通车)。又如六盘水至盘县高速公路，是六盘水连接沪昆通道、促进"毕—水—兴"经济带发展的重要通道。为了项目早日动工建设，六盘水市政府主动出资，与贵州高速公路开发总公司、贵州路桥总公司共同组建股份公司，由贵州路桥总公司实施工程总承包开工建设。

2. 通村公路通达深度严重不足，撤并前的老行政村通公路缺少相应的补助资金

虽然贵州省已基本实现了村村通公路，但这是以撤并后的建制村进行统计和计算的，实际上，撤并前的许多行政村(现在被称为组或自然村)并没通公路。20世纪90年代后期至21世纪初，根据国家对村级行政管理机构改革的要求，解决行政村数量多、规模小、村落分散等问题，以及减少村级管理成本，贵州省各市州地对原有的行政村进行了撤并建，几个村并为一个建制村，原来具有一定人口数量的行政村成为了组或自然村。由于大多数合并后的建制村村委会、村小学基本上设置在国省干线或县乡公路附近的交通比较方便的位置，(通村公路的通达标准也是指通到村委会或村小学)，因此，虽然建制村村委会通了公路，但许多原来老的行政村(现在的组或自然村)并没通公路。这些数量众多的被撤并掉的老行政村，由于不在交通运输部建制村名录及农村公路调查系统数据库中，不符合交通运输部通村公路相关补助条件，无法下达通村项目计划。这些被撤并掉的老行政村的人口有的还大于村委会所在地的人口数量，由于公路不通达，人们的出行和生产生活十分不便。这些需要建设的通村公路不仅是无法列入通达工程(通村公路)的资金补助名录，而且也无法列入通村油路的资金补助名录中，基本交通问题难以解决，与全面建设小康社会的要求有很大差距。

根据调研和地方反映，这部分具有一定人口居住规模的老行政数量还比较大。贵州省现在的建制村数量为1.7万个，1997年的行政村数量为2.2万个，约减少了 1/4。黔南州从原有 642 个村合并为现在 264 个建制村，被撤并的原行政村达 378 个，其中：都匀市由 262 个村合并为 109 个村，福泉市由 173 个村合并为 60 个村，贵定县由 207 个村合并为 95 个村。安顺市提供的数据表明，现建制村 1837 个，自然村 6349 个，按自然村计算的公路通达率约 35%，实现通达约需建设农村公路 11980 公里。

建议：一是国家发展改革委、交通运输部要重视这一问题，要根据各地实际情况将一定人口规模以上的组或自然村的公路通达纳入通村名录和给予补助，切实关注民生，解决人民群众的基本出行问题。二是结合生态移民搬迁工程，对通路条件困难、人口少的偏僻村庄实施整村搬迁。

3. 对投资方无需资本金投入的引资方式，存在一定的建设与运营中断风险

贵州省以贵阳为中心向外放射的几条高速公路的交通量都较大，但其他一些连接经济不发达地区的规划高速公路，交通量相对较小。交通运输厅为了解决这些项目建设的融资与运营问题，加快项目的建设实施，拟在 BOT + EPC 模式的基础上由政府对投资人（也是工程总承包人）提供项目全额资本金补助，投资人不需出资本金，只承担向银行融资贷款。他们是这样考虑的：政府最多只是出了总投资额 35% 的资本金，最终建成的高速公路是在我的地方上，为我服务，而且这样政府可不用承担运营的可能亏损，以及不用占用省内贷款指标。我们认为：政府对投资人进行项目投资补贴是吸引社会资金进入的一项招商引资措施，但是投资人不需出资本金这一项可能会在项目的建设和运营中给政府带来一定的风险。由于投资人又是工程总承包人，在项目建设实施中将首先赚取一笔利润。如果项目在建设过程中遇到融资问题或是在运营中亏损较多，投资人有可能会选择中断项目实施或运行。如果投资人采用的是以项目融资方式（以建设的项目资产和收入现金流作为抵押）向银行贷款，而没有其他的资产抵押，债务很可能随着接手项目而转移到当地政府，因为当地政府在各种压力下不可能留半拉子工程或建好了路不运行。

建议：要加强方案的风险研究与防范，将项目资本金比例提高到 50%，政府提供 35% 的资本金补助，同时要求投资人出 15% 的资本金。这样，既可改善项目运行的财务状况，对投资人有利，又可减轻或防范项目在建设或运

营过程中给政府带来的建设或运营中断风险。

4. 国省道改造任务重，缺少足够的建设资金来源

2010 年，贵州省拥有普通国道 2665 公里，省道 7463 公里。根据正在编制报批的《国家公路网规划》，普通国道将增加到 8500 公里；省道规划修编正在进行，里程将达到 15000 公里以上。根据交通运输部"十二五"规划，国道二级及以上公路比例要达 70% 以上，贵州省规划国省干线改造和新建项目 60 个，总里程 1876 公里。由于贵州地质工程条件复杂，老路改造成二级公路每公里需 1500 万元以上，新建二级公路每公里则需 2000 万～3000 万元，而交通运输部的补助标准是一类地区每公里 550 万元，二类地区每公里 400 万元。贵州省国省道干线改造的资金需求量大，缺少相应足够的资金来源，资金缺口很大。尤其是公路税费改革后，丧失了原来依托公路税费收入建立的融资功能，资金来源压力更大。在贵州省公路水路"十二五"规划中，交通总投资 2750 亿元，其中安排的高速公路投资达 2285 亿元，占到 83%，不能收费和没有足够资金来源的国省道只能往后推。他们反映的情况是：不跟着国家建设规划走，国家不给钱；跟着国家建设规划走，省里没钱配套。

建议：根据各省交通发展基础、成本造价、经济水平的具体实际区别对待，对建设任务重、经济发展水平低的省区适当提高国道改造的补助标准。

5. 铁路项目征地拆迁费用的概算与实际差距大

征地拆迁费用是铁路项目总投资的一项重要组成部分，在编制和批复概算时往往对这部分费用估算不足，与实际情况差距较大，不仅影响了对征地拆迁资金的足额筹措，造成地方与铁道部之间来回协调，也成了总投资超过概算的重要原因之一。如在建的长昆客运专线，由贵州省承担境内征地拆迁费用，批复的概算为 21.12 亿元，但经实际调查摸底和考虑当地物价水平上涨，测算约需 65.96 亿元，超概算 44.84 亿元，实际约为概算的 3 倍。拟开工的重庆至贵阳铁路扩能改造工程，批复的贵州省境内征地拆迁费用概算为 14.2 亿元，实际测算约需 48.2 亿元，超概算 34 亿元，实际为概算的 3.4 倍。

建议：编制概算时，在征地拆迁补偿计算方法的基础上，要充分考虑人们生活水平提高对土地价值的认识，以及生活成本、物价水平上涨等多重因素，关注失地农民的生活保障，科学合理地计算征地拆迁补偿费用。

（调研报告执笔人：罗仁坚　罗诗屹）

2012 年 8 月

参考文献

[1] 交通部〔88〕交公路字 28 号. 贷款修建高等级公路和大型公路桥梁、隧道收取车辆通行费规定，1988.

[2] 财综〔2004〕38 号. 财政部关于印发《民航基础设施建设基金征收使用管理暂行办法》的通知，2004.

[3] 国发〔2008〕37 号. 国务院关于实施成品油价格和税费改革的通知，2008.

[4] 国办发〔2009〕10 号. 国务院办公厅关于转发发展改革委、交通运输部、财政部逐步有序取消政府还贷二级公路收费实施方案的通知，2009.

[5] 财建〔2011〕93 号. 关于印发《车辆购置税用于交通运输重点项目专项资金管理暂行办法》的通知，2011.

[6] 财综〔2012〕17 号. 关于印发《民航发展基金征收使用管理暂行办法》的通知，2012.

[7] 中华人民共和国国务院令第 417 号. 收费公路管理条例，2004.

[8] 交通运输部综合规划司. 2011 年公路水路交通运输行业发展统计公报，2012.

[9] 铁道部统计中心. 2011 年铁道统计公报，2012.

[10] 中国民用航空局. 2011 年民航行业发展统计公报，2012.

[11] 贵州省发展改革委. 贵州省"十二五"综合交通运输发展规划，2011.

[12] 贵州省交通运输厅. 贵州省公路水路交通运输"十二五"发展规划，2011.

［13］罗仁坚，等．综合运输体系构建的基本性问题与"十二五"建设发展［M］．北京：人民交通出版社，2011．

［14］王元京．1998 年以来财政资金与信贷资金配合使用的模式．金融理论与实践，2011，1．

［15］李玉涛．收费公路政策的经济合理性分析．综合运输，2012，3．

［16］刘斌．铁路可持续发展研究［R］，2010．

［17］王颖，等．改革开放以来我国生产力布局空间结构的演进及趋势［J］．陕西师范大学学报，2008，3．

［18］王金波，等．交通运输业对区域经济活动的影响分析［J］．科技和产业，2009，5．

［19］韩悦臻，等．交通运输与经济发展关联性分析［J］．公路，2008，9．

［20］陆锡明．长三角城市群交通发展趋势［J］．上海商业，2008，3．

［21］徐宪平．我国综合交通运输体系构建的理论与实践［M］．人民出版社，2011，11．

［22］王庆云．交通运输发展理论与实践．北京：中国科学技术出版社，2006．

［23］黄民．关于我国交通运输发展若干问题的思考．综合运输，2010(5)．

［24］绎明宇，等．发展交通运输促进西部经济［J］．经济管理，1994(4)．

［25］国家发展改革委．综合交通网中长期规划，2007．

［26］国家发展改革委．"十二五"综合交通运输体系规划，2012．

［27］国家发展改革委．西部大开发"十二五"规划，2012．

［28］铁道部．中长期铁路网规划(2008 年调整)，2008．

［29］铁道部．铁路"十二五"发展规划，2011．

［30］交通运输部．交通运输"十二五"发展规划，2011．

［31］交通运输部规划研究院．国家公路网规划研究［R］，2011．

［32］金凤君．基础设施与经济社会空间组织［M］．北京：科学出版社，2012．

［33］Aronsson T, Persson L. Decentralized fiscal federalism revisited：Optimal income taxation and public goods under horizontal leadership, Economics Letters, 2012, 117(1), 223 – 226.

［34］Bierbrauer F. A note on optimal income taxation, public goods provision and robust mechanism design, Journal of Public Economics, 2009, 93(5-6), 667-670.

[35] 布坎南. 公共物品的需求与供给[M]. 上海：上海人民出版社, 2009.

[36] 弗尔德瓦里. 公共物品与私人社区[M]. 北京：经济管理出版社, 2003.

[37] 高健. 城市基础设施的政府与非政府供给[J]. 城市问题, 2011.

[38] 刘晓峰, 刘祖云. 区域公共品供给中的地方政府合作：角色定位与制度安排[J]. 贵州社会科学, 2011.

[39] 欧国立. 运输产品性质论[J]. 铁路运输, 2004.

[40] 祁卫东, 姜红宇. 公路运输基础设施外部性经济现象分析[J]. 2010.

[41] 荣朝和. 关于铁路规模经济与范围经济的探讨[J]. 铁道经济研究, 2001.

[42] 宋锋华. 我国公共品多元化供给模式问题与对策[J]. 合作经济与科技, 2010.

[43] 吴景海, 孙全欣. 我国铁路运输产品开发市场适应性的探讨[J]. 铁道运输与经济, 2005.

[44] 熊永钧. 运输与经济发展[M]. 北京：中国铁道出版社, 1998.

[45] 杨琦, 郗恩崇. 高速公路外部性量化研究[J]. 中国公路学报, 2006.

[46] 袁义才. 高速公路的公共产品性质问题研究[J]. 开放导报, 2007.

[47] 郑晓燕. 中国公共服务供给主体多元发展研究[D]. 华东师范大学, 2010.

[48] Cretegny L., Springer U., Suter S. The Swiss railway investment fund, Research in Transportation Economics, 2007, 19, 189-215.

[49] Phang S. Urban rail transit PPPs: Survey and risk assessment of recent strategies, Transport Policy, 2007, 14(3), 214-231.

[50] Sciara G. Financing congressional earmarks: Implications for transport policy and planning. Transportation Research Part A, 2012, 46(8), 1328-1342.

[51] 蔡蔚. 基于"委托-代理"理论的城市轨道交通投融资体制演进机理研究[J]. 城市发展研究, 2011.

[52] 耿枢馨. 美国铁路投融资政策研究[J]. 中国铁路, 2010.

[53] 郝成，李静．北京、香港、纽约城市轨道交通投融资模式对比分析[J]．城市轨道交通研究，2009．

[54] 何军，王烈．国外高速铁路投融资模式及启示[J]．铁道运输与经济，2010．

[55] 李连成，吴文化．城市轨道交通投融资模式初探[J]．综合运输，2007．

[56] 刘明君，朱锦，毛保华．伦敦拥堵收费政策、效果与启示[J]．交通运输系统工程与信息，2011．

[57] 罗仁坚，贾进．铁路投融资体制改革方略[M]．中国计划出版社，2007．

[58] 马玉臣．国外港口管理模式分析及我国地主港管理模式的探讨[J]．港工技术，2011．

[59] 谭克虎．从促进合资铁路发展看我国铁路管制的改革[J]．经济问题，2007．

[60] 吴迪．韩国高速铁路投融资体制和运营管理模式[J]．铁道经济研究，2011．

[61] 吴玲，林晓言．台湾高速铁路融资及建设体制的启示[J]．铁道经济研究，2001．

[62] 张悦．美德日三国港口管理体制及投资机制比较[J]．中国水运，2006．

[63] 周国光，傣芳．欧洲公路特许经营的特点及启示[J]．中外公路，2008．

[64] 施欣．中国交通运输资金筹措模式研究[J]，综合运输，1995，11．

[65] 杨省世．发展交通产业基金可行性分析[J]．交通企业管理，2008，4．

[66] 林雪贞．论民生投资下的高速公路公益性回归之路[J]．交通企业管理，2009(7)．

[67] 黄民．铁路公益性 理论、识别、实证[M]，中国铁道出版社，2006．

[68] 罗仁坚．从经济社会整体看高铁发展[J]．综合运输，2011，9．

[69] 樊一江．从战略的角度看我国高速铁路发展的重要意义[J]．综合运输，2011，10．

[70] 王力，等．铁路行包公益性运输补贴方案研究[J]，综合运输，2011．1．

[71] 魏晓洁．关于我国铁路运价改革的几点思考[J]，综合运输，2011．11．

[72] 荣朝和．我国铁路债务危机处置与加快铁路改革的思路[J]，综合运

输，2012.1.

[73] 国家发改委综合运输研究所. 铁路发展政策研究[R]，2011.

[74] 樊一江."十二五"时期我国高速铁路发展的政策取向[J]. 综合运输，2011，4.

[75] 陈斌等. 地主港模式及其在中国的发展[J]. 世界海运，2006.

[76] 何黎明. 中国物流园区[M]. 中国物资出版社，2009.

[77] 陆成云. 我国物流园区开发模式研究[J]. 综合运输，2010.

[78] 魏际刚. 发达国家现代物流发展的特点、经验及启示[J]. 中国流通经济，2006.

[79] 朱岩. 地主港融资策略及实现条件[J]. 中国水运，2009.

[80] 邹宗余等. 地主港模式在我国适用若干问题探讨[J]. 中国水运，2007.